Follow Me
人人遊日本 ❶

北海道

人人出版

目錄　人人遊日本——北海道

MAP 系列

使用本書時請留意

為了因應新冠肺炎(COVID-19)，在本書調查、出版之後，各住宿設施、店鋪、觀光景點、交通機構等的營業模式及接待，有可能在未經預告的情況下大幅改動。請務必事先確認，才能安心使用。

Page Contents

札幌・小樽・道央

函館

富良野・美瑛・旭川

釧路濕原·知床·網走

鴨隊長

人人遊日本全新系列中負責介紹工作的白鴨，興趣是旅行。在旅途中吃下太多美食而幾乎無法飛行，只能隨興地靠雙腳和搭乘大眾運輸工具悠遊於日本各地。

稚內·利尻·禮文

Kyun chan

北海道觀光宣傳吉祥物。Kyun chan是只棲息在北海道的蝦夷鳴兔，個性謹慎，是個愛哭鬼。性格穩重卻有著旺盛的好奇心。除了戴著蝦夷鹿頭套的基本外型，還會戴著當地版本的頭套，在北海道的各個地方旅行。

區域地圖

旅遊準備的建議

●關於住宿設施的費用：飯店標示主要房型的房價（含稅、服務費），有附餐的旅館等標示平日2人1室的每人平均最低費用。Ⓢ為單人房、Ⓣ為雙床房，皆標示房價。視情況可能會加收泡湯稅等。

●各項費用均標示含稅的成人價格。

●店家等的休息日原則上是標示公休日，省略了過年期間、盂蘭盆節等假期，請多加注意。以L.O.標示的時間為最後點餐時間。

●鐵道及巴士可能會隨著季節不同，行駛時間和班次有很大的變動，務必事先確認。

●本書的各項資料均為2021年1月收集的資料。這些資料可能會變動，出發前請先確認。

MAP

景點索引地圖

宗谷岬
野寒布岬
206 禮文
186 稚内
196 利尻
利尻山
218 佐呂別原野
濱頓別町
天塩川
音威子府村
天売島
焼尻島
羽幌町
朱鞠内湖
日本海
士別市
士別剣淵IC
和寒IC
旭川北IC
旭川鷹栖IC
留萌市
暑寒別岳
深川市
深川IC
36 藻岩山
38 羊之丘
滝川IC
瀧川市
113
砂川市
石狩灣
道央自動車道
歌志内市
蘆別市
42 小樽
美唄IC
12 札幌
美唄市
59 積丹半島
夕張 68
石狩市
岩見澤市
59 余市
江別市
岩見沢IC
札樽自動車道
余市岳
札幌南IC
夕張岳
41 定山溪
恵庭市
夕張IC
ニセコアンヌプリ
62 千歳
千歳東IC
60 二世古
羊蹄山
62 支笏湖
苫小牧西IC
69
茂津多岬
狩場山
白老IC
鵡川町
長萬部町
伊達IC
苫小牧市
苫小牧東IC
國縫IC
日高町
瀬棚町
64 洞爺湖
登別 66
70
八雲IC
八雲町
内浦灣
新日高町
室蘭市
室蘭IC
奥尻島
落部IC
森町
森IC
駒ガ岳
92 大沼公園
大沼公園IC
95 江差
江差町
北斗市
恵山岬
北海道新幹線
函館 72
大千軒岳
大間崎
五稜郭 90
96 松前
津軽海峡
湯川溫泉 90
白神岬

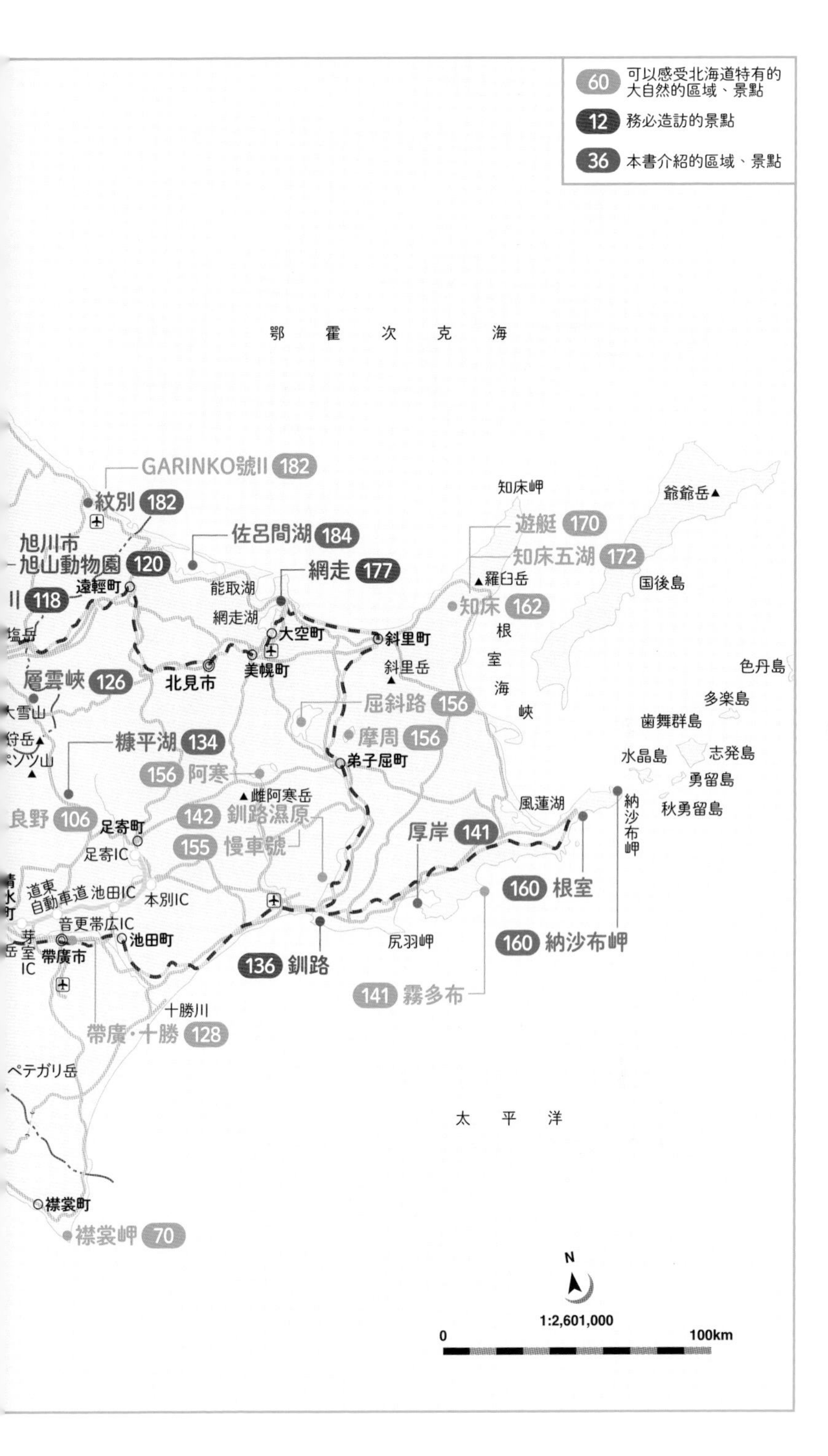

60 可以感受北海道特有的大自然的區域、景點
12 務必造訪的景點
36 本書介紹的區域、景點
鄂霍次克海
GARINKO號II 182
紋別 182
佐呂間湖 184
旭川市
旭山動物園 120
網走 177
遠軽町
能取湖
網走湖
大空町
斜里町
美幌町
北見市
層雲峡 126
斜里岳
屈斜路 156
摩周 156
弟子屈町
糠平湖 134
156 阿寒
雌阿寒岳
142 釧路濕原
155 慢車號
良野 106
足寄町
足寄IC
道東自動車道
池田IC
本別IC
音更帯広IC
池田町
帯廣市
芽室IC
136 釧路
帶廣·十勝 128
十勝川
ペテガリ岳
襟裳町
襟裳岬 70
知床岬
遊艇 170
知床五湖 172
羅臼岳
知床 162
根室海峡
爺爺岳
国後島
色丹島
多楽島
歯舞群島
水晶島
志発島
勇留島
秋勇留島
風蓮湖
納沙布岬
厚岸 141
160 根室
160 納沙布岬
尻羽岬
141 霧多布
太平洋
N
1:2,601,000
0
100km

景點索引地圖

最佳季節月曆

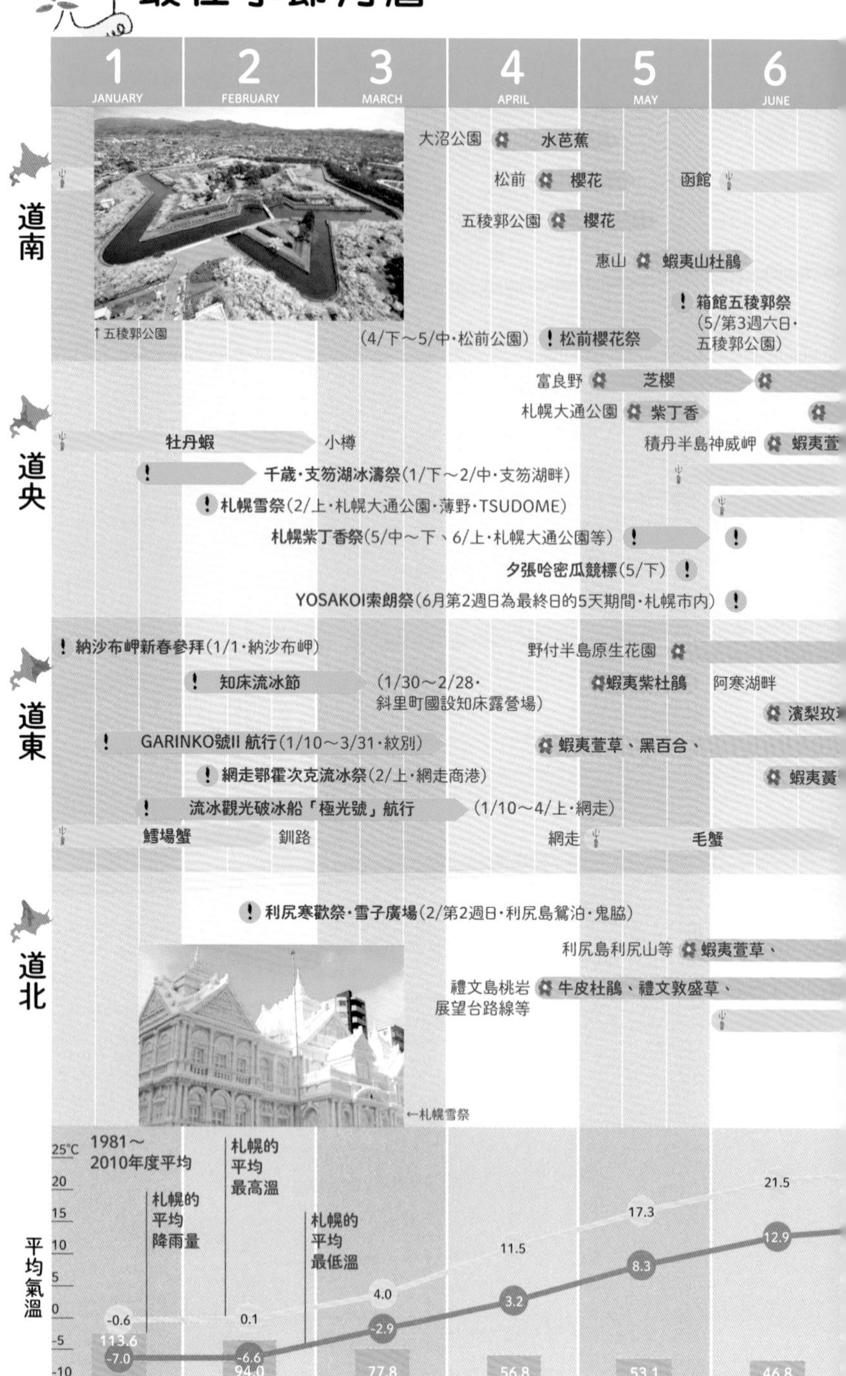

※活動等的舉辦日期可能變更，請事先至各官方網站等處確認。

活動
美食
花卉

7 JULY
8 AUGUST
9 SEPTEMBER
10 OCTOBER
11 NOVEMBER
12 DECEMBER
大沼公園 楓葉
北魷(6月～翌1月)
函館聖誕夢幻節(12/1左右～25·紅磚倉庫群周邊)
↓札幌紫丁香祭
函館港祭(8/1～5·函館市內)
函館國際民俗藝術祭(8/1～11·元町公園等)
馬鈴薯花
美瑛
楓葉
定山溪
薰衣草
富良野
楓葉
層雲峽
富良野
波斯菊
哈密瓜
夕張
蝦夷馬糞海膽
積丹半島
甜玉米
富良野
北海肚臍祭(7/28·29·富良野)
小樽潮祭
(7/最後週五～日·小樽)
登別地獄祭(8/最後一週六日·登別溫泉)
杉林、溪蓀、野決明等
能取湖
珊瑚草
毬藻祭(10/8～10·阿寒湖畔)
蝦夷透百合等
佐呂間湖WAKKA原生花園
芒尖掌裂蘭、苔桃等
霧多布濕原
山鳶尾等
小清水原生花園
釧路(11/上～2/中)
鱈場蟹
利尻虞美人草
東北老鸛草、蝦夷龍膽
蝦夷馬糞海膽
禮文島
昆布
利尻島
→鱈場蟹、松葉蟹
24.9
26.4
22.4
16.2
8.5
2.1
17.3
19.1
14.2
7.5
1.3
-4.1
81.0
123.8
135.2
108.7
104.1
111.7
500mm
400
300
200
100
0
平均降雨量

美食沒有藩籬 最道地的美味都在這裡！

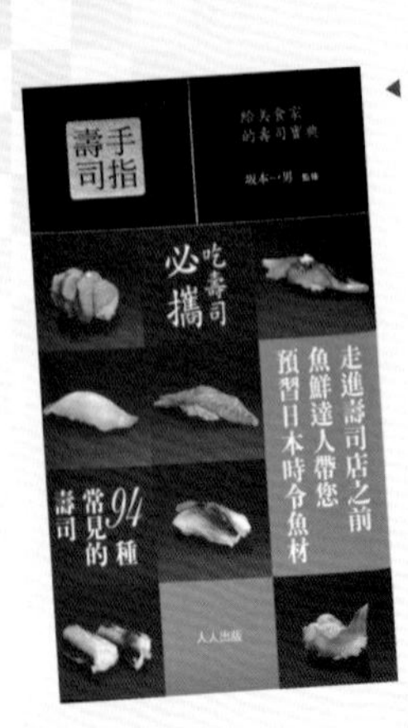

◀壽司

◀日本酒

日本旅遊必備！

手帳系列口袋書

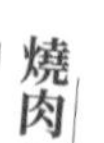

◀燒肉

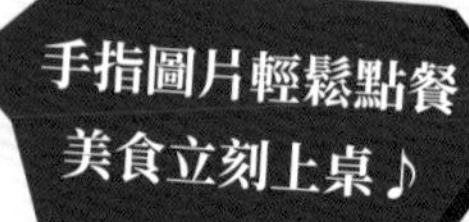

札幌
小樽
道央

在北方大地的城市漫步

往小樽
往新琴似
札幌競馬場
往琴似
白楊
札沼線・函館本線
地下鐵東西線
西區
二十四軒2条2
二十四軒公園
二十四軒小
陵北中
すずらん公園
二十四軒一条
二十四軒三条
札幌中央卸売市場
北のグルメ直売店(海產)
北12西15
北十二条西
天然温泉
やすらぎの湯
北のたまゆら
市立
JR北海道本社
札幌市立大
(看護)
A
二十四軒
B
桑園
北十条西
P.27 カレー&ごはんカフェouchi
(咖哩)
イオン
二十四軒3-7
郵局
琴似営業所
桑園小
桑園小
北八条西
日新小
宮の森三条
桑園公園
西二十三丁目
やちだも公園
岡本病院
西十七丁目
郵局
北5西13
北六条西
北5西17
グリーン公園
宮の森三条
北五条西
郵局
北5西28
北5西24
北四条西
札幌龍谷学園高
ジャンボ公園
北4西20
西本願寺
三岸好太郎美
西28丁目駅前
宮の森2条6
西28丁目
P.22
北海道立近代美術館
向陵中
北二条西
札幌管区気象台
郵局
北1西14
宮の森一条
教育文化
北1西20
E
北1西27
北一条西
西二十丁目
札幌市資
F
モリエール
圓山小
社会福祉
総合センター
北海道神宮
大通西
西18丁目
中村記念
西二十八丁目
円山公園駅前
大通西25
南一条西
西15丁目
往札幌彫刻美術館
圓山公園
圓山公園
裏參道
札幌医大病院
北海道神宮
maruyama class
瑞龍寺
札幌医大
南3西20
南三条西
森彥(咖啡廳) P.33
北星学園
女子中・高
圓山球場
南3西25
中
動物園正門前
南五条西
西線6條
南6西20
札幌
圓山動物園
圓山原始森林
南6西25
札幌市圓山動物園
官方商店 P.35
南6西24
南七条西
西十七丁目
西線9條
旭山公園通
南9西18
圓山
▲225
南九条西
N
幌西小
西友
南9西21
札 幌
1:20,000
0
300m
南8西25
J
南十一条西
西線11條
啓明中
南11西20
双子山
周邊廣域地圖 P.36-37
緑丘小
南11西22
西十五丁目
步行6分
界川
緑ケ丘公園
南十二条西
界川
P.26 カレー魂 デストロイヤー(咖
旭山記念公園
旭丘高前
啓明ターミナル
郵局
西線14條
旭ヶ丘

醫學部
北大病院
往麻生
往札幌北IC
北13條東
天使病院
東区役所
工學部
P.26 PICANTE
(咖哩)
北十二条西
北十一条東
東保健センター
藥學部
北12條
郵局
北10東7
北十一条西
北九条東
P.18 北海道大學
東區
北區
北十条西
東一丁目
東二丁目
東三丁目
東四丁目
東五丁目
北9西1
新生公園
P.39 APA飯店<TKP札幌站北口>
EXCELLENT
北8東7
理學部
北九条小
北九条西
北9東1
北八条東
Ario札幌
經濟學部
第一合同庁舎
北8東3
P.22 札幌啤酒博物館
北海道開発局
P.29 札幌啤酒園
(烤肉)
北大正門前
16-17
學術交流會館
ホテルサンルート札幌
農學部
克拉克銅像
繊維卸センター
札幌站
札幌花園公園
クラーク會館
北7西8
札幌中央郵局
札幌卸センター
北六条東
札幌
ホテルルートイン札幌駅前北口
札幌総合卸センター
清華亭
PASEO
函館本線・千歳線
JRタワーホテル日航札幌
往旭川・千歳
北7西10
大丸百貨店
JR塔
巴士總站
北五条東
中央中
北ガス アリーナ札幌
札幌厚生病院
sapporo 55
APIA
(地下街)
ビックカメラ
センチュリー ロイヤルホテル
ホテルモントレ札幌
京王プラザホテル札幌
東急
札幌
サッポロファクトリー前
アスティ45
ANAクラウンプラザ札幌
北三条東
旧永山武四郎邸
北5西7
ホテル グレイスリー札幌
札幌
駅前
JR札幌病院
永山記念公園
ホテルポールスター札幌
毎日新聞社
ホテルクラビーサッポロ
往江別
道庁別館
北3西2
北二条東
札幌工廠
北海道大學植物園
ニューオータニイン札幌
北海道庁
道庁前
札幌開拓使麦酒醸造所
北方民族植物標本園
北海道廳舊本廳舍
北一条東
テレビ北海道
北2西3
12
道警本部
札幌市鐘樓
中央小
北2西6
北海道放送
札幌大通高
時計台前
中央巴士總站
大通東
中央小前
ホテル札幌ガーデンパレス
札幌グランドホテル
北海道電力
中央署
NHK
札幌テレビ
北海道新聞
市役所
札幌電視塔
巴士中心前
ロイトン札幌
北1西7
大通ビッセ
郵局
往新札幌
日本銀行
大通公園
大通
巴士中心
合同庁舎
開拓記念碑
バスセンタービル
市民ギャラリー
丸井今井
一条大橋
大通
札幌建設の地碑
南二条東
北海道銀行本店
三越
豊平川
ホテルオークラ札幌
南1
MARUZEN&ジュンク堂
千歳鶴酒ミュージアム
西4丁目
パルコ
地下鐵東豊線
西11丁目
南一条西
二條市場
西8丁目
ピヴォ
狸小路
南四条東
郵局
中央區役所前
狸小路
フェアフィールド・バイ・マリオット札幌
白石區
ホテルサンルートニュー札幌
南4東1
南4東3
中央区民センター
札幌王子大飯店 P.40
南五条東
すすきの
すすきの駅前
豊平橋
資生館小
区役所
薄野
南六条東
中央消防署
資生館小前
札幌東急INN
ラーメン横丁
資生館小前(西創成)
プレミアホテル TSUBAKI札幌
南4西11
南6西11
薄野
豐水薄野
36
南7西3
日泰寺
南七条西
地下鐵南北線
南七条大橋
シャスマックプラザホテル
往月寒
東本願寺前
水車町(一)
経王寺
南7西11
20-21
札幌オリエンタルホテル
東本願寺
豊陵公園
P.40 威斯特酒店
札幌(中島公園)
水車町2
南9西6
ホテルノースシティ
南大橋
旭町一
南8西11
南9西7
山鼻9條
中島公園
旭町(三)
南9西11
西十一丁目
こども人形劇場
學園前
旭小
旭小前
往福住
P.40 普樂美雅飯店
中島公園 札幌
札幌公園飯店 P.40
札幌中央病院
HOTEL LIFORT SAPPORO P.40
八窓庵
公園入口
水車町(三)
北海学園大
230
P.23 豐平館
中島公園通
北海高
K
453
水車町(五)
渡辺淳一文学館
札幌コンサートホールKitara
北海學園札幌高
石山通
中島中
中島公園
P.23
北海道立文学館
豐平區
水車町(七)
旭町(六)
南14西7
行啓通
札幌漫步路線
山鼻小
護國神社
南十四条西
幌平橋
平岸1条2
北海道開発局土木研究所
南14西11
往真駒内

札幌

區域的魅力度

北方美食
★★★★★
城市漫遊
★★★★
夜間散步
★★★★

自然與文化、歷史共存
味噌拉麵&湯咖哩的發源地
薄野美食街營業至深夜

熱力四射的北海道文化經濟中心
風格獨具的街道妝點出美麗的大都會

札幌雖然是個人口超過197萬的大都市，但是綠意盎然的公園散布四處，洋溢著美麗和開放感。除了眾多開拓時期留下的建築物、瞭望景點等值得參觀的名勝之外，也是美食和購物的天堂。

前往札幌的方法

●搭乘飛機前往

利用飛機、電車可參照p.232～233。搭飛機前往時，從本州要利用新千歲機場。從機場前往札幌，可搭乘電車或接駁巴士。巴士從1樓的全日空入境大廳或日本航空入境大廳前的乘車處發車。從北海道各地，主要有ANA和JAL從稚內、利尻、女滿別、釧路、根室中標津、函館飛往新千歲、丘珠。從丘珠機場前往地下鐵榮町站，搭北都交通巴士需時約5分、250日圓。從榮町站到札幌站11～12分、250日圓。

●搭乘鐵路前往

從東京搭北海道新幹線「隼」到終點站新函館北斗，最快3小時58分。從新函館北斗站搭JR特急「超級北斗」3小時58分～4小時24分。1天10班。

觀光詢問處

札幌觀光協會
☎011-211-3341

預約・詢問處

※北海道內各地出發的高速巴士詢問處，請參考各區導覽。

JR各站
☎011-222-7111
(JR北海道電話服務中心)
☎0123-45-7001
(新千歲機場站)

機場接駁巴士
北都交通
☎011-375-6000
北海道中央巴士(綜合服務)
☎0570-200-600

航班詢問處

JAL
☎0570-025-071

札幌車站

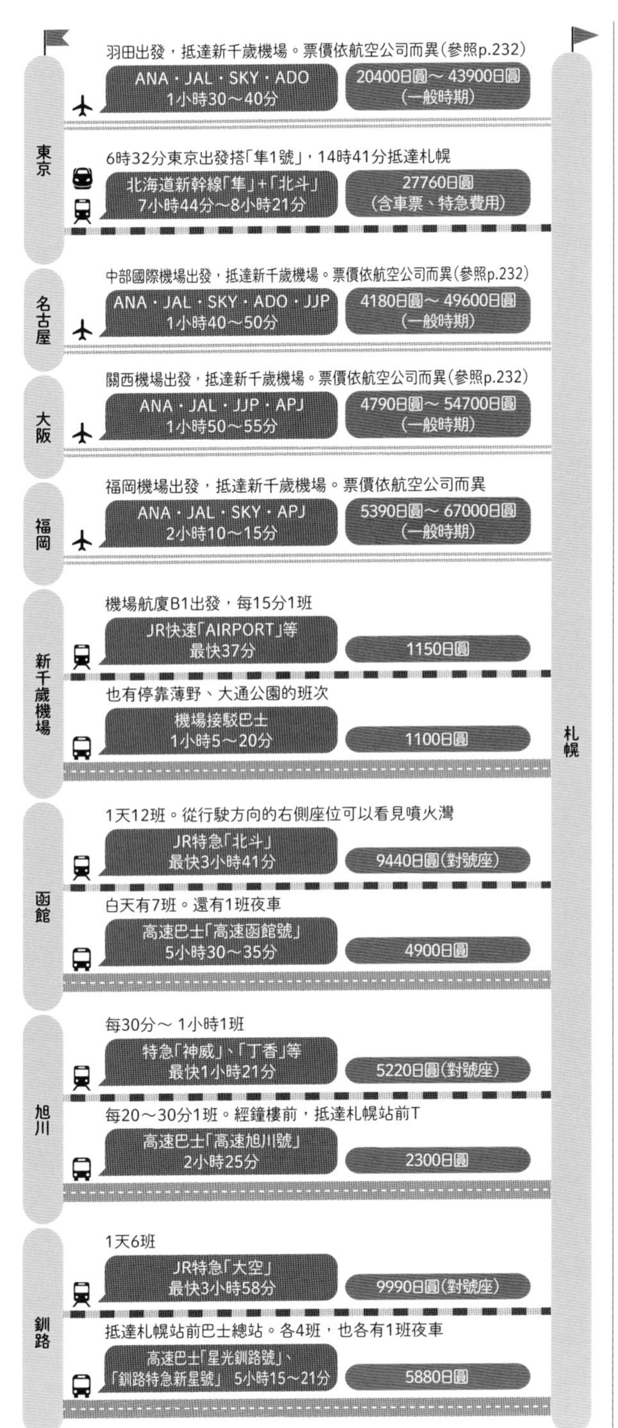

ANA
0570-029-222
SKY(天馬航空)
0570-039-283
ADO(Air Do)
0120-057-333
JJP(捷星航空)
0570-550-538
APJ(樂桃航空)
0570-001-292

新千歲機場

富良野～札幌間的直達臨時列車

6月下旬～8月31日的每天、6月中旬和8月下旬～9月的週六日及假日，「富良野薰衣草快速」每天往返1～2班。需時約2小時，對號座5220日圓。參照p.99。

快速的JR特急vs便宜的高速巴士

JR車資是巴士的2倍，如果買的是來回車票，有些區間可打2～4折。巴士會抵達札幌站前巴士總站，不過有些班次可在鐘樓或大通等市區下車。此外巴士還有夜間班次，能更有效地安排時間。

開往各地的特急在札幌車站發抵

掌握區域的重點

Ⓐ北海道廳舊本廳舍

不僅能欣賞其漂亮的紅瓦外牆，也可以入內參觀。如果有時間，在中庭享受一下悠閒氣氛也很棒。天黑後到21時有夜間點燈。

Ⓑ北海道大學周邊

看點是古河紀念講堂和克拉克銅像等具有歷史淵源的建築物。眺望銀杏和白楊樹的林道，在都會中享受大自然散步。

Ⓒ札幌站周邊

有APIA、ESTA、PASEO、札幌STELLAR PLACE這4間購物中心，加上大丸，便是餐飲購物的一大據點。JR塔的38樓也設有瞭望台。

Ⓓ札幌工廠

由啤酒工廠舊址改建成的全天候餐飲購物設施。紅磚館有販售原創商品，推薦給想要尋找特色伴手禮的人。

Ⓔ札幌市鐘樓

札幌站步行約10分鐘。因為是札幌的地標，所以總是有許多觀光客聚集。也有點燈的時段（傍晚～21:30）。

Ⓕ北海道大學植物園

園內是遠離塵囂的寧靜空間，完全感覺不出來是位於市中心。可以觀賞到各個季節的花卉。

Ⓖ大通公園

園內有噴水池和藝術作品，是札幌的主要散步去處。這裡也是札幌白色燈樹節和札幌雪祭的活動會場。

Ⓑ 北海道大學周邊
克拉克銅像
札幌站
Ⓒ 札幌站
創成川
JR塔
巴士總站
函館本線・千歲線
札幌站
札幌站
北海道大學植物園 Ⓕ
北海道廳
地下鐵南北線
北海道廳舊本廳舍 Ⓐ
Ⓓ 札幌工廠
Ⓔ 札幌市鐘樓
中央巴士札幌總站
札幌電視塔
地下鐵東西線
Ⓖ 大通公園
大通站
大通站
大通巴士中心
札幌市電
西4丁目電車站
Ⓗ 狸小路
地下鐵東豐線
二條市場
狸小路電車站
札幌市電
薄野電車站
Ⓗ 薄野

Ⓗ薄野、狸小路

北海道內數一數二的夜晚鬧區，有海鮮料理、鄉土料理、壽司店、居酒屋、酒吧、俱樂部等各種類型的店鋪聚集在此。也有很多從深夜營業到早上的店，兩條拉麵橫丁大部分的店家都營業到早上2～4時。

狸小路有很多針對當地顧客的店家，算是平民的商店街。針對觀光客的店家多半營業到21～22時左右。

遊覽順序的小提示・抵達後的第一步

●抵達札幌站後

出剪票口後確認方向…札幌站的剪票口有東西兩處，不過正面都是PASEO的入口，很容易搞不清楚自己是從哪個剪票口出來的。出剪票口後，如果路中央有人魚公主雕像就是西剪票口，先確認自己是從哪邊出來的吧。

取得市內觀光所需的資訊…前往出西剪票口後右手邊（北口方向）北海道札幌「食與觀光」情報館內的「北海道札幌觀光服務處」。這裡有市內的觀光地圖、各名勝的導覽手冊、餐飲店的折價券等，可以確認觀光所需的資訊。

搭乘地下鐵…從札幌站前往大通公園、薄野，有南北線和東豐線這兩條路線，但南北線距離主要景點比較近。出了JR西剪票口行經西通南口通道，穿過APIA地下街到札幌站步行5分。地下鐵專用1日乘車券在自動售票機、定期票窗口都有販售。

●從札幌站移動

地下鐵…1天內可無限搭乘的地下鐵專用1日乘車券為830日圓。札幌、大通、薄野、中島公園的任一區間車資為200日圓，所以搭4次以上就回本了。此外，在週六日、假日、過年期間1天內可無限搭乘的週末地下鐵車票（ドニチカキップ）為520日圓，是地下鐵會搭3次以上時能利用的划算票券。

「札幌漫步」巴士…繞行札幌啤酒園、札幌工廠等離市區稍遠區域的巴士（循環88）。大約每20分1班，費用為210日圓。1日乘車券750日圓。此外，7～10月左右還有繞行大通公園、圓山動物園、大倉山等的「札幌漫步巴士」（費用、路線需洽詢）行駛。

地下鐵・市電・市巴士1日乘車券・市巴士工廠線詢問處

車站巴士電話
（札幌市客服中心）
☎011-222-4894

札幌漫步巴士詢問處

北海道中央巴士
（札幌總站）
☎0570-200-600

如何有效利用計程車

・即使是短程，團體搭乘仍然划算…由札幌站到薄野、中島公園，小型車1000日圓以內。3～4人的話，每人平均費用和搭乘地下鐵差不多。札幌啤酒園和藻岩山、札幌工廠等地下鐵沒有到的地方，搭乘計程車較為方便。

・利用觀光包車…從市中心繞行鐘樓、道廳、大通公園、宮之森跳台競技場等地約2小時的行程，一般車型8800日圓～左右。札幌包車協會
☎011-561-1171

TEKU TEKU COLUMN

回程時的建議
最後的伴手禮在札幌站買！

大丸札幌店（地圖p.16-F）地下1樓的HOPPE TOWN裡，有販賣北海道食品的專區「道內名產品北HOPPE」。該樓層也有很多提供外帶的熟食店，可以買到在機上或車內吃的便當。

此外，札幌站西通北口的北海道札幌「食與觀光」情報館內，有在地商店「北海道道產子廣場」及咖啡廳，集結了北海道各地2000種特產品。

善加利用
「道產子PASS」

市電環狀線通車以後，交通十分方便。有了方便散步又划算的車票—市電專用1日乘車券「道產子PASS」（どサンこパス），就可以輕鬆遊逛市電沿線的景點及餐廳。憑1張乘車券即可享有大人1名加小孩1名1天內無限搭乘市電的優惠。對家庭來說相當划算，費用為370日圓。僅限週六日、假日及過年期間使用，不妨妥善安排行程將其納入考量。

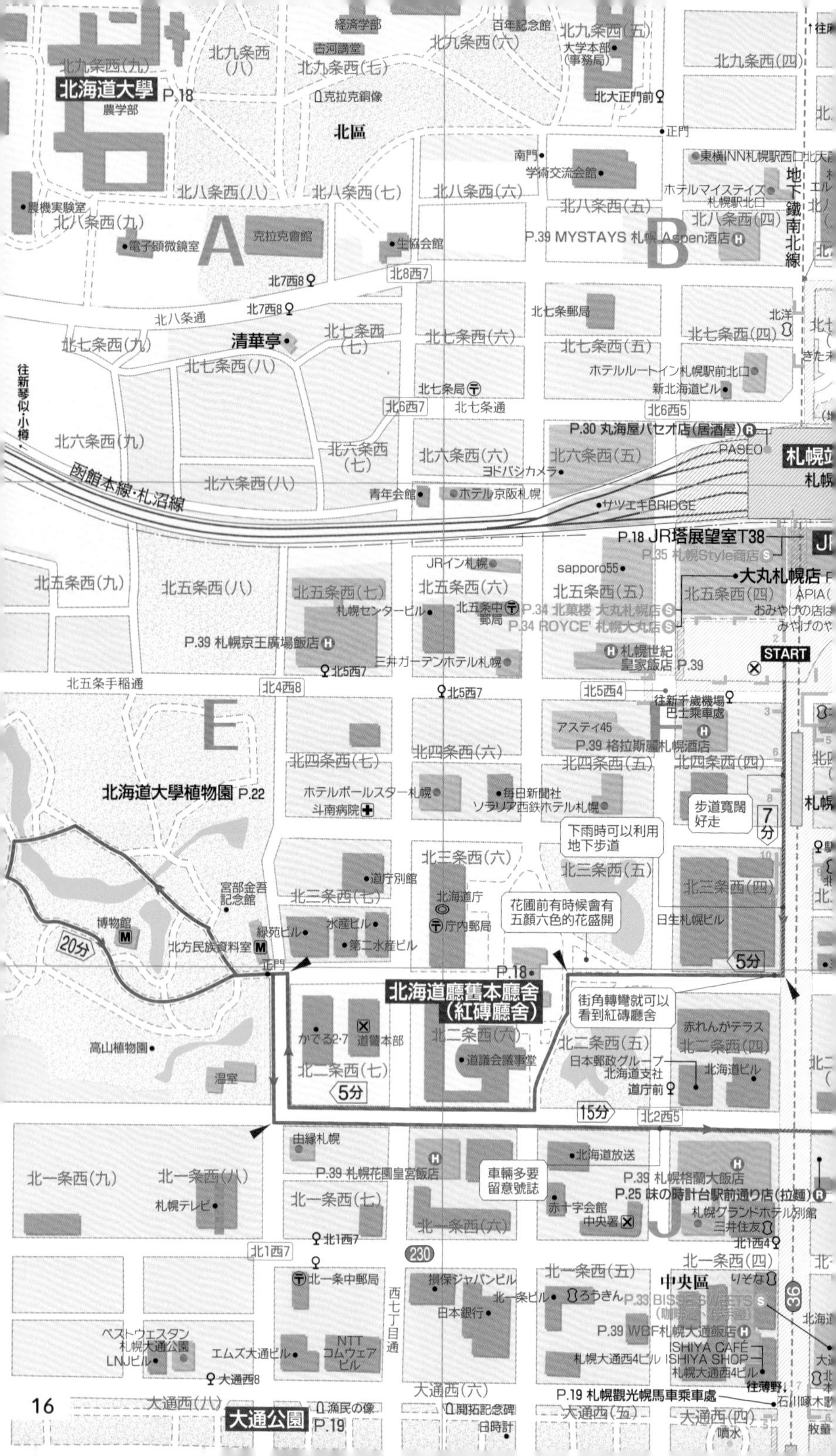
北海道大學 P.18
農学部
経済学部
古河講堂
克拉克銅像
北區
百年記念館
大学本部
(事務局)
北大正門前
正門
南門
学術交流会館
東横INN札幌駅西口北大前
ホテルマイステイズ札幌駅北口
地下鐵南北線
農機実験室
電子顕微鏡室
克拉克會館
生協会館
P.39 MYSTAYS 札幌 Aspen酒店
A
B
北7西8
北8西7
北八条通
清華亭
北七条郵局
北洋
ホテルルートイン札幌駅前北口
新北海道ビル
北七条局
北七条通
往新琴似・小樽
北6西7
北6西5
P.30 丸海屋パセオ店(居酒屋)
PASEO
札幌站
ヨドバシカメラ
函館本線・札沼線
青年会館
ホテル京阪札幌
サツエキBRIDGE
P.18 JR塔展望室T38
P.35 札幌Style商店
JRイン札幌
sapporo55
大丸札幌店
北五条中郵局
P.34 北菓楼 大丸札幌店
P.34 ROYCE' 札幌大丸店
札幌センタービル
P.39 札幌京王廣場飯店
三井ガーデンホテル札幌
札幌世紀皇家飯店 P.39
START
北5西7
北4西8
北五条手稲通
北5西4
往新千歳機場巴士乘車處
E
F
アスティ45
P.39 格拉斯麗札幌酒店
北海道大學植物園 P.22
ホテルポールスター札幌
斗南病院
毎日新聞社
ソラリア西鉄ホテル札幌
步道寬闊好走
7分
下雨時可以利用地下步道
宮部金吾記念館
道庁別館
北海道庁
庁内郵局
花圃前有時候會有五顏六色的花盛開
日生札幌ビル
博物館
20分
緑苑ビル
水産ビル
第二水産ビル
北方民族資料室
正門
P.18
5分
北海道廳舊本廳舍(紅磚廳舍)
街角轉彎就可以看到紅磚廳舍
赤れんがテラス
かでる2・7
道警本部
道議会議事堂
日本郵政グループ北海道支社
北海道ビル
道庁前
高山植物園
温室
5分
15分
北2西5
由縁札幌
P.39 札幌花園皇宮飯店
北海道放送
P.39 札幌格蘭大飯店
P.25 味の時計台駅前通り店(拉麵)
車輛多要留意號誌
赤十字会館
中央署
札幌グランドホテル別館
三井住友
札幌テレビ
北1西7
北1西4
230
中央區
北一条中郵局
損保ジャパンビル
北一条ビル
ろうきん
りそな
P.33 BISSE SWEETS
日本銀行
西七丁目通
P.39 WBF札幌大通飯店
36
ベストウェスタン札幌大通公園
LNJビル
エムズ大通ビル
NTTコムウェアビル
ISHIYA CAFÉ
ISHIYA SHOP
札幌大通西4ビル
大通西8
往薄野
P.19 札幌観光幌馬車乘車處
石川啄木歌碑
大通公園 P.19
漁民の像
開拓記念碑
日時計
噴水
牧童

札幌站～大通公園
1:6,500
0
100m
步行2分
東區
周邊廣域地圖 P.11
N
往榮町↑
往札幌北IC↑
北九条西(一)
北九条小
北九条西(二)
地下鐵東豐線
創成川
北九条東(一)
北九条東(二)
北九条通
光徳寺
北8西1
北八条西(一)
北八条西(二)
第一合同庁舎
北8西3
北7東1
北八条東(一)
北八条東(二)
北八条東(三)
北八条東(四)
信行寺
北8東3
北八条通
JR東日本
ホテルメッツ札幌
ホテル
サンルート札幌
北七条西(二)
北七条西(一)
北七条東(一)
北七条東(二)
北8東3
北七条東(三)
北七条東(四)
北ビル
山京ビル
ろうきん
NCOビル
SE札幌ビル
北7西1
北海道熱供給公社
北七条通
東横INN札幌駅北口
北六条西(一)
札幌中央郵局
北六条東(一)
北六条東(二)
札幌卸センター
北六条東(四)
札幌総合卸センター
北六条東(三)
シネマフロンティア
札幌JR塔日航酒店
P.39
北五条西(二)
函館本線・千歲線
北五条東(四)
札幌駅
エスタ
ビックカメラ
札幌ロフト
北五条西(一)
創成川通
北五条東(一)
北五条東(二)
北五条東(三)
札幌站前巴士總站
北5西1
北五条手稲通
往江別・千歲
札幌蒙特利酒店 P.39
ホクレン
中央中
北四条西(二)
北四条西(一)
北四条東(四)
東急
JA北農ビル
北四条東(三)
急ハンズ
共済会館
北四条東(一)
北四条東(二)
駅前
札幌
北四条通
ホテルフォルツァ
札幌駅前
札幌ブリックキューブ
札幌全日空皇冠假日飯店 P.39
ホテル
パールシティ札幌
東横INN札幌駅南口
北3東1
北三条東(二)
北三条東(四)
JR札幌病院
北三条西(二)
北三条西(一)
岩佐ビル
リッチモンドホテル
札幌駅前
エア・ウォーター北三条ビル
北三条東(一)
北3東2
北三条東(三)
JRイン
札幌駅南口
北2東1
北三条通
北3東3
サッポロファクトリー前
アパホテルTKP
札幌駅前
札幌新大谷INN P.39
札幌開拓使麥酒釀造所
三条館
北2西1
ネストホテル札幌駅前
札幌蒙特利埃德爾霍夫酒店 P.39
P.39 札幌克拉比飯店
北二条東(四)
北二条中郵局
北二条西(一)
北二条東(一)
北二条東(二)
北二条東(三)
北二条西(二)
JRイン札幌北2条
P.33 札幌工廠
麦羊亭(燒肉)
北1条
北2西1
北二条通
すみれホテル
札幌教会
北一条西(二)
すぎ乃(和食) P.29
北一条東(一)
北一条東(二)
北一条東(四)
P.18
北一条西(一)
フロンティア館
一条館
札幌市鐘樓
時計台病院
北一条東(三)
商工会議所
北1東2
サッポロファクトリー
時計台前
北1西1
北一条雁来通
北1東2
大通東4
中央国道
往江別
札幌市民ホール
中央巴士札幌總站
札幌市役所
北一条
二樓露台是不錯的拍照點！
大通東(一)
大通東(二)
大通東(三)
大通東(四)
商業區的氛圍
中央区役所(仮)
創成川公園
NHK
北大通
大通郵局
札幌電視塔SKY SHOP
P.35
花の母子像
北海道電力
大通
札幌電視塔
P.19

觀賞

JR塔展望室T38
じぇいあーるたわーてんぼうしつたわーすりーえいと

地圖p.16-F
直通JR札幌站

位於地上160公尺高的JR塔展望室T38，可以一覽札幌街景、小樽、夕張岳等360度的全景景觀。南側附設有白天是咖啡廳、晚上是酒吧的「T' CAFÉ」以及伴手禮商店。視野遼闊的眺望化妝室也不能錯過。

011-209-5500
札幌市中央区北5条西2丁目5
10:00～21:00(最後入場20:30)
休 無休　¥ 740日圓　P 有(收費)

北海道大學
ほっかいどうだいがく

地圖11-C、p.16-A
JR札幌站北口 10分

1876（明治9）年以札幌農業學校之名創立，約1.8平方公里的校園內，遺留著歷史性建築物和豐富的大自然。克拉克博士的名言「Boys be Ambitious」（青年們要胸懷大志）遠近馳名。克拉克博士的半身銅像旁，有一座白色西洋式建築是古河紀念講堂。

周圍有茂盛的春榆樹林，也看得到樹齡超過百年的大樹。在正門口到克拉克銅像之間有片名為中央草坪的綠地，有一條過去曾有鮭魚溯溪而上的舊琴似川。另外，也可說是北大代名詞的白楊林蔭大道也是景點之一。

011-716-2111(代表)
札幌市北区北8条西5丁目
P 附近有

北海道廳舊本廳舍（紅磚廳舍）
ほっかいどうちょうきゅうほんちょうしゃ(あかれんがちょうしゃ)

地圖p.16-J
JR札幌站南口 7分

1888（明治21）年建造的美國風新巴洛克式建築。屋頂上的八角圓頂，據說是以開拓使顧問凱普隆故鄉的馬里蘭州議事廳，和麻薩諸塞州議事廳為藍圖建造的。白楊樹和銀杏環繞的前庭池塘裡還有野鴨和鯉魚悠游其中，是市民休憩的場所。

011-204-5019
(週六日、假日為 011-204-5000)
札幌市中央区北3条西6丁目
廳舍內部8:45～18:00、前庭7:00～21:00
休 12月29日～1月3日
¥ 免費
P 附近有　※有義工導覽

札幌市鐘樓
さっぽろしとけいだい

地圖p.17-K
地下鐵南北線大通站 3分

根據克拉克博士的建議，作為札幌農業學校的演武場，完成於1878（明治11）年，1881（明治14）年時附設了鐘台。以當時美國流行的一體式架構建築風格建造。

館內除了有札幌農業學校的歷史、畢業生

新渡戶稻造的介紹，還展示著時鐘機械的資料。1970（昭和45）年被指定為日本的重要文化財產。大時鐘為鐘擺式，至今仍準確地顯示時間。

011-231-0838
札幌市中央区北1条西2丁目
8:45～17:10(最後入館17:00)
休 1/1～3
¥ 200日圓　P 附近有

大通公園

おおどおりこうえん

地圖p.20-A～B、21-C
地下鐵南北線大通站即到

寬65公尺、長1.2公里的綠色地帶，溫暖的季節會盛開色彩繽紛的花朵。雖然位於市中心，卻有約92種、約4700棵的樹木生長於此。11月下旬的札幌白色燈樹節會綻放出耀眼光芒，將街道彩繪成幻想世界，2月則是札幌雪祭的會場。從1丁目到12丁目，有玫瑰園、櫸樹群、噴水池、詩歌碑、石像等萬種風情。

POINT

鴨隊長導覽／走地下鐵大通站的5號、6號出口，可抵達最熱鬧的3丁目、4丁目一帶。

札幌電視塔

さっぽろてれびとう

地圖p.21-C
地下鐵南北線大通站5分

佇立在大通公園東端的西1丁目。建於1957（昭和32）年，高147.2公尺。從高90公尺的瞭望台可以遠眺棋盤狀的街道，以及藻岩山和大倉山等也看得到。還有餐廳及伴手禮店，17時左右至24時夜間打燈的模樣也很美麗。

011-241-1131
札幌市中央区大通西1丁目
9:00～22:00(可能視活動變動)
休 不定休　¥ 800日圓(瞭望台)
P 附近有

POINT
鴨隊長導覽／和極光城地下街、大通站27號出口相連，下雨或下雪時，即使不用出站也可直接到達。

札幌觀光幌馬車

さっぽろかんこうほろばしゃ

地圖p.20-B
地下鐵南北線大通站即到

隨著馬車搖搖晃晃，慢慢地欣賞札幌的街景。由大通西4丁目、地下鐵南北線大通站5號出口出站後，就可以看到搭乘處的招牌，馬車就從那裡出發。繞行鐘樓和北海道廳舊本廳舍等，整趟行程約50分。

011-512-9377
札幌市中央区大通公園4丁目附近
10:00、11:00、13:00、14:00、15:00、16:00出發（16:00班次為9～11月停駛）
休 僅4月下旬～11月3日營業（週三休，遇雨中止）
¥ 1F座2100日圓，2F座／駕車座2500日圓
P 附近有

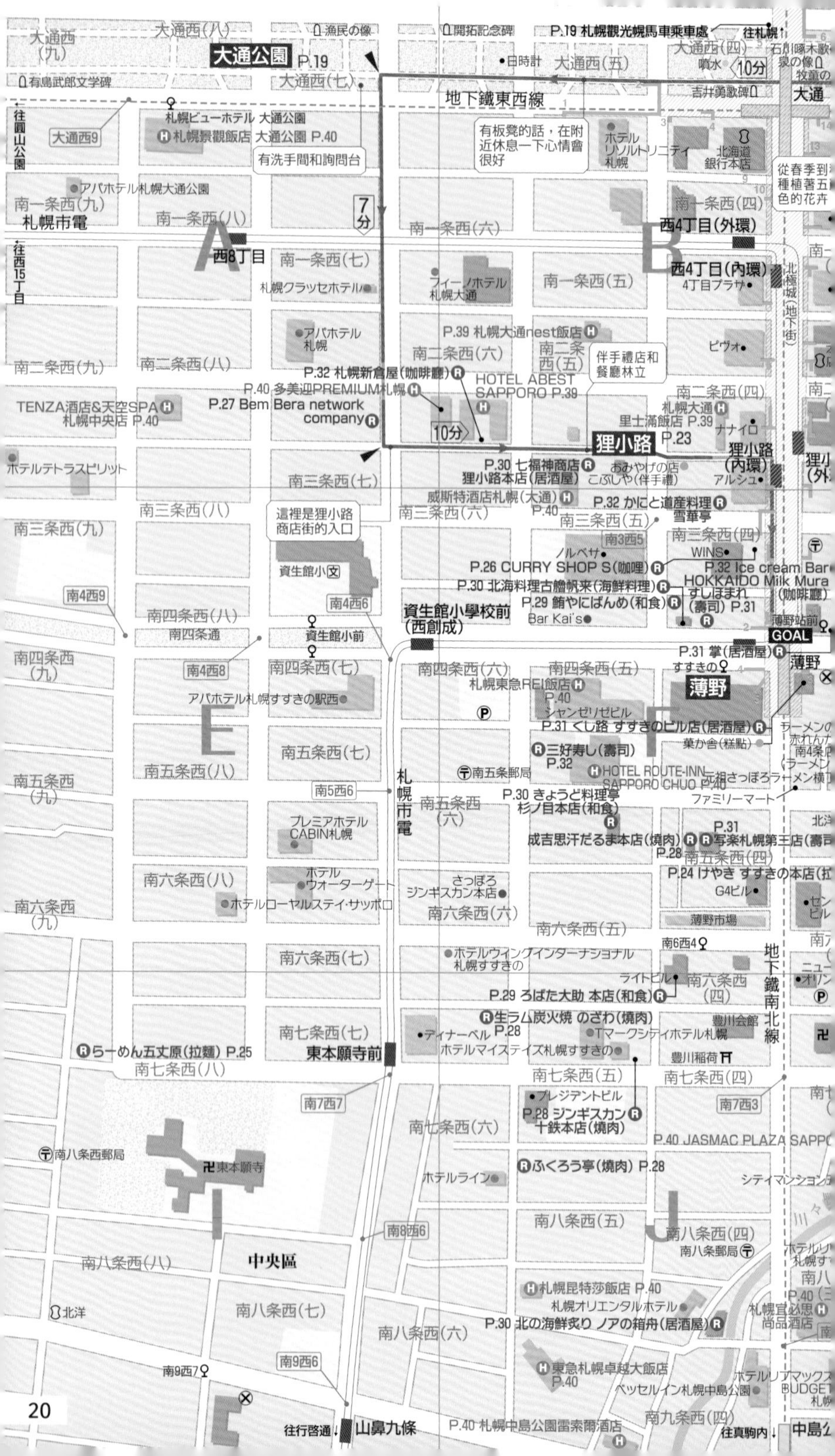
大通公園 P.19
大通西(九)
大通西(八)
漁民の像
開拓記念碑
P.19 札幌観光幌馬車乗車處
往札幌
大通西(四)
石川啄木歌碑
泉の像
牧童の像
噴水
10分
大通西(七)
日時計
大通西(五)
有島武郎文学碑
吉井勇歌碑
大通
地下鐵東西線
往圓山公園
札幌ビューホテル 大通公園
札幌景観飯店 大通公園 P.40
大通西9
有洗手間和詢問台
有板凳的話，在附近休息一下心情會很好
ホテルリソルトリニティ札幌
北海道銀行本店
從春季到秋季種植著五顏六色的花卉
アパホテル札幌大通公園
南一条西(九)
札幌市電
南一条西(八)
7分
南一条西(六)
南一条西(四)
西4丁目(外環)
往西15丁目
西8丁目
南一条西(七)
西4丁目(內環)
4丁目プラザ
札幌クラッセホテル
フィーノホテル札幌大通
南一条西(五)
北極城(地下街)
アパホテル札幌
P.39 札幌大通nest飯店
南二条西(六)
南二条西(五)
伴手禮店和餐廳林立
ピヴォ
南二条西(九)
南二条西(八)
P.32 札幌新倉屋(咖啡廳)
P.40 多美迎PREMIUM札幌
HOTEL ABEST SAPPORO P.39
南二条西(四)
TENZA酒店&天空SPA札幌中央店 P.40
P.27 Bem Bera network company
札幌大通
里士滿飯店 P.39
ナナイロ
10分
狸小路
P.23
狸小路(內環)
狸小路(外環)
ホテルテトラスピリット
P.30 七福神商店
狸小路本店(居酒屋)
おみやげの店こぶしや(伴手禮)
アルシュ
南三条西(七)
威斯特酒店札幌(大通) P.40
南三条西(八)
這裡是狸小路商店街的入口
南三条西(六)
P.32 かにと道産料理雪華亭
南三条西(五)
南三条西(九)
南3西5
南三条西(四)
ノルベサ
WINS
資生館小
P.26 CURRY SHOP S(咖哩)
P.32 Ice cream Bar HOKKAIDO Milk Mura(咖啡廳)
南4西9
P.30 北海料理古艪帆来(海鮮料理)
すしほまれ(壽司) P.31
南4西6
資生館小學校前(西創成)
P.29 鮨やにばんめ(和食)
南四条西(八)
Bar Kai's
薄野站前
GOAL
南四条通
資生館小前
P.31 掌(居酒屋)
南四条西(九)
南4西8
南四条西(七)
南四条西(六)
南四条西(五)
すすきの
薄野
札幌東急REI飯店 P.40
アパホテル札幌すすきの駅西
シャンゼリゼビル
P.31 くし路 すすきのビル店(居酒屋)
ラーメン赤れんが 南4条店(拉麵)
三好寿し(壽司) P.32
菓か舎(糕點)
南五条西(七)
南五条西(八)
南五条郵局
HOTEL ROUTE-INN SAPPORO CHUO P.40
元祖さっぽろラーメン横丁
南五条西(九)
南5西6
札幌市電
南五条西(六)
P.30 きょうど料理亭杉ノ目本店(和食)
ファミリーマート
プレミアホテルCABIN札幌
成吉思汗だるま本店(燒肉)
P.28
P.31 写楽札幌第三店(壽司)
南五条西(四)
南六条西(八)
ホテルウォーターゲート
さっぽろジンギスカン本店
P.24 けやき すすきの本店(拉麵)
G4ビル
南六条西(九)
ホテルローヤルステイ・サッポロ
南六条西(六)
南六条西(五)
薄野市場
南6西4
南六条西(七)
ホテルウィングインターナショナル札幌すすきの
地下鐵南北線
ライトビル
南六条西(四)
P.29 ろばた大助 本店(和食)
生ラム炭火焼 のざわ(燒肉) P.28
豊川会館
南七条西(七)
ティナーベル
Tマークシティホテル札幌
らーめん五丈原(拉麵) P.25
東本願寺前
ホテルマイステイズ札幌すすきの
豊川稲荷
南七条西(八)
南七条西(五)
南七条西(四)
南7西7
プレジデントビル
南7西3
P.28 ジンギスカン十鉄本店(燒肉)
南七条西(六)
P.40 JASMAC PLAZA SAPPORO
南八条西郵局
東本願寺
ふくろう亭(燒肉) P.28
ホテルライン
シティマンション
南八条西(五)
南八条西(四)
南8西6
南八条郵局
南八条西(八)
中央區
札幌昆特莎飯店 P.40
札幌オリエンタルホテル
北洋
南八条西(七)
P.30 北の海鮮炙り ノアの箱舟(居酒屋)
南八条西(六)
札幌宜必思尚品酒店
東急札幌卓越大飯店 P.40
南9西6
南9西7
ホテルリソルトリニティ
ベッセルイン札幌中島公園
南九条西(四)
往行啓通
山鼻九條
P.40 札幌中島公園雷索爾酒店
往真駒內
中島公園

札幌電視塔
P.19
大通
S 札幌電視塔 SKY SHOP P.35
北海道電力
可以從這一帶拍攝電視塔
大通巴士中心
巴士中心前
R さえら (咖啡廳) P.33
C
D
G
H
K
L
S 二條市場(海產) P.33
R だるま軒(拉麵) P.25
創成川公園
地下鐵東豐線
創成東病院
南四条郵局
H 札幌美居酒店 P.40
R かに料理の店 氷雪の門(和食) P.32
豐水薄野
H APA飯店 札幌薄野 P.40
H MYSTAYS 札幌公園精品酒店 P.40
豐平川
豐平區
豐平橋
往新札幌
往月寒
往福住
大通公園~薄野
1:6,500
0 100m
周邊廣域地圖 P.11
步行2分

北海道大學植物園
ほっかいどうだいがくしょくぶつえん

地圖p.16-E
JR札幌站👟10分

廣達13.3公頃的園區內，有高達4000種植物枝葉繁茂，一點也沒有市中心的喧鬧。園區內設有高山植物園、北方民族植物標本園、溫室等。博物館內有展示南極犬太郎和蝦夷狼的標本等。

☎ 011-221-0066
📍 札幌市中央区北３条西８丁目
🕘 9:00～16:30（10月～11月3日～16:00、11月4日～4月28日的平日為10:00～15:30、週六為10:00～12:30）
※入園至閉園前30分為止
休 週一（逢假日則翌日休。11月4日～4月28日只開放溫室，週日、假日、過年期間休）
¥ 420日圓（只開放溫室期間為120日圓）。
P 附近有

北海道立近代美術館
ほっかいどうりつきんだいびじゅつかん

地圖p.10-F
地下鐵東西線西18丁目站👟5分

蒐羅不少以「北海道美術」、「帕斯金及巴黎畫派」、「玻璃工藝」為主的近代以後優秀作品，妥善保存並加以展示。以合掌造（人字型屋頂）為設計主題的傾斜屋簷，加上白色磁磚所揉合出來的建築物令人印象深刻。館內常設的展示室裡則展示著和北海道息息相關的畫家作品。

☎ 011-644-6881
📍 札幌市中央区北1条西17丁目
🕘 9:30～17:00(7～9月的週五～19:30)。入館至閉館前30分為止
休 週一(逢假日則翌日休)
¥ 510日圓(常設展)
P 附近有

札幌啤酒博物館
さっぽろびーるはくぶつかん

地圖p.11-D／地下鐵東豐線東區役所前站👟10分，JR苗穗站北口👟8分

名列北海道遺產的紅磚建築，位於「札幌花園公園」內的啤酒博物館。除了從創業之初保存的4萬件收藏品中精挑細選的展覽品之外，還有透過6K大銀幕劇院介紹啤酒製造歷史故事的「高級劇場」。由導遊帶領巡遊整個館內的「高級導覽」（11:30～16:30）不僅可以參觀「高級劇場」、介紹140年歷史的「札幌藝廊」，還能試喝「復刻札幌製麥酒」。也可以試喝評比參考1876（明治9）年的文獻調配原料，並依照1881（明治14）年當時的釀造法忠實重現的啤酒，以及長銷招牌商品「札幌黑標生啤」。也能在Star Hall進行有別於上述活動的試喝體驗（300日圓～）。

☎ 011-748-1876
📍 札幌市東区北7条東9丁目札幌花園公園內
🕘 11:00～18:00
休 週一（逢假日則翌日休）、12月31日
¥ 免費入館（高級導覽為500日圓，週一休）
P 200輛

狸小路
たぬきこうじ

地圖p.20-B
地下鐵南北線大通站👟5分

北海道最大的商店街，有超過140年的歷史。從1丁目到7丁目長達900公尺，共分為7個區塊，有伴手禮商店、餐廳、電影院等，約200家的各式店面並排在拱廊商店街兩側。屋頂是可活動式，即使是下雨或下雪的日子也能安心逛街。4丁目和7丁目是集結了多間拉麵店的「狸めんこい通り」。5丁目有守護商店街的狸大明神社坐鎮，還可以抽籤。要買伴手禮的話，4丁目的「たぬきや」種類相當豐富。各家店的營業時間不同，但餐飲店和伴手禮店大多開到21～22時左右。

中島公園
なかじまこうえん

地圖p.11-K
地下鐵南北線中島公園站即到

原本是儲木場（現在的菖蒲池），1887（明治20）年開始改建為中島遊樂園。裡面有開拓使作為迎賓室使用的「豐平館」，與日本庭園共同名列日本重要文化財產的茶室「八窗庵」，日本代表性音樂廳「Kitara」、「札幌市天文台」、「北海道立文學館」等。面積有23.6公頃，也被認定為「日本百大都市公園」。從南9条通的公園入口開始綿延的銀杏樹步道，每到秋天就像是鋪上一片黃色的地毯，非常美麗動人。

☎ 011-511-3924（公園管理事務所）
📍 札幌市中央区中島公園1　Ⓟ無

豐平館
ほうへいかん

地圖p.11-K
地下鐵南北線中島公園站👟5分

充滿文明開化氣息的洋樓，是開拓使於1880（明治13）年為了招待貴賓所建的飯店，名列國家重要文化財。過去是作為以明治天皇為首的宮內省貴賓下榻處。該館採用美式建築風格，配置了許多如水晶吊燈等高雅氣派的裝飾。2016年全館翻新後重新開幕。如今白天作為參觀設施，晚上則化身為舉辦演奏會、聚餐等的場地對外出租。也有小型咖啡廳，可以在此小歇片刻。

☎ 011-211-1951
📍 札幌市中央区中島公園1-20
🕘 9:00～17:00（最後入館16:30）　¥300日圓
休 第2週二（逢假日則翌日休）、過年期間
Ⓟ無

獨特&美味的拉麵店

札幌是拉麵的一級戰區，有許多令人眼花撩亂又各具特色的拉麵店。其中有受當地人喜愛的店，也有大排長龍的名店，以下是強力推薦的拉麵店。

想知道現在營業中的店在哪裡？附上營業時鐘，讓你一目了然！

時鐘裡的
代表營業時間，
代表人潮多的時間。

頂級的味道！

↑味噌拉麵900日圓

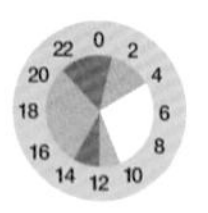

札幌味噌ラーメン専門店 けやき すすきの本店

以豬大骨、豬背油、赤雞，加上數種蔬菜，熬煮十幾個小時細細萃取出其甘甜的清澈湯頭，有著清爽的風味。

南北線薄野站5分
011-552-4601
中央区南6条西3丁目 睦ビル1F 地圖p.20-F
10:30～翌2:00
休 無休
P 附近有

有飽足感！

↑特製拉麵 1060日圓

爐
いろり

最受歡迎的特製拉麵乍看之下又黑又濃，可一旦入口，濃縮海鮮精華的清爽湯頭令人驚艷。是會讓人上癮的美味。

東西線發寒南站3分
011-671-4440
西区発寒3条5-3-11 地圖p.36-A
11:00～15:00、17:00～20:00(週六日、假日為11:00～19:00)
休 週一(逢假日則翌日休)
P 3輛

らーめん五丈原本店
らーめんごじょうげん

花24小時熬煮北海道產豚骨製成的湯頭，再放入中細的捲麵吸附湯汁，就連尾韻也很爽口。有豚骨鹽味、味噌、醬油等口味。

清爽的味道！

↓豚骨鹽味拉麵750日圓

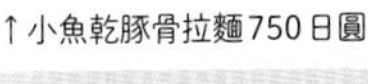

↑小魚乾豚骨拉麵750日圓

市電東本願寺電車站🚶3分
011-561-3656
中央区南7条西8丁目1024-24　地圖p.20-I
11:00～翌3:00（湯頭售完打烊）
休 不定休　P 5輛

味の時計台駅前通り総本店

以豬背骨、豬腳骨、雞骨和鮮魚高湯，再加上蔬菜熬煮6小時的湯頭，正是本店的招牌。味噌拉麵味道溫醇自然。

JR札幌站🚶10分
011-232-8171
中央区北1条西3丁目1　敷島北1条ビルB1　地圖p.16-J
11:00～24:00（週日、假日～22:00）

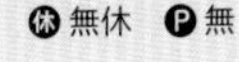

休 無休　P 無

當地的招牌！

↓味噌拉麵860日圓

↑醬油拉麵860日圓

味の三平
あじのさんぺい

味噌拉麵始祖的名店。完整使用上等豬肉和雞肉各部位所熬煮的湯頭有著濃郁的風味，搭配有嚼勁的粗麵條最對味。

南北線大通站🚶3分
011-231-0377
中央区南1条西3丁目2　大丸藤井セントラル4F　地圖p.21-C
11:00～18:30左右
休 週一、第2週二　P 附近有

人氣第一！

↓元祖味噌拉麵900日圓

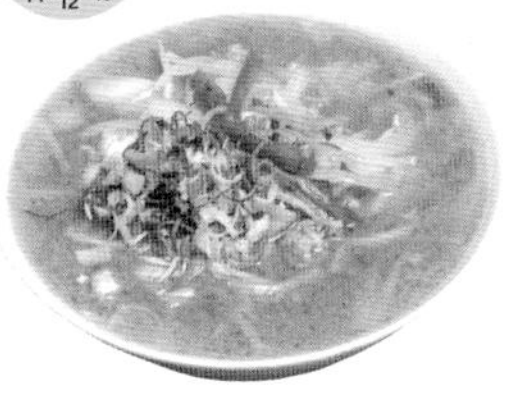

だるま軒

札幌最古老的拉麵店之一。以雞骨湯頭為主的清爽醬油風味有種懷念的味道，不管吃幾次都不會膩。

南北線大通站🚶7分
011-251-8224
中央区南3条東1丁目　地圖p.21-C
11：00～17：00(售完打烊)
休 週四　P 附近有

元祖札幌拉麵

↓醬油拉麵750日圓

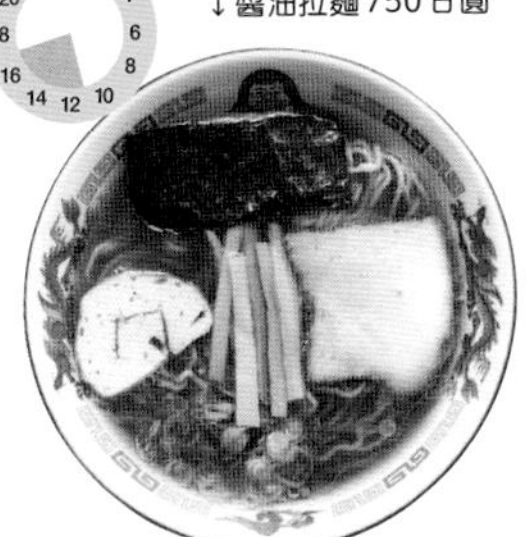

斯里蘭卡派、尼泊爾派、原創派等豐富變化

湯咖哩的名店嚴選介紹

由札幌發展出來的飲食文化—湯咖哩。除了清爽的湯汁，馬鈴薯、紅蘿蔔等蔬菜類，還有雞肉、蛋、納豆等，充分運用大地資源的食材更是不容錯過。

辣度有5個等級，可依喜好選擇4種湯頭

PICANTE
ピカンティ

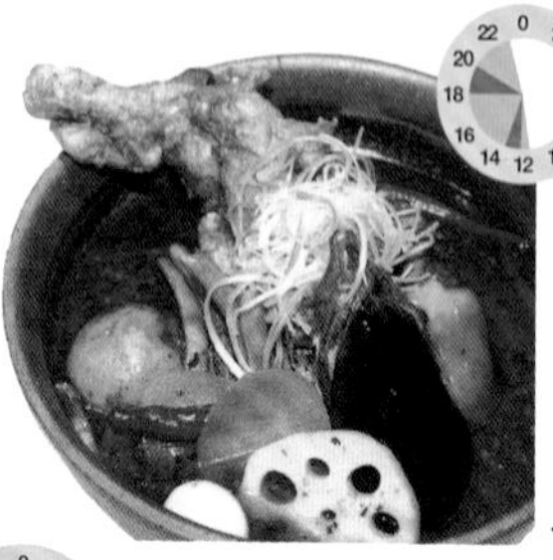

←開闢～酥脆PICA雞肉1250日圓

有「38億年之風」、「開闢」等4種湯頭可選。備有12種主要食材、超過25種配料。

南北線12條站 3分
011-737-1600
北区北13条西3丁目　アクロビュー北大前1F　地圖p.11-C
11:30～23:00(22:45L.O.)
休 無休　P 2輛

店員皆為女性，開朗的氛圍是其魅力

CURRY SHOP S
カレーショップエス

不使用一滴油，只以和風高湯提味的清爽湯汁透明澄淨，和風味濃郁的印度坦都里烤雞可說是絕配。

南北線薄野站 1分
011-219-1235
中央区南3条西4丁目　シルバービルB1　地圖p.20-F
10:00～22:00
(21:00L.O.)
休 週三　P 有特約停車場

→雞肉蔬菜湯咖哩
1200日圓

辣度0～100隨你選！

カレー魂デストロイヤー

←納豆絞肉蔬菜咖哩950日圓

在湯咖哩內添加絞肉和納豆、蔬菜的「納豆絞肉蔬菜咖哩」最受歡迎。午餐時段折價150日圓。

市電西線14條站 2分
011-512-2209
中央区南11条西8丁目1-23　1F　地圖p.10-J
11:00～L.O.14:30、
17:00～L.O.19:30
休 週一(逢假日則翌日休)
P 3輛

カレー&ごはんカフェouchi
かれー&ごはんかふぇおうち

提供以超過20種辛香料混合製成的順口湯咖哩，與醇厚濃稠的湯咖哩這2種選擇。

JR桑園站🚶1分
☎ 011-261-6886
📍 中央区北10条西14丁目桑園イーストプラザ　地圖p.10-B
🕒 11:00～15:00（14:30L.O.）、17:00～23:00（22:00L.O.，週三休） 休 不定休 P 附近有

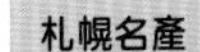

TEKU TEKU COLUMN

札幌名產
湯咖哩究竟是什麼？

札幌市內有超過100家咖哩專賣店。原本以印度的稠咖哩為主流，約在30年前開始有了湯咖哩。其後，在擁有多家拉麵名店的札幌，透過對湯頭十分講究的當地人口耳相傳：「湯狀咖哩好好吃！」於是，湯咖哩的美味名聲便不脛而走。

滿是雞肉、蔬菜等食材的咖哩很受歡迎！

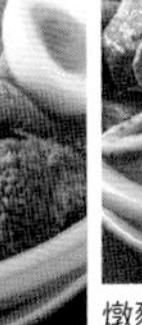

雞肉湯咖哩1480日圓

燉豬肉與16種蔬菜的湯咖哩1480日圓

每天限定50客。使用中藥材的藥膳咖哩

アジャンタインドカリ店

位於札幌的湯咖哩起源店。混合數種香料及中藥熬製而成的湯咖哩，溫暖了饕客的胃。

南警察署前🚶3分
☎ 011-301-6070
📍 中央区南29条西10丁目6-5（中通り東向）
地圖p.37-B
🕒 11:30～15:00
休 週一、五 P 5輛

←雞肉咖哩1200日圓

可以依喜好選擇每天不同的湯頭

Bem Bera network company
ベンベラネットワーク・カンパニー

清爽口感中又能感受到甘甜的印尼風湯咖哩是本店的特色。辣度共有7種選擇。

南北線大通站🚶6分
☎ 011-231-5213
📍 中央区南2条西7丁目　エムズスペース1F　地圖p.20-A
🕒 11:30～15:00L.O.、17:30～21:30（21:00L.O.），湯頭售完打烊
休 不定休 P 附近有

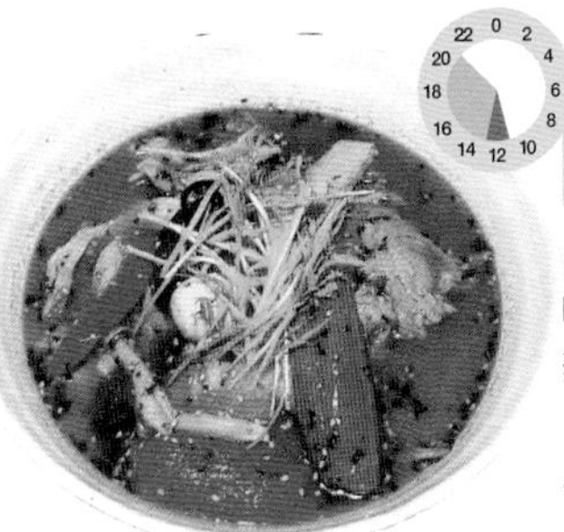

←雞肉＆蔬菜咖哩1000日圓

美食&購物

薄野／蒙古烤肉

成吉思汗だるま本店

じんぎすかんだるまほんてん

地圖p.20-F
地下鐵南北線薄野站🚶5分

以七輪炭火爐烘烤新鮮的小羊肉，沾上以醬油為底的獨門沾醬食用。口味清爽，怎麼吃都不嫌多。烤肉初次點餐會贈送一份蔬菜，一人份1078日圓。由於本店只有吧檯座又是人潮洶湧的名店，所以要有排隊的心理準備。步行2～3分的地方有3家分店。

☎ 011-552-6013
📍 札幌市中央区南5条西4丁目クリスタルビル1Ｆ
🕔 17:00～23:00
休 12/31～1/2
¥ 晚餐2000日圓～、限量上等肉為1166日圓
P 附近有

薄野／蒙古烤肉

生ラム炭火焼 のざわ

なまらむすみびやき のざわ

地圖p.20-J
地下鐵南北線薄野站🚶7分

具有家庭氛圍的店家。使用來自紐西蘭的羊肩里肌肉，鮮嫩多汁。七輪炭火爐上使用的鍋子是特製的，為提高炭火效率特別刻上溝痕。以中間放烤肉、周圍放蔬菜的方式來烘烤，配上爽口的醬油風味沾醬更顯美味。

冬天還可以品嘗北海道產的鹿肉排（1100日圓）等。烤肉附上蔬菜一人份650日圓，價格合理。

☎ 011-533-9388
📍 札幌市中央区南7条西6丁目2
🕔 18:00～21:00（肉品售完打烊）
休 週日
¥ 晚餐2000日圓～
P 附近有

薄野／蒙古烤肉

ふくろう亭

ふくろうてい

地圖p.20-J
地下鐵南北線中島公園站🚶10分

嚴選羊肩里肌肉在客人點餐後才現切，提供新鮮的生肉。放入醬油、大蒜以及生薑等調味料所釀成的獨門醬汁，是甜味適中的濃郁風味。燒烤到稍微留有些許紅肉的程度是最好吃的。

由於週末人潮較多，事先預約較保險。

☎ 011-512-6598
📍 札幌市中央区南8条西5丁目キャピタルYMD1F
🕔 17:00～22:30
休 週一（逢假日、黃金週、盂蘭盆節等需確認）
¥ 晚餐3000日圓～
P 附近有

薄野／蒙古烤肉

ジンギスカン十鉄本店

じんぎすかんじゅってつほんてん

地圖p.20-J
地下鐵南北線薄野站🚶7分

使用七輪炭火爐燒烤嚴選的肩里肌肉，可享用真正的炭火燒烤。能夠讓肉質更加鮮美的竅門，是使用了海鮮和水果、以醬油為底的獨門醬汁。只要燒烤到留有些許紅肉的程度沾醬吃，帶有適度油脂羊肉的原

始風味就會在口中擴散開來。

011-551-1011
札幌市中央区南7条西5丁目（南7条通南向き）
17:00～24:00（週日、假日～23:00），L.O.30分前
休 過年期間
¥ 晚餐3000日圓～
P 附近有

札幌東／蒙古烤肉

札幌啤酒園
さっぽろびーるえん

地圖p.11-D
JR苗穗站北口步行7分。JR札幌站北口搭巴士中央巴士札幌啤酒園・ARIO線7分，終點站下車即到

札幌啤酒園的象徵紅磚建築開拓使館，是建於1890（明治23）年的建築。在2、3樓的Kessel Hall可以觀賞啤酒釀造槽，並享用美味生啤酒和蒙古烤肉。很受歡迎的生小羊肉自助餐，是蒙古烤肉和生啤酒吃到飽的套餐，4840日圓（用餐滿100分時最後點餐）。

0120-150-550
札幌市東区北7条東9丁目2-10 札幌花園公園內
11:30～21:00（20:40L.O.）
休 12月31日
¥ 午餐2000日圓～ 晚餐4000日圓～
P 200輛

札幌站周邊／海鮮料理

すぎ乃
すぎの

地圖p.17-K
JR札幌站步行7分

採購的海鮮經過精挑細選，總是能在該店嘗到最新鮮的海產。春季有毛蟹及牡蠣。絕妙的海膽為全年供應但是數量有限，故採用預約制。海膽丼為限量出餐。

011-221-7999
札幌市中央区北1条西2丁目9 オーク札幌ビルB1
11:30～22:00（午餐～13:30）
休 不定休(6～8月為無休)
¥ 午餐2800日圓～ 晚餐7000日圓～
P 附近有

薄野／海鮮料理

鮪やにばんめ
まぐろやにばんめ

地圖p.20-F
地下鐵南北線薄野站步行5分

使用超過200公斤的超大黑鮪魚烹調的鮪魚料理專賣店。將切成薄片的鮪魚大腹肉稍微涮過，再沾橙醋食用的涮涮鍋（5500日圓～，全餐11000日圓～）是代表性菜色之一。其他還有全鮪魚的二番目全餐（16500日圓）等全餐菜色也很豐富。店內也備有包廂。

011-251-0500
札幌市中央区南3条西5丁目三条美松ビル3F
17:00～23:00（22:00L.O.）
休 週日、假日
¥ 晚餐10000日圓～
P 附近有

薄野／海鮮料理

ろばた大助 本店
ろばたおおすけ ほんてん

地圖p.20-J
地下鐵南北線薄野站步行5分

以吧檯中央火爐碳烤出的當季海鮮為傲。石狗公（3980日圓）、羅臼產遠東多線魚一夜干（2480日圓）等幾乎都是直接向漁夫進貨，新鮮度一流。酒類則供應朝日生啤酒（650日圓），以及搭配料理的各種當地特產酒。

011-520-4333
札幌市中央区南6条西4丁目ライトビル2F
17:00～23:00(22:00L.O.)
休 週三
¥ 晚餐4000日圓～
P 附近有

薄野／海鮮料理

きょうど料理亭 杉ノ目本店

きょうどりょうりてい すぎのめほんてん

地圖p.20-F
地下鐵南北線薄野站👟3分

建於1915（大正4）年，將札幌軟石造石窖加以改造而成的鄉土料理店。店內設置了愛奴家具、愛努房間（cise）以及單人也能利用的吧檯座。所有全餐皆附毛蟹的宴席全餐為8800日圓～（含稅、服務費另計，房間費用另計，照片為示意圖）。

☎011-521-0888
📍札幌市中央区南5条西5丁目
🕔17:00～23:00(22:30L.O.)
休 週日、假日（連假時需洽詢）
¥ 晚餐15000日圓～
P 附近有

狸小路／居酒屋

七福神商店 狸小路本店

しちふくじんしょうてんたぬきこうじほんてん

地圖p.20-B
地下鐵南北線薄野站👟3分

圍著爐火自己將海鮮烤來吃的形式頗受好評。鱈場蟹、干貝等共6種食材、分量充足的「小狸拼盤」（2人份3200日圓），或是配有10種食材的「道產子拼盤」（2100日圓）等都相當受歡迎。

☎011-219-2501
📍札幌市中央区南3条西5丁目
狸小路5丁目アーケード内
🕔15:00～23:00(22:30L.O.)
週六日、假日為12:00～
休 無休
¥ 晚餐3000日圓～
P 無

薄野／居酒屋

北海料理古艪帆来

ほっかいりょうりころぽっくる

地圖p.20-F
地下鐵南北線薄野站👟1分

除了北海道生魚片拼盤（3～4人份5940日圓）之外，也很推薦油脂肥美的銀鱈西京燒（1012日圓）、烤北明馬鈴薯（495日圓）、炸八角魚（880日圓～）等菜色。

☎011-241-4646
📍札幌市中央区南4条西4丁目
松岡ビル3F
🕔15:00～22:00(21:30L.O.)
休 不定休 ¥ 晚餐4000日圓～
P 附近有

札幌站周邊／居酒屋

丸海屋パセオ店

まるうみやぱせおてん

地圖p.16-B
直通JR札幌站

可在現代和風摩登的空間中，享用以北海道當地食材為主的創意料理，並配上與料理最搭的酒類。能夠以生魚片或火鍋、燒烤等方式享用新鮮的海鮮。酒類備有頂級燒酎及備受女性喜愛的梅酒等共700種。午餐時段有供應每日定食（僅平日770日圓）、烤鮭魚肚定食（900日圓）等。

☎011-213-5454
📍札幌市北区北6条西2丁目
札幌パセオウエスト1F
🕔11:00～15:00、16:30～翌1:00
(週六日、假日為16:00～)
休 無休
¥ 午餐750日圓～
晚餐2600日圓～
P 80輛(收費)

中島公園／居酒屋

北の海鮮炙り ノアの箱舟

きたのかいせんあぶり のあのはこぶね

地圖p.20-J
地下鐵南北線中島公園站👟2分

將鄂霍次克產的大干貝和羅臼產遠東多線魚等嚴選海鮮，用設置於各桌的火爐烤來吃。招牌的海鮮饗宴全餐為4950日圓～。海鮮＋北海道牛全餐（6600日圓～）也很受歡迎，不妨嘗試看看。

☎ 011-521-3022
📍 札幌市中央区南8条西4丁目
🕓 17:00～23:00
(21:00L.O.)
休 新年
¥ 晚餐3800日圓～
P 附近有

薄野／居酒屋

掌

てのひら

地圖p.20-F
地下鐵南北線薄野站1分

可以享用到從北海道各地漁港送來的新鮮海鮮料理。店內還有活花枝專用的水槽，以及多種北海道當地酒類。爐烤鱈場蟹3300日圓。

☎ 011-241-5005
📍 札幌市中央区南4条西3丁目
ニュー北星ビルB1
🕓 17:00～翌11:30（週五～翌2:00；週六、假日前日為16:00～翌2:00；週日、假日為16:00～23:00）
休 不定休
¥ 晚餐4000日圓～
P 附近有

薄野／居酒屋

くし路 すすきのビル店

くしろ すすきのびるてん

地圖p.20-F
地下鐵南北線薄野站即到

位於薄野站前坐擁地利之便，也是備受當地上班族喜愛的居酒屋。特色是有自己的進貨管道，能以便宜的價格供應新鮮的海鮮。全年供應以生食、燒烤、清蒸等方式烹調的道東牡蠣，均為單個528日圓。此外，尺寸大到令人吃驚的炭烤遠東多線魚（1518日圓）及炭烤鮭魚肚（858日圓）等都是熱門的招牌菜色。店內分成吧檯座與包廂座。

☎ 011-533-1717
📍 札幌市中央区南4条西3丁目
すすきのビル3F
🕓 17:00～23:30
(23:00L.O.)
休 過年期間
¥ 晚餐5000日圓～
P 無

薄野／壽司

写楽 札幌第三店

しゃらく さっぽろだいさんてん

地圖p.20-F
地下鐵南北線薄野站5分

擁有寿司田等廣為人知的日本連鎖餐廳，價格公道。有吧檯座和小和室座位，除了壽司，烤魚（1100日圓）和炸鮟鱇魚（880日圓）等單品料理也很豐富。使用北海道產食材製作的握壽司「櫻」2750日圓相當豐盛。

☎ 011-532-0145
📍 札幌市中央区南5条西4丁目
第20桂和ビル B1
🕓 17：30～翌2：00（週五六～翌3:00、假日為17:00～24:00）
休 週日
¥ 晚餐4000日圓～
P 無

薄野／壽司

すしほまれ

地圖p.20-F
地下鐵南北線薄野站1分

以整潔和細心服務著稱的餐廳。生魚片、鱈場蟹、壽司（6貫）、附湯和小菜的海膽鮭魚卵丼套餐（4400日圓）很受歡迎。可以充分享用北海道的各種海鮮。只使用北海道食材的道產握壽司（12貫3960日圓～）也很推薦。日本各地的特產酒類也很豐富。此外，不僅是壽司，使用當季食材的單品料理、當地特產酒類等也很多元。不只是北海道，更網羅了日本各地的名酒。

☎ 011-207-0055
📍 札幌市中央区南4条西4丁目
すずらんビル別館2F
🕓 18:00～22:00
休 不定休
¥ 晚餐2750日圓～
P 附近有

薄野／壽司

三好寿し

みよしずし

地圖p.20-F
地下鐵南北線薄野站5分

老闆澤崎誠很喜歡釣魚。隨著不同的季節到來，鰈魚、平鮋、六線魚等現釣的鮮魚會出現在菜單上。特等握壽司為1人份2600日圓～。如果預約人數超過3人，則推薦亦附生魚片及壽司的「鴨鍋全餐」（5500日圓）。

011-512-9731
札幌市中央区南5条西5丁目
第3旭観光ビル1F
18:00～翌2:00
休 週日
¥ 晚餐4000日圓～
P 附近有

薄野／螃蟹料理

かにと道産料理 雪華亭

かにとどうさんりょうり せっかてい

地圖p.20-F
地下鐵南北線薄野站5分

皆為包廂座的沉靜店家。能享用以毛蟹為首，北海松葉蟹、鱈場蟹等所有的北海道代表性螃蟹。毛蟹全席、附北海松葉蟹涮涮鍋的「水雲」為11000日圓（服務費另計）。囊括三大名蟹的特別螃蟹懷石料理「華之舞」為30800日圓（服務費另計）。也可以單點。

011-251-1366
札幌市中央区南3条西4丁目
J-BOXビルB1
17:00～23:00(21:30L.O.)
休 不定休
¥ 晚餐12500日圓～
P 附近有

薄野／螃蟹料理

かに料理の店氷雪の門

かにりょうりのみせひょうせつのもん

地圖p.21-G
地下鐵南北線薄野站4分

在薄野經營60年以上的螃蟹料理專門店，創業至今對螃蟹的講究程度絲毫不變。炭烤鱈場蟹（2640日圓～），以及特製湯頭的涮涮鍋（松葉蟹4400日圓～）特別受歡迎。冰雪三大蟹全餐（11880日圓）可以同時品嘗到生毛蟹蒸籠、炭烤鱈場蟹，以及松葉蟹的涮涮鍋。

011-521-3046
札幌市中央区南5条西2丁目
8-10(サイバーシティビル北向かい)
11:00～15:00(14:00L.O.)、16:30～23:00(21:30L.O.)，週六日、假日為無中場休息營業
休 無休
¥ 午餐2860日圓～
晚餐6600日圓～
P 有特約停車場

薄野／咖啡餐廳

Ice cream Bar HOKKAIDO Milk Mura

あいすくりーむばー　ほっかいどうみるくむら

地圖p.20 Γ
地下鐵南北線薄野站2分

在自製的霜淇淋上淋利口酒的食用方式，札幌僅此一家。利口酒有玫瑰、紅茶等超過130種口味。推薦2種利口酒佐可麗餅、藜麥、優格、蘭姆紅豆等，且附咖啡的A套餐1500日圓。

011-219-6455
札幌市中央区南4条西3丁目
7-1 ニュー北星ビル6F
13:00～23:40
(週三17:00～，23:00L.O.)
休 週一
¥ 1390日圓～
P 無

狸小路／咖啡餐廳

札幌新倉屋

さっぽろにいくらや

地圖p.20-B
地下鐵南北線大通站5分

1樓是商店，2樓是喝咖啡的空間，除了名產串糰子「花園糰子」（5支550日圓）之外，還有許多甜點可享用。使用十勝紅豆的鮮奶油紅豆湯（715日圓），加上大量香濃的霜淇淋，非常受女性歡迎。

011-281-5191
札幌市中央区南2条西6丁目3（狸小路6丁目）
9:00～20:00（咖啡廳～19:00，18:30L.O.）
休 1月1日
¥ 糰子1支100日圓～ P 無

大通／咖啡餐廳

さえら

地圖p.21-C
地下鐵南北線大通站1分

位在直通大通公園的地下街，以鬆軟麵包製成的三明治和咖啡相當受到好評。酥脆口感為其魅力的炸肉排三明治（720日圓～）、水果三明治等都很推薦。

011-221-4220
札幌市中央区大通西2 都心ビルB3
10:00～18:00（17:30L.O.）
休 週三（逢假日則營業）
¥ 水果三明治660日圓～
P 無

圓山公園／咖啡餐廳

森彥
もりひこ

地圖p.10-E
地下鐵東西線圓山公園站4分

活用屋齡70年以上的木造民宅來營業。靜靜敲響的發條鐘、嘎吱作響的走廊等，店內也充滿了懷舊氛圍。常備4～5種蛋糕（418日圓～）、自家烘焙的芳醇咖啡（638日圓～），能在此度過一段悠閒的時光。

0800-111-4883
札幌市中央区南2条西26丁目2-18
10:00～19:00（18:30L.O.）
休 無休
¥ 咖啡638日圓～
P 9輛（共用）

大通東／伴手禮

札幌工廠
サッポロファクトリー

地圖p.17-L
地下鐵東西線巴士中心前站3分

建於札幌啤酒工廠舊址的巨大複合商業設施，由懷舊的札幌開拓使麥酒釀造所紅磚建築、Frontier館、1條館等6家購物中心所構成，從生活雜貨、工藝雜貨、流行服飾店、咖啡廳，到各種餐廳、電影院、飯店等多樣化設施一應俱全，在這裡待上一整天也不會覺得無聊。

011-207-5000
札幌市中央区北2条東4丁目
10:00～20:00（餐飲店為11:00～22:00）部分店鋪有異
休 12月31日僅部分店家營業
P 約1400輛

大通／海產

二條市場
にじょういちば

地圖p.21-C
地下鐵東豐線大通站5分

歷史悠久的札幌市民廚房，販售鮮魚、蔬菜、水果、乾貨等約50家零售商店比鄰而立。尤其是各店比拚毛蟹特價的叫賣聲不絕於耳。

011-222-5308
札幌市中央区南3条東1丁目～2丁目
7:00～18:00（營業時間、公休日視店鋪而異）
P 無

大通／咖啡廳・伴手禮

BISSE SWEETS
ビッセスイーツ

地圖p.16-J
地下鐵南北線大通站1分

販售諸如KINOTOYA等北海道甜點店的熱門甜點。也有只能在各個店家買到的獨家商品。有寬廣的內用區，可以邊吃邊比較。

電話號碼視店鋪而異
札幌市中央区大通西3丁目7 大通ビッセ1F
8：00～21：00之間，視店鋪而異
休 1月1日
P 無

無論買什麼都是能讓收禮人開心的好東西！

札幌的招牌&人氣伴手禮

札幌的伴手禮有各式各樣的招牌甜點和人氣商品。還有各種吉祥物的周邊商品也不能錯過！

01 美冬 6個裝／761日圓

01 白色戀人 36片鐵盒裝／2646日圓

01 白色年輪蛋糕TSUMUGI／1296日圓

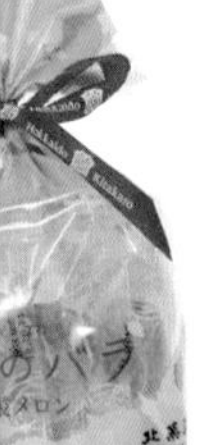

02 妖精玫瑰 5個裝／308日圓

02 北海道開拓米果 甜蝦口味／1袋440日圓

03 三方六小割 5條裝／650日圓

01 石屋製菓 いしやせいか

「白色戀人」熱賣超過30年。使用了相同的白巧克力製成的「白色年輪蛋糕」也很受歡迎。

白色戀人公園
011-666-1481
10:00～17:00
入館費高級工廠參觀路線1500日圓 休 無休／地圖p.36-A／※直營店及伴手禮店也有販售。

02 北菓楼 きたかろう

使用北海道產的嚴選素材，融入海鮮風味的「北海道開拓米果」是招牌人氣商品。「妖精玫瑰」是加入了夕張哈密瓜果肉的果凍。

北菓楼 大丸札幌店
011-271-7161 10:00～20:00 休 準同大丸札幌店的公休日／地圖p.16-F
※新千歲機場的伴手禮店等也有販售。

03 三方六小割

將透過巧克力呈現白樺木紋理的年輪蛋糕「三方六」切成木柴般的條狀。個別包裝，作為伴手禮分送相當方便。

柳月 札幌店
0120-555-355
9:00～19:30
休 無休／地圖p.37-B
※直營店及新千歲機場的伴手禮店也有販售。

04 ROYCE'

「AU LAIT」是入口即化的正宗生巧克力。裝有2種口味的「PURE CHOCOLATE」也很受歡迎。

ROYCE' 札幌大丸店
0570-070-612
10:00～20:00
休 準同大丸札幌店的公休日／地圖p.16-F
※直營店及伴手禮店等也有販售。

04
生巧克力「AULAIT」
20片／778日圓

06
蝦夷小鼯鼠
吉祥物
／880日圓

07 電視爸爸玩偶(小)
／715日圓

06
大象CURRY
／507日圓

04
PURE CHOCOLATE「香濃牛奶＆白巧克力」2種共40片／778日圓

05
札幌米果 Oh！烤玉米
6袋裝／648日圓

08 紙香皂「初雪」12片裝／1080日圓

05 札幌おかき Oh! 焼とうきび

將大通公園的名產「烤玉米」製成美味的米果。國產的糯米加入玉米中揉製，口感酥脆。還帶有醬油的香味。

0120-301-443
(YOSHIMI 客服中心
平日10:00～18:00)
※在札幌市內、新千歲機場的主要伴手禮店販售。

06 蝦夷小鼯鼠周邊商品與大象 CURRY

圓山動物園可愛的蝦夷小鼯鼠及大象公開紀念的相關商品很受歡迎。只有園內的官方商店才能買到。

札幌市圓山動物園
官方商店
011-622-0665
9:30～16:30(11～2月～16:00) 休 準同動物園／地圖p.10-I

07 電視爸爸周邊商品

札幌電視塔展望台的伴手禮種類相當豐富，品項有熱門的電視爸爸周邊商品、電視塔限定商品等。

札幌電視塔 SKY SHOP
011-241-1131
9:00～22:00
(可能視季節變動)
休 不定休
地圖p.21-C

08 紙香皂「初雪」

雪結晶形狀的紙香皂。沾水後會立即溶化並產生泡沫。手掌般的大小，放進包包裡帶出門也沒問題。

札幌Style商店
011-209-5501
JR塔東6F
10:00～20:00
休 無休 地圖p.16-F
※直營店Siesta Labo.販售。
(札幌Style商店於2023年3月結束營業)

さっぽろきんこう

地圖 p.229-G

札幌近郊

札幌雖是日本國內首屈一指的大都市，但與豐富的大自然相距不遠是其特色。只要稍稍離開中心區，就有保有原始林的公園、風光明媚的瞭望台、善用大自然特性的美術館等魅力十足的觀光景點。從市中心往來的交通也十分方便，可以輕鬆地走遠一些。

札幌奥林匹克博物館

さっぽろおりんぴっくみゅーじあむ

地圖p.36-A
地下鐵東西線圓山公園站搭巴士10分、大倉山競技場入口下車步行10分

2017年2月冬季運動博物館整新開幕。能夠體驗跳台滑雪、雪車滑行等的模擬運動。可以乘坐同個競技場內的雙人空中吊椅（費用另計）前往跳台頂端的瞭望台，欣賞札幌的市街風景。

- 011-641-8585(大倉山綜合服務處)
- 札幌市中央区宮の森1274
- 9:00～18:00(11～4月為9:30～17:00)
- 休 無休
- ¥ 600日圓(國中以下免費)
- P 113輛

藻岩山

もいわやま

地圖p.36-A
若要搭乘纜車，札幌市電薄野或西4丁目電車站搭電車20分，纜車入口電車站下車，搭巴士免費接駁巴士5分。或地下鐵東西線圓山公園站搭巴士JR巴士纜車線圓11系統15分，もいわ山麓下車

位在市中心西南部，海拔531公尺、幅員廣大的山脈。從山頂的瞭望台可以欣賞包含札幌街景的石狩平原全景。夜景也美麗得讓人感動，在日落前到達山頂，欣賞街道漸漸被黑暗包圍、燈火一盞盞亮起的變化，也相當有趣。瞭望台裡有「THE JEWELS」餐廳，可一邊透過玻璃窗欣賞夜景、一邊享用法國料理（右頁下方照片）。

札幌藻岩山纜車

☎ 011-561-8177　📍札幌市中央区伏見5-3-7

🕔10:30～22:00(12～3月為11:00～，過年期間為特別營業），最後上山班次為21:30　休 無休

¥ 纜車＋地面纜車1800日圓

P 120輛(もいわ山麓站停車場)

THE JEWELS

☎ 011-518-6311　📍札幌市南区北ノ沢1956

🕔11:30～21:00（20:00L.O.），冬季為12:00～21:00（20:00L.O.），餐廳為15:30～17:00休息，外帶為全年營業

休 無休(配合纜車停駛期間公休)

¥ 晚餐全餐5500日圓～

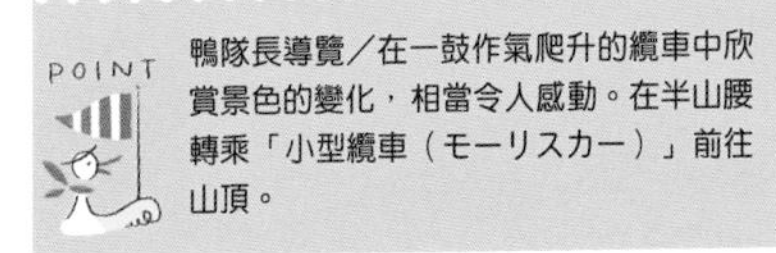

鴨隊長導覽／在一鼓作氣爬升的纜車中欣賞景色的變化，相當令人感動。在半山腰轉乘「小型纜車（モーリスカー）」前往山頂。

札幌羊之丘展望台
さっぽろひつじがおかてんぼうだい

地圖p.37-B
地下鐵東豐線福住站搭往羊之丘展望台的🚌北海道中央巴士10分，♀終點站下車即到

誕生於1959（昭和34）年的瞭望台。羊群悠閒地吃著牧草，遠方就是廣闊的札幌市區。立有克拉克博士像、石原裕次郎的暢銷歌曲《恋の町札幌》歌詞碑。奧地利館有販售札幌名點等各種伴手禮；在休憩所能品嘗蒙古烤肉、冰啤酒，也有提供吃喝到飽的餐型（4100日圓～）。

☎ 011-851-3080
📍 札幌市豊平区羊ケ丘1
🕘 9:00～17:00
休 無休 ¥ 530日圓 P 100輛

北海道開拓村
ほっかいどうかいたくのむら

地圖p.37-C
地下鐵東西線新札幌站搭往開拓村的🚌JR北海道巴士15分，♀終點站下車即到

將明治、大正時代在北海道興建的建築於廣大腹地上復原重現的野外博物館。展示主題分為市區群、農村群、山村群、漁村群等，讓遊客容易了解開拓當時的情況。4月中旬～11月可以搭乘馬車鐵路，12月中旬～3月的週六日、假日可以體驗搭乘馬雪橇（各250日圓）。

☎ 011-898-2692
📍 札幌市厚別区厚別町小野幌50-1
🕘 9:00～17:00(10～4月～16:30)
休 10～4月的週一（逢假日則翌日休）、過年期間
¥ 800日圓（大學生、高中生600日圓） P 400輛

札幌藝術之森
さっぽろげいじゅつのもり

地圖p.229-G
地下鐵南北線真駒內站搭🚌北海道中央巴士15分，♀芸術の森入口或♀芸術の森センター下車即到

充滿大自然恩惠的藝術複合設施。境內以札幌藝術之森美術館為首，有能體驗各種手工藝的工坊、戶外舞台等多種設施分布其中。在7.5公頃大自然豐富、地形多起伏的野外美術館內，展示著64位作家、73件雕刻作品。

☎ 011-592-5111
📍 札幌市南区芸術の森2-75
🕘 9:45～17:00(6～8月～17:30)
休 週一(逢假日則翌平日休，4月下旬～11月3日為無休)，野外美術館為11月4日～4月28日休
¥ 野外美術館700日圓(札幌藝術之森美術館費用可能視展覽內容變動)
P 600輛(收費)

札幌巨蛋
さっぽろどーむ

地圖p.37-B
地下鐵東豐線福住站👟10分

號稱日本國內規模最大的巨蛋，經常舉辦國際性活動、職棒比賽、日本職業足球聯賽、演唱會等。搭上全長約60公尺的空中電扶梯可抵達展望台，巨蛋內部和札幌市中心一覽無遺。位於北門的「TOWN」有餐廳和商店。沒有活動時會舉辦「巨蛋之旅」，由專業導覽人員介紹練習場、選手更衣室等平常無法看到的巨蛋內部。

☎ 011-850-1000 📍 札幌市豊平区羊ケ丘1
🕘 營業日期、時間可能配合活動時程變動，需洽詢
¥ 巨蛋之旅1050日圓，瞭望台520日圓，通用券1250日圓
P 1451輛(收費)

住宿指南

札幌站周邊、大通、中島公園周邊屬於飯店較多的區域，都是離車站走路不到10分鐘的方便地點。暑假或札幌雪祭的期間，市中心的飯店人潮較多，預約也比較困難。較有空房的會是札幌站北口及郊區的飯店，交通上也算方便，可以安心利用。另外各飯店的官網上，會有配合季節推出的優惠住宿方案，也務必確認一下。

距離札幌站5分以內	札幌JR塔日航酒店	☎011-251-2222／地圖:p.17-G／Ⓢ13862日圓～Ⓣ23716日圓～ ●位在直通JR札幌站的JR塔高樓層。共342間客房。
	札幌全日空皇冠假日飯店	☎011-221-4411／地圖:p.17-G／Ⓢ8550日圓～Ⓣ14000日圓～ ●26層樓高，以雙床房為主的高樓飯店。共412間客房。
	札幌蒙特利酒店	☎011-232-7111／地圖:p.17-G／Ⓢ8000日圓～Ⓣ11500日圓～ ●黃色外觀給人好印象的飯店。客房種類豐富，共250間。
	札幌世紀皇家飯店	☎011-221-2121／地圖:p.16-F／Ⓢ18000日圓～Ⓣ16550日圓～(附早餐) ●有迴轉餐廳「RONDO」等多種餐廳。共300間客房。
	WBF札幌大通飯店	☎011-252-1252／地圖:p.16-J／Ⓣ單人全餐6364日圓～Ⓣ11818日圓～ ●可使用附設健身俱樂部裡的三溫暖大浴場（收費）。共57間客房。
	格拉斯麗札幌酒店	☎011-251-3211／地圖:p.16-F／Ⓢ6000日圓～Ⓣ8400日圓～ ●保安設備完善的女性專屬樓層很受女性歡迎。共440間客房。
	札幌京王廣場飯店	☎011-271-0111／地圖:p.16-E／Ⓢ7800日圓～Ⓣ9400日圓～ ●備有能容納300輛車的大型停車場，開車前來也很方便。共494間客房。
	MYSTAYS 札幌 Aspen酒店	☎011-700-2111／地圖:p.16-B／Ⓢ6900日圓～Ⓣ7900日圓～ ●標榜「JR札幌站北口步行2分」。共305間客房。
	APA飯店<TKP札幌站北口〉EXCELLENT	☎011-756-7733／地圖:p.11-C／Ⓢ10500日圓～Ⓣ17000日圓～ ●位於最高樓層的大浴場和露天按摩浴池很受歡迎。共105間客房。
札幌站周邊	札幌蒙特利埃德爾霍夫酒店	☎011-242-7111／地圖:p.17-K／Ⓢ10800日圓～Ⓣ12000日圓～ ●客房位於離地60公尺以上的高樓，景觀優美。共181間客房。
	札幌新大谷INN	☎011-222-1111／地圖:p.17-K／Ⓢ7000日圓～Ⓣ8000日圓～ ●可步行至市中心代表性觀光景點，坐擁地利之便。共340間客房。
	CROSS HOTEL SAPPORO	☎011-272-0010／地圖:p.17-K／Ⓢ12000日圓～Ⓣ15000日圓～ ●時尚又現代的飯店。大浴場也有露天浴池。共181間客房。
	札幌克拉比飯店	☎011-242-1111／地圖:p.17-L／Ⓢ9750日圓～Ⓣ12250日圓～ ●位於札幌工廠旁，客房寬廣。共118間客房。
	札幌格蘭大飯店	☎011-261-3311／地圖:p.16-J／Ⓢ12420日圓～Ⓣ14000日圓～ ●以創業80年的悠久歷史及傳統為傲。可以在官網預約。共504間客房。
	札幌花園皇宮飯店	☎011-261-5311／地圖:p.16-I／Ⓢ4600日圓～Ⓣ6400日圓～ ●以中華料理店「赤坂四川飯店」為首有多家餐廳。共164間客房。
距離大通公園5分以內	札幌大通里士滿飯店	☎011-208-0055／地圖:p.20-B／Ⓢ5400日圓～Ⓣ6900日圓～ ●全客房採用舒適的床鋪及羽絨被。共200間客房。
	HOTEL ABEST SAPPORO	☎011-251-2511／地圖:p.20-B／Ⓢ4000日圓～Ⓣ11520日圓～ ●提供樓中樓、家庭式客房及和室等多種房型。共306間客房。
	札幌大通nest飯店	☎011-242-1122／地圖:p.20-B／Ⓢ5000日圓～Ⓣ9600日圓～ ●位於札幌中心地帶，前往郊外的交通便捷。共121間客房。

大通公園周邊	多美迎 PREMIUM札幌	☎011-232-0011／地圖:p.20-A／Ⓢ5990日圓～Ⓣ6990日圓～ 2012年整修翻新。面對狸小路，木頭香氣讓人放鬆。共168間客房。
	TENZA酒店& 天空SPA札幌中央店	☎011-272-0555／地圖:p.20-A／Ⓢ7380日圓～Ⓣ8010日圓～ 離大通和薄野很近，方便購物及用餐。共195間客房。
	札幌王子大飯店	☎011-241-1111／地圖:p.11-G／Ⓣ單人7555日圓～Ⓣ8402日圓～ 28層樓高的高塔是地標。也有露天溫泉浴池。共587間客房。
	札幌景觀飯店 大通公園	☎011-261-0111／地圖:p.20-A／Ⓢ6400日圓～Ⓣ9600日圓～ 從客房可以俯瞰大通公園，欣賞札幌的四季景觀。共347間客房。
距離薄野站5分以內	札幌美居酒店	☎011-513-1100／地圖:p.21-G／Ⓢ7600日圓～Ⓣ7600日圓～ 由法國女性設計師設計的客房相當舒適。共285間客房。
	札幌東急REI飯店	☎011-531-0109／地圖:p.20-F／Ⓢ5500日圓～Ⓣ7500日圓～ 直通有多家餐廳的「RESTAURANT PLAZA札幌」。共575間客房。
	HOTEL ROUTE-INN SAPPORO CHUO	☎011-518-6111／地圖:p.20-F／Ⓢ5200日圓～Ⓣ8000日圓～ 有大浴場，抵達時提供的自助式咖啡和自助式早餐免費。共389間客房。
	威斯特酒店札幌 （大通）	☎011-233-3151／地圖:p.20-F／Ⓢ5500日圓～Ⓣ8000日圓～ 有獨立的洗手台、淋浴設備、廁所，浴室亦有洗衣空間。共153間客房。
	APA飯店 札幌薄野	☎011-551-0811／地圖:p.21-K／Ⓢ15000日圓～Ⓣ24000日圓～ 位於鴨鴨川旁，寧靜的環境。全客房設有按摩浴缸。共54間客房。
距離中島公園站5分以內	JASMAC PLAZA SAPPORO	☎011-551-3333／地圖:p.20-J／Ⓢ9500日圓～Ⓣ11500日圓～ 有檜木露天浴池的天然溫泉「湯香鄉」深受歡迎。共153間客房。
	札幌宜必思尚品酒店	☎011-530-4055／地圖:p.20-J／Ⓣ單人使用5700日圓～Ⓣ6600日圓～ 講究顏色和照明的現代客房很受歡迎。全客房提供Wi-Fi。共278間客房。
	MYSTAYS 札幌公園 精品酒店	☎011-512-3456／地圖：p.21-K／Ⓢ7300日圓～Ⓣ8646日圓～（附1泊早餐） 全館有Wi-Fi，附天然溫泉。也可以不住宿泡湯。共419間客房。
	札幌中島公園 雷索爾酒店	☎011-562-9269／地圖:p.20-J／Ⓢ5100日圓～Ⓣ8900日圓～ 由美國設計師設計家具的近代飯店。共181間客房。
	東急札幌卓越大飯店	☎011-533-0109／地圖:p.20-J／Ⓢ5100日圓～Ⓣ5600日圓～ 全客房20平方公尺以上的大空間、優質備品充滿魅力。共382間客房。
	札幌昆特莎飯店	☎011-512-8500／地圖:p.20-J／Ⓦ單人使用7395日圓～Ⓣ10100日圓～ 也可以單人使用雙床房或雙人房。共167間客房。
	普樂美雅飯店 中島公園 札幌	☎011-561-1000／地圖:p.11-K／Ⓢ7200日圓～Ⓣ8600日圓～ 有多種針對旅行或商務設計的住宿方案。共228間客房。
	威斯特酒店札幌 （中島公園）	☎011-552-2333／地圖:p.11-K／Ⓢ3050日圓～Ⓣ5830日圓～ 舒適又時尚的飯店。咖啡廳的早餐有提供貝果等。共113間客房。
	札幌公園飯店	☎011-511-3131／地圖:p.11-L／Ⓢ5850日圓～Ⓣ9000日圓～ 以日本料理店「灘萬雅殿」為首有多家餐廳。共216間客房。
	HOTEL LIFORT SAPPORO	☎011-521-5211／地圖:p.11-L／Ⓢ4500日圓～Ⓣ8100日圓～ 周圍環繞著中島公園和豐平川，擁有寧靜環境的飯店。共210間客房。
札幌郊外	札幌艾米西雅酒店	☎011-895-8811／地圖:p37-C／Ⓢ6800日圓～Ⓣ10200日圓～(附早餐) 可以欣賞市中心的都市景觀及森林的自然美景。共512間客房。
	新札幌 Arc City Hotel	☎011-890-2525／地圖:p.37-C／Ⓢ7500日圓～Ⓣ9800日圓～ 有適合家庭或團體住宿的家庭式客房。共135間客房。

じょうざんけい

地圖 p.229-G

定山溪

位於札幌市區西南方約30公里、豐平川上游的定山溪，是一處可以享受山林豐富綠意和溪谷美景的名勝。幕府末期開始營業的定山溪溫泉中心地區有完善的觀光散步路線，可充分享受溫泉之旅。

前往定山溪的方法

從札幌站前巴士總站搭定鐵巴士河童Liner號（かっぱライナー号）到定山溪大約1小時（960日圓）。另外，從地下鐵南北線真駒內站也有12系統往定山溪的巴士（610日圓）發抵，車程53分。

觀賞 遊逛

豐平峽水壩

ほうへいきょうだむ

地圖p.41
定山溪搭🚗計程車10分至停車場下車後，搭電動車6分（來回640日圓）

位於溫泉街上溯豐平川約7公里處的拱形混凝土水壩，名列日本水壩湖百選。原始林和柱狀節理的溪谷非常美麗，也是有名的賞楓名勝。從停車場到水壩要搭乘電動車。

011-598-3452（豐平峽電動車）
札幌市南区定山渓840番地先
電動車為6月1日～11月3日的8:45～16:00之間每10～30分1班（最後下行班次為16:30）
P 250輛

TEKU TEKU COLUMN

定山溪地名的由來

江戶末期，生於備前的僧侶美泉常山（其後改名為定山），在周遊列國時從愛奴的狩獵者打聽到有溫泉的消息而造訪此地，發現溫泉後也致力於開發。為了歌頌其功績，於是將此地命名為定山溪溫泉。

住宿指南

定山溪第一寶亭留·翠山亭	011-598-2141／地圖:p.41／20000日圓～(1泊2食) 大浴場、檜木造露天浴池以及日式宴席料理等備受好評。共60間客房。
章月格蘭飯店	0570-026575／地圖:p.41／2021年5月整新開幕 全客房面對溪谷，從房間所見的景色極美。共59間客房。

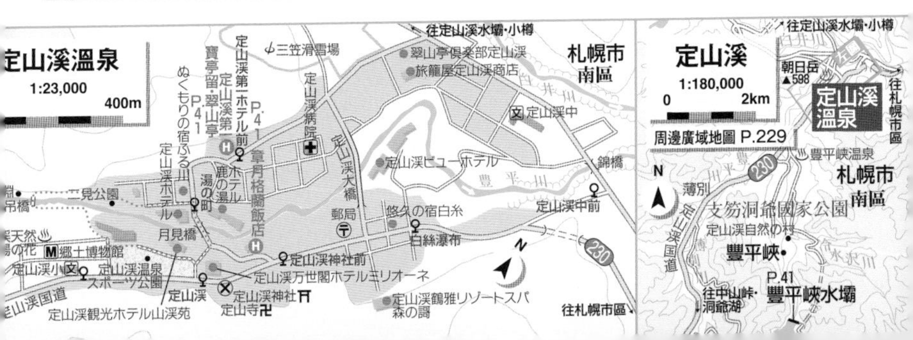

地圖 p.228-F

小樽

區域的魅力度

懷舊的街道漫步
★★★★★
購買雜貨
★★★★
美食
★★★

運河和倉庫散發著懷舊氣息
可享用當季食材的壽司相當知名
隨處可見時尚的咖啡廳
最適合當伴手禮的玻璃製品

瀰漫獨特風情的運河周邊
感受歷史和浪漫的街道

在明治、大正時代作為日本國內外的貿易據點而繁榮，被稱為「北方華爾街」的港都──小樽。當時興建的銀行和倉庫等堅固的石造建築，現已重生為餐廳和博物館等，訴說著過往的繁華。就以運河周邊為中心來場散步之旅吧。

前往小樽的方法

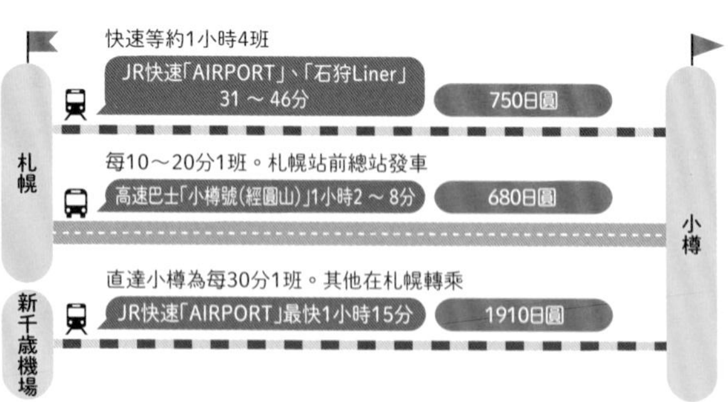

從札幌可利用JR的電車或高速巴士。時間上JR快速電車比較快，不過巴士的車資比較便宜。巴士會經過中央巴士札幌總站，從大通公園周邊搭乘也很方便。快速AIRPORT也有對號座U SEAT（530日圓）。

觀光詢問處

小樽國際資訊中心
☎0134-33-1661
小樽站觀光服務處
☎0134-29-1333

預約・詢問處

JR各站
☎0134-22-0771（小樽）
☎011-222-7111（JR北海道電話服務中心）
☎0123-45-7001（新千歲機場站）

交通詢問處

高速小樽號
JR北海道巴士
☎0134-22-5570（小樽）
☎011-241-3771（札幌）
北海道中央巴士（小樽總站）
☎0134-25-3333

懷舊建築的小樽站

小 樽
1:19,000
0
400m
周邊廣域地圖 P.228
步行8分
N
小樽散步巴士
天狗山纜車路線
小樽水族館路線
小樽散步巴士
A
B
C
D
E
F
鱗友朝市
往手宮公園
ホクレン倉庫
往余市
P.56 朝市食堂(海鮮料理)
長橋(二)
運河公園
錦町
舊日本郵船(株)
小樽支店 P.57
北運河
光明院
金宝寺
稲穂(五)
稲北十字街
稲穂5
下水処理場
色内2
色内(三)
色内埠頭公園
稲穂四
稲穂郵局
稲穂(四)
色内川下
龍宮神社
龍宮橋
旭橋
小樽海岸
海上觀光船
色内(二)
船見橋
郵局
中央市場
小樽市綜合博物館運河館
運河プラザ
第三埠頭
小樽駅前
小樽海岸海上觀光船碼頭
小樽運河
小樽
長崎屋
色内(一)
運河プラザ
中央橋
港湾合同庁舎
駅前第一ビル
小樽文學館·美術館
色内本通り
都通り
稲穂(二)
第二埠頭
NTT
小樽運河
小樽藝術村
年金事務所
産業会館
法務局
小樽署
浅草橋
富岡一
妙照寺
本局前
小樽運河總站
日本銀行金融資料館
小樽郵局
保健所
稲穂小
稲穂1-8
堺町
第一埠頭
小樽教会
商大通
中央小公園
東雲町
かま栄工場
小樽港
図書館
水道局
日通小樽支店
北一硝子
山田町
札幌地裁小樽支部
市役所通
堺町
花園(一)
小樽市役所
小樽聖公会
市民会館
花園(二)
花園十字街
水天宮
堺町通り
北一威尼斯美術館
ヴェネツィア美術館
函館本線
花園公園通
北一硝子前
相生町
北一硝子三號館
中央埠頭
花園小
花園グリーンロード
小樽音樂盒堂2號館
堺町郵局
堺町
花園(四)
花園(三)
メルヘン交差点
青園中
蒸氣鐘
勝納大橋
入船(一)
かつない臨海公園
44-45
量徳寺
コープさっぽろ
小樽音樂盒堂本館
新日本海渡輪
住吉町
入船(二)
住ノ江(一)
住吉町
北海道マツダ
北海道信金
新日本海渡輪港
有幌町
妙国寺
北海道龍谷学園 双葉中·高
駅前
新日本海フェリー
入船十字街
南小樽
公設青果卸売市場
住ノ江(二)
住ノ江教会
有幌町
小樽市立病院
住吉神社
入船四
田中酒造龜甲藏 P.52
住吉局
住吉神社
西本願寺小樽別院
信香町
勝納橋
若松
奥沢十字街
築港
奥沢(一)
奥沢局
奥沢口
勝納川
勝納町
奥沢小
マリンウェーブオタル
新富町
往
海石榴(魚料理) P.56
奥沢一
龍徳寺前
奥沢(二)
潮見台小
ウイングベイ小樽
小樽港マリーナ
小樽港マリーナ
龍徳寺
イオン
ヲタル座
奥沢三局
若竹跨線橋
潮見台
潮見台
開発局建設部
P.58 小樽君樂酒店
WING BAY小樽
小樽IC
潮陵高
若竹町
潮見台(一)
ぱるて築港
真栄(一)
潮見台中
札樽自動車道
潮見台(二)
若竹町
往札幌
往朝里IC
小樽築港
往祝津
往新潟·舞鶴

第三埠頭
第二埠頭
小樽海岸海上觀光船
小樽港
A
B
E
F
J
小樽海岸海上觀光船碼頭
月見橋
小樽港灣センター
龍宮橋
小樽水産ビル
中央橋
P.52 小樽運河遊覽船
小樽運河 P.48
ふれあいの散歩道
P.48 小樽ビール小樽倉庫NO.1（在地啤酒）
びっくりドンキー（漢堡排）
小樽フェリス教会
P.58 運河之宿 小樽古川飯店
小樽運河倉庫群
北海あぶりや き運河倉庫（木炭燒烤）
ステンドグラス美術館
P.53（建於昭和8年）レストラン好（中國料理）
港町
小樽運河食堂（啤酒拉麵）
大同倉庫
淺草橋
小樽運河
小樽出拔小路 P.53
P.51（建於明治39年）大正硝子館
HOTEL NORD OTARU P.58
ホテルソニアII
P.48 小樽市綜合博物館運河館（建於明治23～27年）
小樽トーイズ（建於明治24年）
運河プラザ
P.58 HOTEL SONIA OTARU
おたる政寿司 ぜん庵
色内（二）
中一商会（建於大正9年）
川又商店（建於明治38年）
運河プラザ
P.58 HOTEL TORIFITO 小樽運河
小樽藝術村 P.52
（建於大正12年）似鳥美術館
舊三井銀行小樽支店（建於昭和2年）
色内一
ターミナル
小樽運河
舊第一銀行小樽支店（建於大正1…）
龍宮通り
（建於昭和5年）舊安田銀行小樽支店
色内本通り
後藤商店（建於大正9年）
ホテルWBF イルオナイ小樽
小樽商工会議所（建於昭和8年）
旧第四十七銀行小樽支店（建於昭和初期）
小樽郵局
P.54 葡萄酒&咖啡餐廳 OTARU BINE
（舊北海道銀行小樽支店 建於明治45年）
P.58 越中屋旅館
北海道中央バス
小樽運河總站（舊三菱銀行小樽支店・建於…）
本局前
海鳴楼
ハローワークおたる
桑田屋
あまとう
日銀金融資料館（小樽バイン前）
（建於昭和12年）松田大樓
色内（一）
中央通り
舊手宮線遺跡（散步道）
寿し処一休
日本銀行金融資料館（建於明治45年）
旭寿司本店
小樽市民センター
小樽文學館・美術館
日銀金融資料館
稻穗（三）
稲穂3
P.58 THE GREEN HOTEL OTARU別館
稲穂3
北陸
稻穗（二）
北海道
中央通
北海道新聞
P.56 戲屋留堂（骨董）
稲穂十字路口
北洋
淺草通り
P.58 THE GREEN HOTEL OTARU本館
若鶏時代なると P.53
MISONO ICE CREAM（咖啡廳）P.53
おたる屋台村 レンガ横丁
中央市場
P.58 小樽歐森飯店
市営駐車場
都通り
ティッセンバー3（雜貨）
稻穗（一）
往余市
往北運河
往余市
靜屋通
サンビルスクエア
P.58 燈之湯 多美迎 PREMIUM小樽
船見坂下
長崎屋
藪半（建於內藏・大正末期）
叫児楼（建於大正14年）
産業会館前
産業会館前
産業会館
小樽駅前
駅前局
NTT
NTT前
三ツ山
P.47 三角市場
站前第一大樓
紀伊國屋書店
稲穂1-8
5
觀光服務處
船見橋
往余市
小樽（建於昭和9年）
小樽站
船見坂
富岡橋
富岡郵局
小樽署
稲穂小
北海道電力
富岡（一）
往富岡教會・天狗山滑雪場
年金事務所
妙照寺
小樽市保健所
富岡一

北一硝子三號館
P.48（建於明治24年）
小樽洋菓子舗LeTAO本店（西點）P.50
有幌町
往小樽IC・札幌
勝納大橋
P.49 北一威尼斯美術館
ヴェネツィア美術館
堺町
日通小樽支店
ヴェニーニ（玻璃工藝品）
北の漁場（北海料理）
巽鮨
北一硝子前
北一硝子三号館前
北一硝子アウトレット
北菓楼（西點）
メルヘン交差点
常夜灯
オルゴール堂 キャラクターハウス 夢の音
小樽音樂盒堂本館 P.49
童話十字路口（建於明治45年）
住吉町
堺町通り
北一クリスタル館・見学工房
P.56 小樽福廊（雜貨）
小樽音樂盒堂2號館
堺町郵局
銀の鐘1号館（建於大正13年）
メルヘン交差点
可否茶館（咖啡廳）P.54
小樽工廠
雪印パーラー小樽店（霜淇淋）
山吹商店（海鮮）
らーめんみそら（拉麵）
チャンネルもく（木工藝）
利尻屋みのや（海鮮）
くぼ家（咖啡廳）（建於明治40年）
たけの寿司
小樽石の蔵（雜貨）
P.50 Nouvelle Vague LeTAO Chocolatier 小樽本店
P.51 小樽音樂盒堂手作體驗遊工房（建於大正10年）
の秋野（建於明治19年）
入船（一）
HDビル
ギャラリー蔵
小樽手造り硝子工房
出世前広場
小樽味の栄六（壽司）P.54
東雲町
相生町
水天宮（禮拜殿・正殿 建於明治8年）
旧寿原邸（建於大正元年）
小樽聖公会（建於昭和40年）
往札幌
東光寺
山田町
G
H
函館本線
花園橋
おたる政寿司（壽司）P.56
（建於大正13年）花園病院
P.55 寿司・和食しかま（壽司）
ブランシエ（咖啡廳）P.55
聖徳寺
花園（三）
辰巳通り
花園周邊
おたる魚亭（海鮮）P.55
かすべ（和食）P.55
花園（一）
バー・ハッタ（酒吧）
P.54 聖徳太子飛鳥店（壽司）
宝すし P.56
活と味 た志満（壽司）
都寿司
小樽雅叙園（壽司）
啄木通り
北一硝子
市役所通
市役所下
花園十字街
花園公園通
花園四
往小樽IC
花園二郵局
おたる無尽ビル
小樽散步巴士
天狗山纜車路線
小樽水族館路線
小樽散步巴士
K
L
宝泉寺
花園グリーンロード
（建於昭和2年）花園会館
西病院
建設協会
P.55 Cotton Cloth（洋食）
花園（二）
市職員会館
勤労女性センター
小樽市中心
1:5,900
0
100m
步行2分
周邊廣域地圖 P.43
往市役所
往小樽公園
水道局
C
D

HINT

掌握區域的重點

Ⓐ小樽站

市區觀光的門戶。要前往小樽運河的話，沿著下坡路往下走。周邊有中央市場和三角市場等海鮮市場，還有餐廳眾多且平價的靜屋通等等。

Ⓑ壽司屋通、花園

從國道5號線往小樽運河方向200公尺的周邊，聚集了大約20家壽司店。花園是當地顧客也經常造訪的餐飲街，高架橋下周邊有許多平價的居酒屋和壽司店。

Ⓒ北運河、手宮

從小樽站搭乘巴士約10分。河面比色內附近的小樽運河寬，可以看到過去的影子。想要了解北海道鐵路史的話，小樽市綜合博物館也不容錯過。

Ⓓ小樽運河

小樽觀光的主要景點，從小樽站步行約5分。運河沿岸設有散步道，如果要欣賞倉庫外觀，可沿著散步道從中央橋走到淺草橋。夜間會打上燈光，能更加享受散步的樂趣。倉庫內有餐廳和商店等設施。運河沿岸也有洋樓風格的飯店林立。在運河東側色內本通過去名為北方華爾街的地帶，厚實的西式建築比鄰而立。也不妨前往活用這些特色的小樽藝術村參觀。（地圖p.44-E、F）

Ⓔ堺町通、童話十字路口

沿途利用洋房或倉庫改建的餐廳和雜貨店一間接著一間。北一硝子、小樽音樂盒堂本館等景點都不能錯過。

Ⓕ南小樽

從小樽站搭乘巴士約20分，或者小樽築港站出站即到。小樽碼頭周邊有WING BAY小樽、田中酒造龜甲藏等景點聚集於此。

POINT

遊覽順序的小提示・抵達後的第一步

●抵達小樽站之後

出小樽站剪票口後左側的綠色窗口旁有觀光服務處，可以在這裡取得觀光手冊及地圖，乃至於鯡魚御殿小樽貴賓館、天狗山纜車等的折價券。想寄放行李的話，出剪票口後右後方以及出站舍後右側設有投幣式寄物櫃。

●從小樽站移動

定期觀光巴士…以小樽運河、余市為主要路線，也有札幌發抵的巴士在運行。

計程車…常駐在小樽站前，從車站到北一硝子約630日圓，到WING BAY小樽約1200日圓。如果沿著運河散步會離車站和飯店很遠，返回時相當辛苦，這個時候回程搭計程車就方便許多。觀光計程車為1小時30分7890日圓～。

小樽散步巴士等…循環市內主要景點的小樽散步巴士從小樽站出發，行經小樽運河、童話十字路口、堺町通後返回車站，是很值得利用的路線。除此之外，還有從小樽運河總站往返天狗山纜車方向的「天狗山纜車路線」（約每20～30分1班）、開往以小樽水族館及鯡魚御殿著稱的祝津方向的「小樽水族館路線」（行駛路線參照p.57，每60分1班）。車資為每次搭乘240日圓。前往步行不易抵達的小樽北部及天狗山方向都很方便。由於繞行方式較為複雜，最好利用車站觀光服務處及小樽運河總站的資源，事先確認班次間隔和詳細路線。由於受到疫情影響，2023年仍停駛中。

如果一天內會搭乘好幾次，可以購買「小樽市內線巴士1日乘車券（800日圓）」。在站前總站、運河廣場、小樽散步巴士內皆有販售。以小樽散步巴士為例，搭4次以上就能回本。也可以搭乘繞行市內的路線巴士。

交通詢問處

小樽散步巴士·定期觀光巴士
北海道中央巴士(小樽站前T)
☎0134-25-3333
觀光計程車
小樽包車工會
☎0134-25-1321
KODAMA交通
☎0134-25-1234

繞行市內的巴士乘車處重點提示

・**從小樽運河周邊到童話十字路口**…在堺町通的🚌小樽運河總站上車。從小樽站需時10分。（地圖p.44-F）

・**從童話十字路口到小樽站**…在♀ヴェネツィア美術館上車，需時14分。（地圖p.45-C）

・**色內本通、淺草通**…在♀色內1丁目、♀日銀金融資料館下車，遊逛過去有北方華爾街之稱的繁華遺址。若要前往小樽藝術村，這裡也比較近。

TEKU TEKU COLUMN

見證小樽興衰演變史
運河的變遷

在昭和初期，每年約有6000艘船隻駛入小樽港，是小樽城市最繁榮的時期。後來隨著札幌成為北海道的中心，人們對運河的需求大不如前，而有了填平的計劃。

不過，熱愛小樽的居民們展開了抗議活動，最終得以保存將近一半的運河。昭和60年，運河的散步道完工以後便成為觀光景點，帶動了至今的繁榮。

在車站旁的魚貨區
三角市場邊吃邊買

夾在小樽站和國道5號間的小型市場。共有20間左右的魚攤和餐廳，吸引了許多市民和觀光客。當地主要產物有干貝、八角魚、牡丹蝦等。武田鮮魚店（☎0134-22-9652）附設食堂，可以嘗到店頭販賣的海鮮。
地圖p.44-I

小樽運河

おたるうんが

以淺草橋為起點，從舊倉庫林立的運河周邊，走到餐廳和雜貨店雲集的堺町通。沿途瀰漫著濃濃的北方運河風情。

01 啤酒517日圓～

小樽ビール 小樽倉庫No.1

おたるびーる おたるそうこなんばーわん

可以品嘗到使用德國產麥芽、啤酒花、酵母的小樽啤酒。也有參觀釀酒廠的導覽行程。

☎0134-21-2323
🕚11:00～23:00（可能視季節及活動變動）
休 無休

02 參觀30分

小樽市綜合博物館 運河館

利用古老的石造倉庫建造而成。有重現過往小樽的街道，以及介紹自然的專區。

☎0134-22-1258／🕚9:30～17:00／休 過年期間、可能臨時休館／¥300日圓

03 午餐980日圓～

OTARU BINE

おたるばいん

想品嘗北海道產葡萄酒的話，來這裡就對了。建於明治45年的前銀行變成了雅緻的葡萄酒餐廳。

☎0134-24-2800／🕚11:00～22:00(21:00L.O.)／休 1月1日

04 音樂盒880日圓～

音樂盒堂 海鳴樓

おるごーるどう かいめいろう

開發高音質原創音樂盒。可以挑選喜愛的樂曲和盒子。製作體驗的費用為1000日圓～。

☎0134-23-6505
🕚9:00～20:00（冬季～19:00）／休 無休

06 玻璃工藝品1200日圓～

北一硝子三號館

きたいちがらすさんごうかん

販售美麗的玻璃工藝品。分為和、洋、鄉村3個樓層，可以參觀許多原創商品。

☎0134-33-1993
🕚10:00～17:00（可能視季節變動）／休 無休

05 參觀 30 分

北一威尼斯美術館

展示豪華的家具和珍貴的玻璃工藝品。穿上貴族服裝拍攝紀念照片（2500日圓～）也很受歡迎。

0134-33-1717
10:00～17:00
（最後入館16:30）
休 無休
¥ 700 日圓

遊覽順序的小提示

走過中央橋，越過運河欣賞倉庫群的景色不能錯過。進入堺町通後，可以悠閒散步，逛逛道路兩側的店家。

大推薦！

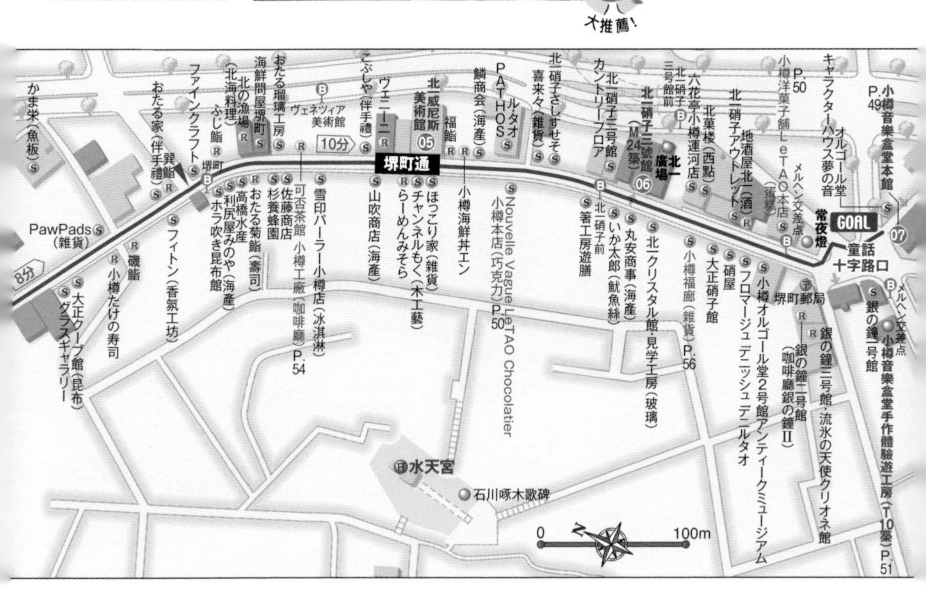

07 音樂盒880日圓～

小樽音樂盒堂本館

利用明治時代的古老建築改建而成。供應大約3400種、25000個音樂盒。

0134-22-1108
9:00～18:00
（僅夏季的週五六、假日前日～19:00）
休 無休

↑夜晚的童話十字路口

最適合作為旅行的回憶！

小樽伴手禮&體驗

說到小樽旅行的人氣伴手禮，
那就是巧克力、音樂盒、玻璃工藝品。
把不容錯過的甜點與手作紀念品帶回家吧！

↑入口即化的極致口感宛如魔法。皇家山峰／9個入756日圓～

↑貴婦的美味Niagara。以葡萄酒和牛奶製成的白巧克力／8個入846日圓

巧克力

Nouvelle Vague LeTAO Chocolatier 小樽本店

巧克力公司LeTAO創立的新商店。從全世界蒐集而來的頂級素材打造的巧克力甜點世界，誘人來親身感受、細細品味。

☎0134-31-4511
地圖p.45-C、49
📍小樽市堺町4-19
🕙10:00～18:00
（可能視季節變動）
休 無休
¥ 皇家山峰(9個入)756日圓

小樽洋菓子舗 LeTAO 本店

おたるようがしほ るたお

緊鄰童話十字路口的熱門甜點店。店內以招牌原味雙層起司蛋糕為首，供應多種甜點。附設咖啡廳也很寬敞，能度過悠閒的時光。

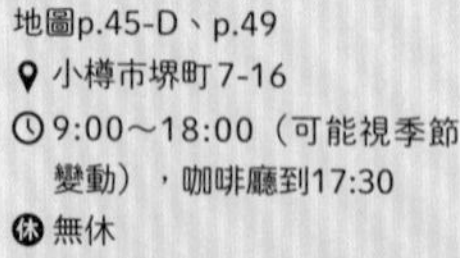

☎0120-31-4521
地圖p.45-D、p.49
📍小樽市堺町7-16
🕙9:00～18:00（可能視季節變動），咖啡廳到17:30
休 無休
¥ 原味雙層起司蛋糕1728日圓

↑隱藏風味是義大利馬斯卡彭起司。威尼斯戀人／1728日圓

起司蛋糕

↑搭配巧克力滋味絕妙的巧克力雙層起司蛋糕／1728日圓

←濃醇美味而大受歡迎的原味雙層起司蛋糕／1728日圓

自製
音樂盒

←將自己組裝、調整的機械零件裝進木盒中便完成

小樽音樂盒堂
手作體驗遊工房

從被稱作Movement的機械零件到化妝盒都可以自行製作。選擇喜歡的曲子的圓筒（共10種），裝上發條和振動板的過程也很有趣。也可以親自體會到些微的螺絲鬆緊，所呈現出的音質就大不相同。

Let's

01

裝置並固定接觸樂譜的圓筒。好像成為音樂盒的師傅一樣！

02

為了使聲音的呈現效果更好，一邊進行細部調整、一邊安裝梳齒。這裡是最困難的。

☎ 0134-21-3101
地圖p.45-D、49
📍 小樽市入船1-1-5
🕘 9:00～17:00
（受理～16:30）
休 無休
¥ Movement安裝課程（約1小時，需預約）2750日圓～

製作
玻璃作品

←在本店旁的創作硝子工房等處，挑戰趣味無窮的自製玻璃工藝品課程吧

大正硝子館
たいしょうがらすかん

可以體驗吹製玻璃，或是利用加熱使玻璃變形、融合來完成作品等。吹製玻璃體驗為10:00～18:00、3520日圓（需預約）。報名請洽☎0134-32-5101（本店），其他體驗的報名請至本店申請。

Let's

A 體驗吹製玻璃

將熔解的玻璃塊吹氣塑型。一旁有師傅指導，讓人安心。

Let's

B 融合玻璃體驗

將玻璃加以組合，用電爐加熱使其變形、融化黏合來完成。簡單又有趣。

☎ 0134-32-5101
地圖p.44-B、48
📍 小樽市色内1-1-8
🕘 9:00～19:00（夏季～20:00）
體驗為10:00～18:00
休 無休
¥ 窯燒體驗為1100日圓～
（需預約）

觀賞

小樽運河遊覽船
おたるうんがくるーず

地圖p.44-A
JR小樽站🚶10分，小樽運河中央橋旁

在運河上享受舒暢清風的白天航程自不用說，也很推薦岸邊有亮晃晃瓦斯燈的夜間航程。

☎0134-31-1733 📍小樽市港町5-4 🕐11:00～19:00（視季節而異），需時40分 休 第4週二為中午前航班停駛 ¥白天航程1500日圓，夜間航程1800日圓 P無

田中酒造龜甲藏
たなかしゅぞうきっこうぐら

地圖p.43-F
JR南小樽站🚶10分。JR小樽站搭🚌北海道中央巴士ぱるて築港線11分，📍田中酒造亀甲蔵前下車即到

1899（明治32）年創業的老字號製酒廠，可以參觀實際的製造過程。此外，田中酒造釀造日本酒的試喝區非常受歡迎。鮮釀生原酒（720ml，2310日圓）等產品也有在現場銷售。建築物本身構造非常厚實，是小樽市指定的歷史建築物。

☎0134-21-2390 📍小樽市信香町2-2 🕐9:00～17:30 休無休 ¥免費 P70輛

The Glass Studio in Otaru
ザ・グラス・スタジオ イン オタル

地圖p.228-F
JR小樽站搭往天狗山纜車的🚌北海道中央巴士18分，📍終點站下車即到

玻璃工藝作家淺原千代治設立的工房。2樓的商店陳列著葡萄酒玻璃杯、腳杯等作品。以小樽的天空及大海等自然為意象的作品，蘊藏著手作獨有的溫暖。

☎0134-33-9390
📍小樽市最上2-16-16
🕐10:00～18:00(11～3月～17:00)
休 無休（體驗為週二）
¥免費參觀，吹製玻璃體驗教室2750日圓～（需預約）
P20輛

POINT

鴨隊長導覽／有時間的話，不妨搭纜車前往天狗山山頂。單程4分，來回1200日圓。推薦精彩萬分的小樽夜景。

小樽藝術村
おたるげいじゅつむら

地圖p.44-B、F
JR小樽站🚶7分

室內裝潢與家居時尚品牌宜得利活用過去金融街歷史性建築打造的藝術村。由似鳥美術館、花窗玻璃美術館、舊三井銀行小樽支店等構成，展示國內外的美術品及工藝品。附設博物館商店。

☎0134-31-1033
📍小樽市色內1-3-1
🕐9:30～17:00(11～4月為10:00～16:00)
休 無休(11～4月週三休，逢假日則翌日休)
¥3館通用券2000日圓
P有合作停車場(16輛)

美食&購物

車站周邊／雞料理

若鶏時代なると

わかどりじだいなると

地圖p.44-E
JR小樽站 7分

將整個半雞油炸而成的「炸年輕半雞」（980日圓）為其名產的餐館。現炸的年輕雞肉外皮酥脆而內部多汁，堪稱絕品。除此之外，壽司、丼飯、定食等餐點也一應俱全。

0134-32-3280
小樽市稲穂3-16-13
11:00～21:00(20:30L.O.)
休 不定休 ¥ 年輕雞定食午餐1050日圓（除此之外1250日圓），北海道炸雞定食午餐840日圓（除此之外940日圓）
P 9輛

運河周邊／中華料理

レストラン好

れすとらんはお

地圖p.44-B、48
JR小樽站13分

位在建於1933（昭和8）年的舊三井船舶大樓1樓。建築物本身已被指定為小樽市的歷史建築物。店內裝潢統一以黑、白兩色為基底，可以在洗練的氛圍中享用中華料理。單點和套餐的種類都很豐富，午餐為880日圓～3種（～14:00）。

0134-32-0680
小樽市色内1-2-18
協和浜ビル1F
11:00～21:00(20:00L.O.)
休 12/31～1/2
¥ 午餐800日圓～
晚餐1500日圓～
P 6輛

運河周邊／攤販村

小樽出抜小路

おたるでぬきこうじ

地圖p.44-B、48
JR小樽站10分

在重現過往小樽街道的建築物中，有壽司、蒙古烤肉、海鮮丼等20家店聚集的攤販村。可以從地標火見櫓（望火樓）眺望小樽運河。

0134-24-1483
小樽市色内1-1
視店鋪而異
休 視店鋪而異
P 附近有

車站周邊／咖啡廳

MISONO ICE CREAM

あいすくりーむぱーらーみその

地圖p.44-E
JR小樽站 4分

大正時期作為北海道首家冰淇淋店開始經營的店鋪。以新鮮牛奶及雞蛋等製成的冰淇淋（500日圓）、以現做冰淇淋製成的芭菲等都很受歡迎。

0134-22-9043
小樽市稲穂2-12-15
11:00～18:00
休 週二、三
¥ 布丁芭菲780日圓
P 夏季2輛

運河周邊／拉麵

ラーメン利久亭

らーめんりきゅうてい

地圖p.44-B、48
JR小樽站15分

清爽的湯頭中，加入紅蘿蔔、菠菜、蔥、木耳等大量蔬菜，以及鬆軟蛋花的「利久麵」（800日圓）相當受歡迎。定食和丼飯類的菜色也很豐富。

0134-29-0082
小樽市堺町2-11
12:00～19:00
休 週二
¥ 拉麵750日圓～
P 附近有

運河周邊／葡萄酒餐廳

葡萄酒&咖啡餐廳 OTARU BINE

わいん&かふぇれすとらん おたるばいん

地圖p.44-F、48
JR小樽站 7分

堅持使用以100%北海道產葡萄製成、從工廠直送的桶裝葡萄酒。有使用100%北海道產小麥製成的披薩等，能配酒一起享用的豐富菜色。

附設的商店中常備100種北海道產葡萄酒。18:00以前可以免費試喝，挑選喜歡的葡萄酒。

0134-24-2800
小樽市色内1-8-6
11:00～20:00(週一～四)
11:00～22:00（週五～日、假日）
休 不定休
¥ 午餐890日圓～
P 有特約停車場

運河周邊／咖啡廳

可否茶館 小樽工廠

かひさかん おたるふぁくとりー

地圖p.45-C、49
JR小樽站 15分

紅磚建築的外觀相當美麗，1971（昭和46）年創業的咖啡廳。附設工廠，可以品嘗到焙煎過後香醇度高的咖啡。此外，也有提供義大利麵及三明治等輕食、當地小樽西點店的蛋糕。夏季時使用自製咖啡凍的霜淇淋也相當受歡迎。特調咖啡為530日圓～。

0134-24-0000
小樽市堺町5-30
11:00～17:00
休 無休
¥ 咖啡530日圓
P 4輛

花園周邊／壽司・海鮮料理

小樽味の栄六

おたるあじのえいろく

地圖p.45-G、48
JR小樽站 10分

位於小樽出世前廣場內的海鮮料理與壽司店。使用當令在地鮮魚的握壽司備受好評。配料豐富的本日散壽司（3080日圓）、該店獨有的海膽殼燒（3300日圓）是大受好評的餐點。

0134-24-0006
小樽市堺町2-12小樽出世前広場内
11:00～22:00
休 不定休
¥ 海膽殼燒5500日圓
P 附近有

花園周邊／壽司・海鮮料理

聖徳太子飛鳥店

しょうとくたいしあすかてん

地圖p.45-K
JR小樽站 10分

正因為是經營海產大盤商的水產公司直營店，鮮度佳價格低是此店的特色。盛裝在小船和桶子的綜合生魚片，可痛快品嘗當季的海鮮。在大碗中放入18種食材的特製散壽司（1850日圓），料多到不知道該從哪一樣吃起。招牌的午餐菜色從780日圓起。

0134-31-4224
小樽市花園1-12-21
11:30～14:00、17:00～23:00
休 不定休
¥ 午餐800日圓～ 晚餐3000日圓～
P 有特約停車場

花園周邊／活魚・壽司

おたる魚亭
おたるうおてい

地圖p.45-K
JR小樽站10分

常備多達約30種魚在店內水槽悠游，活魚與壽司的專賣店。在眼前現殺現做的方式也很特別。推薦菜色為將烤海膽、星鰻、日本象拔蚌等8種材料包捲而成的烤海膽粗捲（1900日圓）。原創壽司魚亭握壽司為3000日圓。

0134-23-9878
小樽市花園町1-6-4
11:30～14:00、17:00～22:30 (21:30L.O.)，週日～21:00
休 週二、其他可能不定休
¥ 午餐2500日圓～ 晚餐4500日圓～
P 3輛

花園周邊／壽司

寿司・和食しかま
すし・わしょくしかま

地圖p.45-G
JR小樽站10分

在小樽當地也是屈指可數的人氣店。店家主人利用高超技術製作出來的御飯糰，米飯會在口中清爽地散開。受歡迎的散壽司（3850日圓）使用12種當季食材。不論點什麼都會附贈一碗鮭魚湯。除了吧檯座、桌位座之外也有包廂。

0134-25-4040
小樽市花園1-2-5
11:00～21:00(平日中場休息)
休 不定休
¥ 午餐1200日圓～ 晚餐3500日圓～
P 12輛

花園周邊／西點

館ブランシェ
やかたぶらんしぇ

地圖p.45-G
JR小樽站12分

1936（昭和11）年創業的西點老店。平時約有20種的蛋糕。除了草莓蛋糕（460日圓）和蒙布朗（400日圓）之外，在隔壁的咖啡廳可以品嘗到的餡蜜（680日圓）也很受歡迎，十勝產紅碗豆所製成的紅豆餡相當美味。咖啡（470日圓）有著濃烈的古早味。

0134-23-2211
小樽市花園1-3-2
11:00～21:00
休 週三
¥ 咖啡470日圓～
P 無

花園周邊／洋食

Cotton Cloth
コットンクロス

地圖p.45-L
JR小樽站15分

以法國料理和義大利料理為基礎的創作料理店。特色是充分發揮北海道產食材本身的風味。瀧下農園的天然雞蛋鮮蝦蛋包飯午餐990日圓。

0134-27-2959
小樽市花園4-18-3
11：30～14：30、18：00～21：00（週日、假日為12:00～14:30、17:00～20：00）
休 週一、第2週二
¥ 午餐1000日圓～ 晚餐2000日圓～ P 1輛

花園周邊／鄉土料理

かすべ

地圖p.45-K
JR小樽站15分。或搭巴士5分，市役所通り下車2分

玻璃浮球燈照亮的店內，有著漁場的氛圍。著名的TOROIKA鍋，是加入海鮮的小樽風馬賽魚湯（2人份2200日圓）。

0134-22-1554
小樽市花園1-8-20
17:00～23:00
休 無休 ¥ 晚餐3500日圓～
P 2輛

花園周邊／壽司

おたる政寿司
おたるまさずし

地圖p.45-G
JR小樽站🚶12分

小樽壽司屋通的代表性名店，能在此享受從戰前經營至今的老店美味。

☎0134-23-0011
📍小樽市花園1-1-1
🕒11:00～15:00、17:00～20:30
休 週三、1月1日
¥ 午餐3500日圓～
晚餐5000日圓～
P 10輛

花園周邊／壽司

宝すし
たからすし

地圖p.45-K
JR小樽站🚶7分

堅持選用在地食材，新鮮又平價而備受好評。為了品嘗名產星鰻（500日圓）而光顧的客人很多，內含星鰻的14貫推薦壽司為5000日圓。

☎0134-23-7925
📍小樽市花園1-9-18
🕒11:30～14:00、17:00～21:00(20:00L.O.)，週日、假日～20:00
休 週三、每月1次臨時公休
¥ 午餐3500日圓～／晚餐5000日圓～ P 2輛

南小樽／魚料理專賣店

海石榴
つばき

地圖p.43-F
JR小樽築港站🚶8分

直接向當地漁民進貨的海鮮新鮮度沒話說。海膽鮭魚卵丼（小2400日圓～）和盛有許多海鮮的海石榴丼（2200日圓）等丼飯相當推薦。5月中旬到8月中旬還可以嘗到近海海膽的海膽丼（時價）。

☎0134-25-8657
📍小樽市築港3-3
🕒11:30～15:00、17:00～21:00(20:00L.O.)
休 不定休
¥ 午餐1200日圓～
晚餐2000日圓～
P 10輛

北運河周邊／食堂

朝市食堂
あさいちしょくどう

地圖p.43-A
JR小樽站🚶20分。或搭🚌北海道中央巴士7分，🚏手宮下車🚶5分

鱗友早市中的食堂。海膽和自製鮭魚卵、鮮干貝組成的小樽丼（2200日圓），放上螃蟹、鮭魚卵、鮭魚的花丼（1800日圓）很受歡迎。海膽鮪魚丼2600日圓。過去可以攜帶在市場購買的魚，請店家依照個人喜歡的方式調理，不過目前這項服務中止了。

☎0134-24-0668
📍小樽市色内3-10-15
🕒4:00～14:00(13:30L.O.)
休 週日
¥ 定食1000日圓～
P 50輛(利用市場用停車場)

運河周邊／伴手禮

小樽 福廊
おたるふくろう

地圖p.45-D、49
JR南小樽站🚶10分

有許多據說能帶來福氣的貓頭鷹商品。不辛勞、智慧袋、守護神等象徵好運的貓頭鷹小物和伴手禮相當推薦。也有招財貓等幸運物、木雕、陶器、玻璃製品等，各種可愛的雜貨相當豐富。

☎0134-21-6001
📍小樽市堺町6-9
🕒9:30～18:00
(11～4月可能17:30閉店)
休 無休
P 無

車站周邊／古董

戯屋留堂
ぎゃるどう

地圖p.44-F
JR小樽站🚶5分

收集江戶時代到昭和初期之間的古董店。除了伊萬里等陶瓷器之外，以擺飾、留聲機、繪畫等日本的古物為主，還有來自中國和歐洲的古董。玻璃燈罩等是伴手禮的最佳選擇。

☎0134-34-0040
📍小樽市稲穂2-2-7小町ビル1F
🕒11:00～17:00
休 週日(可能臨時公休)
P 1輛

小樽北部

從運河外的手宮到祝津一帶的北部區域，是能夠欣賞日本海景觀的名勝地。還有許多能讓人回想起過去在小樽盛行的鯡魚漁業的相關設施。和運河周邊不同，這裡能發現小樽的另一段歷史。

舊日本郵船㈱小樽支店

きゅうにっぽんゆうせん かぶしきがいしゃ おたるしてん

地圖p.43-B、57
JR小樽站搭🚌中央巴士2、3系統7分，♀錦町下車👟3分

建於1906（明治39）年，是近代歐洲復興樣式的石造建築。此地為普茲茅斯條約舉行日俄國界劃定會議的歷史性場所，內部裝潢和家具擺飾都以當時的面貌忠實呈現（左方照片）。可以感受到商業之都小樽的風華時代。

📞0134-22-3316 📍小樽市色内3-7-8
🕘9:30～17:00 休 週二（逢假日則開館，翌日以後的平日休）、過年期間 ¥ 300日圓（與運河館、綜合博物館本館的通用券500日圓）
P 10輛

小樽市綜合博物館

おたるしそうごうはくぶつかん

地圖p.57
♀総合博物館👟1分

展示北海道最早在鐵路上行駛的蒸氣火車。同時也有科學展示廳，可以從中了解鐵路、科學及歷史。

📞0134-33-2523 📍小樽市手宮1-3-6
🕘9:30～17:00
休 週二（逢假日則翌日休）、過年期間
¥ 400日圓(冬季為300日圓) P 150輛

鰊御殿小樽貴賓館

にしんごてんおたるきひんかん

地圖p.57
JR小樽站搭往小樽水族館的🚌北海道中央巴士20分，♀祝津3丁目下車👟5分

舊青山別邸。祝津的漁業經營者青山政吉在1917（大正6）年所建造的大豪宅。屋久杉

的天花板、鶯聲木板的走廊等都值得一看。

0134-24-0024 小樽市祝津3-63
9:00～17:00（11～3月～16:00），餐廳為10:00～ 休 1/1～7 ¥ 1100日圓 P 30輛

鴨隊長導覽／巴士站牌在海岸線上，景觀一流。可從該處在住宅區中散步。

小樽水族館

おたるすいぞくかん

地圖p.57
JR小樽站搭往小樽水族館的北海道中央巴士25分，終點站下車即到

以北方生物為中心，能看到許多動物的水族館。海豚、海獅和海象「UCHIO」的表演秀相當受歡迎。附設遊樂園和餐廳。

0134-33-1400 小樽市祝津3-303
9:00～17:00（10/16～11/26～16:00，12/16～2/25為10:00～16:00）※2023年時
休 2/24～3/17、11/27～12/15 ※2023年時
¥ 1500日圓(冬季為1100日圓)
P 1000輛（600日圓，冬季為免費）

小樽市鰊御殿

おたるしにしんごてん

地圖p.57
JR小樽站搭往小樽水族館的北海道中央巴士25分，終點站下車5分

西積丹泊村的漁業經營者田中福松將明治時期所建的鯡魚漁業基地移建到此地。

0134-22-1038 小樽市祝津3-228
9:00～17:00(10月中旬～11月～16:00)
休 僅4月上旬～11月下旬開館。營業期間無休
¥ 300日圓 P 10輛

STAY

住宿指南

區域	名稱	資訊
小樽站周邊	小樽歐森飯店	0134-27-8100／地圖:p.44-F／ⓈⓌ6500日圓～Ⓣ7300日圓～ 餐廳、酒吧等餐飲店完備。共195間客房。
小樽站周邊	燈之湯 多美迎 PREMIUM小樽	0134-21-5489／地圖:p.44-I／Ⓦ8790日圓～Ⓣ11290日圓～ 位於小樽站前的飯店。有天然溫泉大浴場。共225間客房。
小樽站周邊	THE GREEN HOTEL OTARU	0134-33-0333／地圖：p.44-E／Ⓢ4200日圓～Ⓣ5200日圓～ 距離小樽站、運河都很近，作為觀光據點很方便。共178間客房＋宿舍26床。
運河周邊	HOTEL NORD OTARU	0134-24-0500／地圖：p.44-A、48／Ⓦ單人使用6880日圓～Ⓣ8500日圓～ 全部由大理石打造的外觀融於運河風景中。共98間客房。
運河周邊	HOTEL SONIA OTARU	0134-23-2600／地圖：p.44-B、48／Ⓣ8500日圓～ 本館所有客房、新館約7成客房都面對運河。共149間客房。
運河周邊	運河之宿 小樽古川飯店	0134-29-2345／地圖：p.44-B、48／16700日圓～（1泊2食） 以坐落運河散步絕佳地點自豪的飯店。共38間客房。
運河周邊	HOTEL TORIFITO 小樽運河	0134-20-2200／地圖:p.44-A／Ⓣ6800日圓～ 小樽運河、小樽藝術村附近的城市飯店。共128間客房。
運河周邊	越中屋旅館	0134-25-0025／地圖:p.44-F／10500日圓～(1泊2食) 晚餐附使用大量新鮮海產烹煮的火鍋等。共12間客房。
南小樽	小樽君樂酒店	0134-21-3111／地圖:p.43-F／Ⓦ7744日圓～(單人使用)Ⓣ7744日圓～ 有絕佳的海景與山景。共312間客房。
南小樽	銀鱗莊	0134-54-7010／地圖:p.228-F／49500日圓～(1泊2食) 以能俯瞰市街的高地露天浴池為傲的飯店。屬於宜得利體系。共17間客房。
朝里川	小樽旅亭 藏群	0134-51-5151／地圖:p.228-F／37400日圓～(1泊2食) 位於朝里川溫泉的旅館。有個別起居室和臥室的寬敞客房。共19間客房。

よいち・しゃこたん | 地圖 p.228-F、B

余市・積丹

余市是擁有日本最早製造威士忌工廠的城鎮。從余市進入積丹半島，就可以眺望斷崖絕壁的海岸線等美景。觀光諮詢請洽余市町商工觀光課☎0135-21-2125、積丹觀光協會☎0135-44-3715。

前往余市・積丹的方法

欲前往余市，可從小樽站搭乘JR函館本線25分（440日圓），在余市站下車。前往積丹半島的美國，可由小樽站搭乘開往美國、神威岬的中央巴士1小時23分（1150日圓），在美國下車。約1小時1班。要前往神威岬的話再多搭55分（從小樽站1810日圓），在終點站下車（11月上旬～4月中旬停駛）。

觀賞 遊逛

NIKKA威士忌北海道余市蒸餾所

にっかういすきーよいちじょうりゅうしょ

地圖p.228-F
JR余市站步行3分

採古老的石炭直火製法，從蒸餾到桶裝的整個威士忌製作過程，參觀時都有解說員全程說明（需時約90分，11名以上需預約）。此外，還可以免費試喝威士忌、蘋果酒等，亦設有博物館及餐廳。

☎0135-23-3131 　余市町黒川町7-6
9:00～17:00（附導覽為9:00～12:00、13:00～15:30之間，每30分一次）
休 過年期間 　¥ 免費 　P 60輛

神威岬

かむいみさき

地圖p.228-A
神威岬步行20分

位於積丹半島的前端，尖銳突出於日本海的神威岬。沿著山脊走到海岬前端，有一條單程需時約20分的散步道「佳蓮卡小徑」。佳蓮卡是源義經的悲戀傳說裡出現的女孩名字。從前端可以欣賞以神威岩為中心的雄偉日本海全景，其規模之大是在其他地方看不到的。

積丹町神岬町神威岬 　佳蓮卡小徑的開放時間為8:00～17:00（5、7月～18:00；6月～18:30；11月～16:00；12～3月為10:00～15:00） P 300輛

POINT 鴨隊長導覽／沿著海岸線的散步道前進，清澈的大海和斷崖的風景非常美麗宜人，一路走來絕不會厭煩。

黄金岬

おうごんみさき

地圖p.228-B
美国步行15分

靠近美國港附近突出的一個海岬，人稱「沙奇那小徑」的觀光步道，綿延約400公尺。沙奇那是愛奴悲戀傳說中女主角的名字。邊回憶這個感傷的故事，邊遠望懸崖峭壁綿延不斷的積丹海岸線也很不錯，這裡也是欣賞夕陽的名勝。

積丹町美国町黄金岬
P 附近有

POINT 鴨隊長導覽／從巴士站起就是連續的上坡路，其中要走一段木材做成的階梯，春天有些地方還能賞花。

にせこ　地圖 p.228-F

二世古

這片地區依傍以二世古安努普利為首的二世古群山山麓發展而成，以俱知安町、二世古町為中心。可以在這裡眺望有著美麗稜線的羊蹄山。夏季有獨木舟、登山等戶外活動，冬季則為滑雪聖地。

區域的魅力度

漫步大自然
★★★★

各式各樣的戶外活動
在花田裡騎自行車
種類豐富的溫泉

觀光詢問處

二世古度假村觀光協會
✆0136-44-2468

前往二世古的方法

小樽站搭JR函館本線到俱知安站1小時8～31分，到二世古站1小時39～52分。或札幌站前總站搭北海道中央巴士「高速二世古號」3小時8分（2350日圓），憩之湯宿 伊呂波（いこいの湯宿 いろは）下車。

神仙沼
しんせんぬま

地圖p.61-A
JR二世古站搭往五色溫泉的🚌二世古巴士（注意行駛日）56分，♀神仙沼レストハウス下車👟25分

位於海拔750公尺的高原上，以二世古周邊湖沼中最美、最神祕的濕原而聞名。雖然從入口要步行25分，但木道相當完備且好走。新綠到楓紅的時期特別值得推薦。

✆0135-73-2011(共和町商工觀光課)
📍共和町前田　Ⓟ80輛

有島紀念館
ありしまきねんかん

地圖p.61-B
JR俱知安站搭往真狩、留壽都度假村的🚌道南巴士17分，♀有島記念館前下車👟5分

介紹以《該隱的後裔》、《與生俱來的煩惱》、《一個女人》等作品聞名的白樺派作家有島武郎的生平和作品，及其擁有的農場足跡。

✆0136-44-3245　📍ニセコ町字有島57
🕘9:00～17:00(最後入館16:30)
休 週一（逢假日則翌日休）、過年期間
¥500日圓　Ⓟ30輛

阪本公園的甘露水
さかもとこうえんのかんろすい

地圖p.61-A
JR二世古站搭往昆布溫泉或五色溫泉鄉的🚌班車（注意行駛日）33分，♀昆布溫泉下車即到。冬季搭二世古周遊巴士40分

位於二世古連峰中段的昆布溫泉鄉，阪本公園內的湧泉。因昭和天皇喝了這裡的水讚嘆為「甘露」而得名。這口感圓潤的水是富含礦物質的伏流水，有許多人都用水壺等容器裝水帶回家。

📍ニセコ町ニセコ413-55　Ⓟ3輛(冬季關閉)

美食

二世古／販賣部

高橋牧場二世古牛奶工坊

たかはしぼくじょう にせこ みるくこうぼう

地圖p.61-B
JR二世古站🚗7分

高橋牧場直營的甜點店。蛋糕捲等點心都散發著新鮮牛奶的香味。廣受好評的冰淇淋從牛奶、抹茶、草莓優格、蘭姆葡萄等口味任選2種380日圓。也有附設餐廳及咖啡廳。

📞0136-44-3734
📍ニセコ町字曽我888-1
🕘9:30～18:00
(冬季～17:30)
休 過年期間
¥ 冰淇淋380日圓～
P 230輛

二世古／燒肉

木々亭

もくもくてい

地圖p.61-A
JR二世古站🚗10分

位於憩之湯宿 伊呂波內的燒肉店。羊肉和干貝等種類豐富的烤肉吃到飽（午餐1小時1980日圓，晚餐90分3300日圓～）很受歡迎。也有其他的吃到飽菜色。

📞0136-58-3111
(憩之湯宿 伊呂波)
📍ニセコ町字ニセコ477
🕘12:00～14:00L.O.、
17:00～20:00
休 無休
¥ 午餐2000日圓～
晚餐3300日圓～
P 75輛

住宿指南

憩之湯宿 伊呂波	📞0136-58-3111／地圖：p.61-A／11150日圓～(1泊2食) 💬有網球場、自然公園、岩造露天浴池。共29間客房。

ちとせ·しこつこ

地圖 p.229-G、K

千歲·支笏湖

距離新千歲機場近而交通便捷，並有許多休閒設施的千歲。支笏湖是日本國內第二深的湖，同時也以日本最北邊的不凍湖而遠近馳名。可以搭觀光船或是划船遊覽湖上的風光。

區域的魅力度

漫步大自然 ★★★
溫泉 ★★

遊覽時可眺望原始林
建於湖畔旁的溫泉旅館

前往千歲·支笏湖的方法

若要前往千歲，札幌站搭JR千歲線快速AIRPORT約30分，千歲站下車。若要前往支笏湖，新千歲機場或千歲站前搭往支笏湖的北海道中央巴士50～60分（1050日圓），終點站下車。1天來回4班。

觀光詢問處

支笏湖旅客中心
0123-25-2404

鮭魚的故鄉 千歲水族館

さけのふるさと ちとせすいぞくかん

地圖p.229-G
JR千歲站 10分

建於以鮭魚產卵洄游聞名的千歲川畔的設施。可以觀察鮭魚的模樣、了解其生態。

- 0123-42-3001
- 千歲市花園町2-312 鮭魚公園千歲公路休息站內
- 9:00～17:00(最後入館為30分前)
- 休 過年期間，此外維護期間休館
- ¥ 800日圓
- P 233輛(利用公路休息站)

支笏湖遊客中心

しこつこびじたーせんたー

地圖p.63
支笏湖 2分

使用照片看板等來介紹支笏湖周邊的自然和形成過程。在展示區中，三面螢幕放映著支笏湖破火山口的形成過程（約5分）。

- 0123-25-2404
- 千歲市支笏湖溫泉番外地
- 9:00～17:30(12～3月為9:30～16:30)
- 休 過年期間、12～3月的週二（逢假日則翌日休)
- ¥ 免費
- P 700輛（410日圓，冬季為免費)

支笏湖觀光船

しこつこかんこうせん

地圖p.63
支笏湖 5分

「水中遊覽行程」可以同時欣賞到以透明度25公尺著稱的支笏湖，和環繞湖四周的惠庭岳、風不死岳、樽前山等山岳與原始林，約需30分。也有快艇10公里的行程，能充分感受湖的魅力。

- 0123-25-2031　千歲市支笏湖溫泉番外地
- 8:40～17:10(可能視季節變動)
- 休 4月中旬～11月上旬營業。營業期間無休
- ¥ 觀光船每30分1班。觀光船／水中遊覽船1650日圓，快艇10分行程最多3人5000日圓
- P 利用遊客中心的停車場

Upopoy（民族共生象徵空間）

うぽぽい　みんぞくきょうせいしょうちょうくうかん

地圖p.229-K
JR白老站 10分

Upopoy為「民族共生象徵空間」的暱稱。主要設施國立愛奴民族博物館，是日本國內首座以愛奴歷史及文化為主題的國立博物館。

- 0144-82-3914
- 白老郡白老町若草町2丁目3
- 平日9:00～18:00，假日9:00～20:00，夏季9:00～20:00，冬季9:00～17:00
- 休 週一、過年期間（12月29日～1月3日)
- ¥ 1200日圓　P 園內246輛、園外311輛（皆500日圓)

美食

千歲／啤酒餐廳

麒麟啤酒北海道千歲工廠

きりんびーるほっかいどうちとせこうじょう

地圖p.229-G／JR千歲站搭巴士免費接駁巴士（僅週六日、假日）15分，或JR長都站步行10分

參觀工廠有附贈免費的鮮釀啤酒試喝（需預約）。也可以在附設的餐廳享用蒙古烤肉。

☎0123-24-5606　📍千歲市上長都949-1　🕘9:30～15:30（參觀工廠）、10:30～21:00（餐廳）　休 第4週一、過年期間　¥ 各種啤酒429日圓～　P 50輛

TEKU TEKU COLUMN

拜訪農場餐廳

在千歲市內，有許多咖啡店和餐廳都使用從附近農場直接送來的新鮮食材。其中也有農家自行經營的「農場餐廳」，可以用合理的價格吃到充分發揮食材風味的料理，也因此受到很多矚目。

花茶（☎0123-29-2888，冰淇淋10:00～18:00，冬季～17:00，餐廳11:00～16:00、12月24日～2月21日休，此外不定休　地圖p.229-G）所供應的拿坡里披薩等大量使用自家蔬菜的菜色相當受好評。生菜和番茄等獨特又健康的冰淇淋也很有人氣。

住宿指南

休暇村支笏湖	☎0123-25-2201／地圖:p.63／10450日圓～(1泊2食) 建於湖畔高地的公共飯店。也有能不住宿泡湯的溫泉。共38間客房。
支笏湖鶴雅度假溫泉 水之謌	☎0123-25-2211／地圖:p.63／17050日圓～(1泊2食) 致力於援助健康和美容的度假飯店。共53間客房。
丸駒溫泉旅館	☎0123-25-2341／地圖:p.63／11000日圓～(1泊2食) 與湖泊相連的岩造露天浴池、瞭望露天浴池很有人氣。共55間客房。

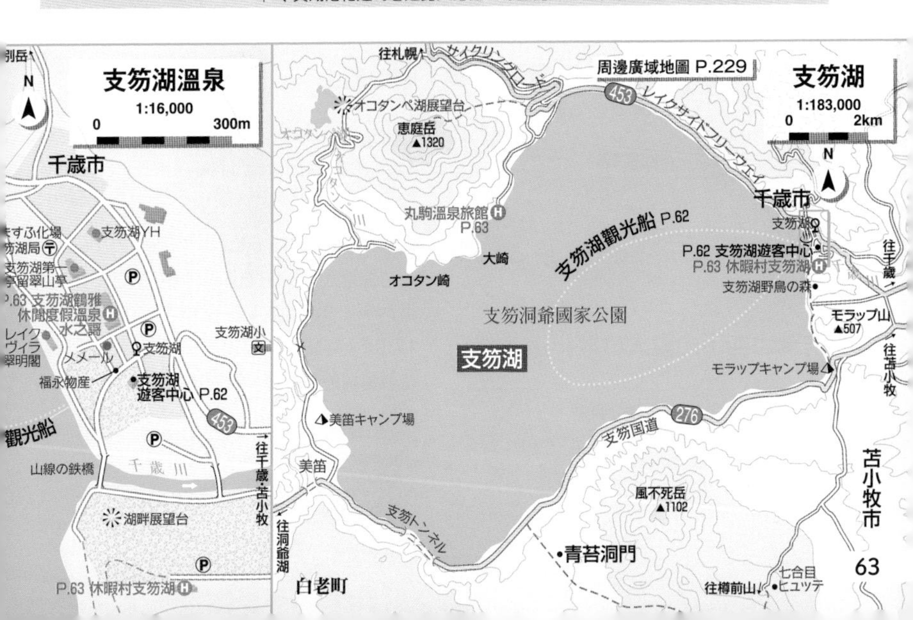

とうやこ 地圖 p.228-J

洞爺湖

周長約50公里的火口湖，南邊是活火山有珠山，湖畔有洞爺湖溫泉湧出。2000（平成12）年有珠山爆發而形成的火山口附近有散步道，是觀光景點之一。

區域的魅力度

漫步大自然
★★★★
溫泉
★★★

環遊大島的遊覽船
欣賞湖泊同時泡湯
從火山感受地球的鼓動

前往洞爺湖的方法

札幌站搭每1～2小時1班的JR特急「北斗」1小時47～56分，洞爺站下車，再搭往洞爺湖溫泉或東町太陽宮的道南巴士16～25分（340日圓）。或是札幌站前總站搭1天4班、往東町太陽宮或豐浦潮騷前的道南巴士2小時40分（2830日圓），洞爺湖溫泉下車。

觀光詢問處

洞爺湖溫泉觀光協會
☎0142-75-2446

洞爺湖遊覽船
とうやこゆうらんせん

地圖p.65
洞爺湖溫泉步行3分

可享受約50分鐘周遊行程的遊覽船。也很推薦中途在有野生蝦夷鹿棲息的中島下船，進行島內觀光（4月下旬～10月）。還可以欣賞島內的森林博物館（200日圓）中介紹周邊自然的立體透視模型。

☎0142-75-2137(洞爺湖汽船)
洞爺湖町洞爺湖溫泉29
8:30～16:30之間每30分1班（11月～4月上旬為9:00～16:00之間每1小時1班）
休 無休 ¥ 中島巡遊遊覽船1420日圓 P 100輛

有珠山西山山麓火口散步道
うすざんにしやまさんろくかこうさんさくろ

地圖p.65
洞爺湖溫泉搭往洞爺站前方向的巴士道南巴士3分，西山遊步道下車即到

將2000年3月發生的大規模火山爆發的痕跡完整保留的散步道。看到折斷的電線桿、沉入沼中的住家和車輛等，能感受到自然力量的龐大和可怕。現在依然能近距離欣賞噴煙的火山口群。

☎0142-75-4400（洞爺湖町觀光振興課）
洞爺湖町泉
7:00～18:00（10～11月～17:00）
休 11月11日～4月19日（可能變動）
¥ 免費 P 30輛

昭和新山
しょうわしんざん

地圖p.65
洞爺湖溫泉搭往昭和新山的巴士道南巴士（1天4班）15分，終點站下車即到

1943（昭和18）年起約2年的火山運動造成地盤隆起，於是便形成了昭和新山（右頁照片）。山麓的公園服務中心（8:30～17:00，可能視季節變動）有可以了解爆發當時情境的展示室，附近也有餐廳。

☎0142-75-2241(昭和新山公園服務中心)
壯瞥町昭和新山188-5
休 無休
P 370輛（500日圓，冬季為免費）

美食&購物

洞爺湖溫泉／洋食

望羊蹄
ぼうようてい

地圖p.65
♀洞爺湖溫泉👟5分

1946（昭和21）年創業。使用獨家祕方醬汁製成的漢堡肉排（1650日圓～）是該店的人氣菜色。

☎0142-75-2311
📍洞爺湖町洞爺湖溫泉36-12
🕒11:00～15:00、17:30～20:30 售完打烊
休 不定休
¥ 午餐2000日圓～ 晚餐2000日圓～
P 20輛

洞爺湖溫泉／日西甜點

わかさいも本舗 洞爺湖本店
わかさいもほんぽ とうやこほんてん

地圖p.65
♀洞爺湖溫泉👟5分

販售以大福豆突顯地瓜風味的名點「若狹芋」（6個入778日圓～）。

☎0142-75-4111
📍洞爺湖町洞爺湖溫泉144
🕒9:00～17:00 （可能視季節變動）
休 無休 P 100輛

TEKU TEKU COLUMN

洞爺湖溫泉 長期煙火大會

每年4月下旬至10月31日每晚舉辦的洞爺湖著名活動。還可以欣賞20時45分起長達20分鐘，450發在湖面上呈扇形綻放的水中煙火。

住宿指南

ゆとりろ洞爺湖	☎0570-086-115／地圖:p.65／11990日圓～(1泊2食) 💬扁柏與大理石的室內浴池、岩石露天浴池頗受歡迎的和風旅館。共58間客房。
洞爺湖萬世閣酒店 LAKESIDE TERRACE	☎0570-08-3500／地圖:p.65／11000日圓～(1泊2食) 💬洞爺湖長期煙火施放近在眼前的度假飯店。共246間客房。
湖景 TOYA 乃之風度假酒店	☎0570-026571／地圖:p.65／16500日圓～(1泊2食) 💬由舒適的SPA度假館與高級的乃之風俱樂部構成。共166間客房。

冒著煙的昭和新山

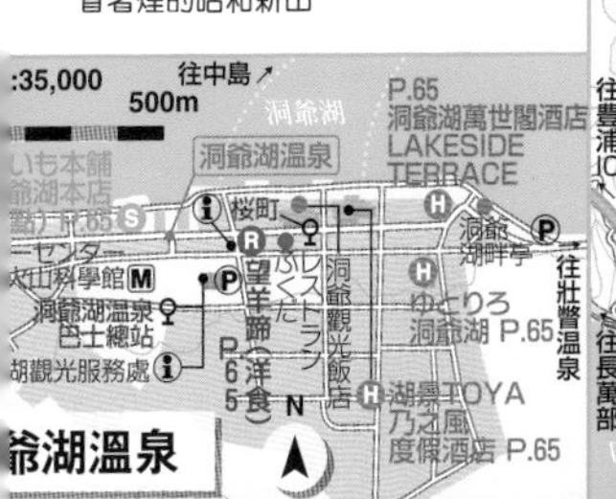

のぼりべつ　地圖 p.229-K

登別

以豐富溫泉量著稱的登別溫泉，是北海道內數一數二的溫泉鄉，有來自日本各地的觀光客到訪。共有硫磺、芒硝、單純泉等11種不同泉質。溫泉街周邊也有大型的主題樂園。

區域的魅力度

優質溫泉
★★★★★
漫步大自然
★★★

溫泉量豐富的溫泉
特色主題樂園

觀光詢問處

登別國際觀光會議協會
0143-84-3311

前往登別的方法

札幌站搭約每小時1班的JR特急「北斗」1小時7～15分，登別站下車，再搭往登別溫泉、足湯入口等的道南巴士12～14分（350日圓），登別溫泉下車。或是札幌站前總站搭道南巴士「高速溫泉號」1小時40分（2200日圓），登別溫泉下車。

觀賞　遊逛

地獄谷、大湯沼
じごくだに・おおゆぬま

地圖p.67-A
登別溫泉 10分

直徑長達450公尺的磨缽狀窪地裡冒著白煙，每分鐘湧出3000公升溫泉的地獄谷，是約1萬年前日和山火山活動造成的噴火口遺跡，從觀光步道可以近距離看到間歇泉和滾燙的河水。

從地獄谷走大湯沼觀光步道12分左右，有被原始林環繞的大湯沼。周長約1公里，有滾燙的溫泉湧出並瀰漫著硫磺的味道。

地獄谷
登別市登別溫泉町　160輛(500日圓)
大湯沼
登別市登別溫泉町
20輛（500日圓，冬季關閉）

登別熊牧場
のぼりべつくまぼくじょう

地圖p.67-A
登別溫泉 5分 空中纜車山麓站搭 7分

從停車場搭乘纜車上去，海拔550公尺的四方嶺山頂上，放牧著約70頭棕熊。另有「棕熊博物館」，可以從標本等資料了解熊的生態。

0143-84-2225
登別市登別溫泉町224
9:30～16:30（7～8月～17:00），最後入園為各40分前
休 3～4月有20天左右維護休業
¥ 2650日圓（含空中纜車費用）
150輛（500日圓）

登別伊達時代村
のぼりべつだてじだいむら

地圖p.67-A
JR登別站搭往登別溫泉方向的🚌道南巴士7分，♀登別時代村下車即到

重現江戶時代武士住宅和長屋街景的主題樂園。大江戶劇場有適合闔家觀賞的時代劇喜劇、忍者區可以欣賞到震撼的忍者武術秀，還有舉辦吉原花魁秀的日本傳統文化劇場等，有許多值得一看的地方。

☎0143-83-3311　📍登別市中登別町53-1
🕘9:00～17:00(11～3月～16:00)
休 無休(3月有4天維護休業)
¥ 通行手形(村內FREE PASS) 2900日圓
P 1000輛(500日圓)

登別尼克斯海洋公園
のぼりべつまりんぱーくにくす

地圖p.67-A
JR登別站👟5分

以音樂和光影表現幻想氛圍的水族館。重現丹麥古城的外觀為其特徵，可以在寒、暖流兩個隧道水槽如海底散步般觀賞魚類。有1萬隻沙丁魚群游的銀河水槽也很受歡迎。

☎0143-83-3800
📍登別市登別東町1-22
🕘9:00～17:00
休 無休(4/6～10有5天維護休館)
¥ 2500日圓　P 750輛(500日圓)

住宿指南

登別溫泉飯店 Mahoroba	☎0143-84-2211／地圖：p.67-B／15600日圓～（1泊2食，自助式餐飲時） 💬男女共31種的多樣化浴池相當受歡迎。共391間客房。
第一滝本館	📞0120-940-489／地圖：p.67-B／12100日圓～(1泊2食) 💬創業140年的老字號旅館。以1500坪的「溫泉天國大浴場」為傲。共395間客房。
湯元Orofure莊	☎0143-84-2861／地圖：p.67-A／10800日圓～(1泊2食) 💬位於卡露露斯溫泉的旅館。有11種功效豐富的溫泉。共12間客房。

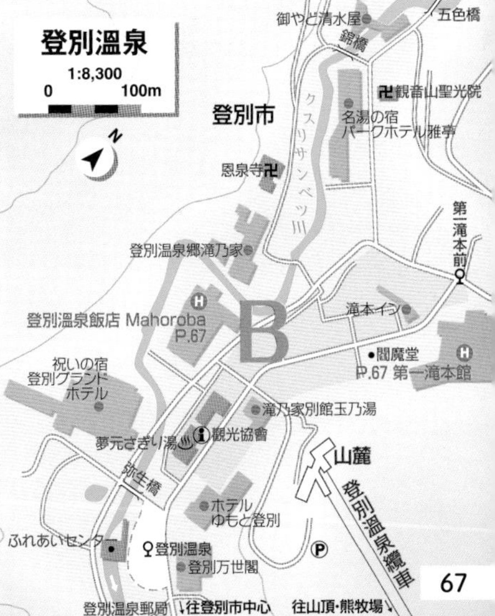

ゆうばり　　地圖 p.229-H

夕張

擁有近百年煤礦開採歷史的城市，同時也是知名的哈密瓜產地。現在還能看到許多與電影相關的設施。觀光諮詢請洽夕張市地區振興課地區振興科(☎0123-52-3128)。

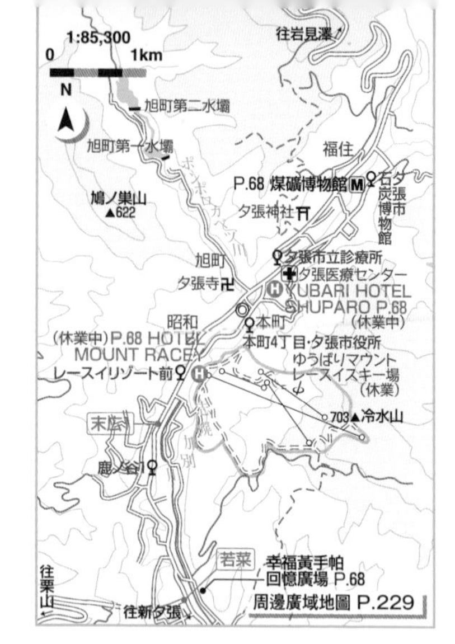

前往夕張的方法

札幌站搭約每小時1班的JR特急「十勝」約1小時10分，在新夕張轉乘夕張巴士47分至終點站夕張市煤礦博物館（共4400日圓）。或是札幌站前總站搭「高速夕張號」1小時40分（1950日圓）至RACEY度假村，1天有3班行駛。

觀賞　遊逛

夕張的名字來自愛奴語「YUPARO」（礦泉出現之處）。從明治初期以煤礦城市繁榮興盛，後來因主要能源由煤礦轉為石油，在1990年停止了煤礦的開採。

展示夕張煤礦開採時實際使用的機械及資料的**煤礦博物館**（照片左下，開館時間為4月下旬～9月10:00～17:00，10月～11月上旬～16:00，可能變動。週二休，但是黃金週、7～8月為無休。720日圓。☎0123-52-5500）是日本國內規模最大的煤礦產業博物館。可以學習煤炭及煤礦的歷史與技術，參觀採礦機械「削岩採炭車」的實際運作等。

此外，還能參觀電影《幸福的黃手帕》部分場景的**幸福黃手帕回憶廣場**（4月下旬～11月上旬開館，9:00～17:00<7～8月～17:30，9月下旬～11月上旬～16:00>540日圓）也很受歡迎。

住宿指南

HOTEL MOUNT RACEY (休業中)	☎0123-52-3456(夕張度假村預約中心)／地圖:p.68／1泊2食10450日圓～ 💬寬敞沉靜的客房、有露天浴池的天然溫泉廣受好評。共118間客房。
YUBARI HOTEL SHUPARO (休業中)	☎0123-52-3456／地圖:p.68／Ⓢ5050日圓～Ⓣ9000日圓～ 💬餐廳裡有多種活用北海道當令美味的菜色。共153間客房。

とまむ　地圖 p.226-B

TOMAMU

將北海道劃分為東西的日高山脈群山之一、海拔1239公尺的TOMAMU山麓，有代表北海道的大型度假村「星野TOMAMU度假村」。一年當中有各式各樣的活動，能充分感受有著豐富大自然的北海道魅力。

前往TOMAMU的方法

札幌搭JR特急「大空」或「十勝」最快1小時33分，TOMAMU站下車。車站有前往「星野TOMAMU度假村」的免費接駁巴士在行駛。

觀賞 遊逛

星野TOMAMU度假村以地標「THE TOWER」為中心，有各種戶外活動、室內人造海浪游泳池、北海道特色景觀在眼前展開的農場區域、豐富多元的餐廳等，是長期滯留型的度假飯店。夏季可以騎馬和泛舟，冬季則有雪屐探險和夜間森林雪鞋野餐等，全年有各式各樣的活動，無論造訪幾次都能盡情享樂。

↑在豐富大自然中的長期滯留型度假村

↑從2019年開張的Cloud Bar眺望雲海

↑室內人造海浪遊泳池「微笑海灘」

夏季最讓人期待的行程，是早晨從建於TOMAMU山頁多拉山頂的雲海露台（5月中旬～10月中旬）欣賞雲海。搭乘纜車（1900日圓）約13分上山，即可親身感受壯闊的自然美景。

住宿設施方面有兩種：備有休閒風格雙床房及家庭式客房的「THE TOWER」，以及全客房廣達100平方公尺以上、具備三溫暖及瞭望按摩浴缸的「RISONARE TOMAMU」。

↓有家庭式客房和可攜帶寵物的客房等，選擇多元

星野TOMAMU度假村

0167-58-1122（預約）　占冠村トマム　地圖p.226-B　休 視設施而異　¥ 標準雙床房1泊附早餐20000日圓～（THE TOWER）　P 1500輛

ひだか・えりもみさき　地圖p.226-F、J、K

日高・襟裳岬

日高是日本屈指可數的純種馬產地，從車窗便可以看到牧場上飼養著許多賽馬。最南端的襟裳岬是高60公尺的斷崖，礁岩自海岸綿延7公里，可說是相當稀有的景象。同時襟裳岬也是以強風聞名的地方。觀光諮詢請洽日高振興局商工勞動觀光課（♪0146-22-9283）。

前往日高・襟裳岬的方法

由於大浪來襲造成JR日高本線部分軌道崩落，鵡川站至樣似站之間改以巴士替代行駛，苫小牧站到靜內站最快2小時24分，到樣似站4小時21分，相當不便。建議從札幌搭乘巴士前往。札幌站前總站搭道南巴士「高速天馬號」2小時40分（2700日圓），在靜內站前下車。

賽馬的故鄉日高服務處

きょうそうばのふるさとひだかあんないじょ

地圖p.226-J
JR靜內站🚗10分

可以知道退休的賽馬目前位於哪一個牧場，也能得知各家牧場是否能參觀、開放參觀的時間等資訊。還可以閱覽賽馬書籍、雜誌、影片等。參觀牧場前別忘了到這裡走走再出發。

♪0146-43-2121
📍新ひだか町静内神森175-2
🕒9:00～17:00
休 不定休（需洽詢）
P 50輛

襟裳岬

えりもみさき

地圖p.227-K
JR苫小牧站搭7:54發車的日高本線再轉乘替代巴士，12:15抵達樣似站。樣似站搭往襟裳岬、廣尾的🚌JR巴士50～55分，襟裳岬下車即到

海岬的前端是高達60公尺的斷崖，大小礁岩綿延在前。強風日多的襟裳岬有座以風為主題的襟裳岬「風之館」，裡面有瞭望台、可以體驗25公尺風速的設施。

襟裳岬「風之館」
♪01466-3-1133　📍えりも町字東洋366-3
🕒9:00～18:00（9～11月、3～4月～17:00），最後入館為各30分前
休 無休（12～2月為休館，但是1月1日為5:00～8:00開館）
¥ 300日圓　P 200輛

住宿指南

新冠温泉レ・コードの湯 ホテルヒルズ	♪0146-47-2100／地圖：p.226-F／Ⓢ4105日圓～Ⓣ8630日圓～（附早餐） 💬附能眺望太平洋露天浴池的不住宿溫泉設施內的飯店。共47間客房。
浦河優駿VILLAGE AERU	♪0146-28-2111／地圖：p.227-K／Ⓣ6820日圓～（附早餐） 💬有騎馬等各種與馬親近的體驗項目。共49間客房。
旅館望洋荘	♪01466-3-1146／地圖：p.227-K／9350日圓～（1泊2食）。可能不定休 💬搭漁船觀察海豹的行程很熱門（4月下旬～11月，一般3500日圓）。共15間客房。

函館

漫步港口小鎮

函館

區域的魅力度

港都漫遊
★★★★★
享用海鮮
★★★★★
觀賞夜景
★★★★★

洋房和日西合璧的古老建築
從美麗的函館山欣賞夜景
復古建築的餐廳
清晨捕獲的新鮮花枝
最適合尋找伴手禮的早市

從石板坡道上的洋房和教會 感受特有文化和歷史的港都

在江戶末期的1859（安政6）年，和橫濱、長崎同為日本第一批作為國際貿易港口而開港的函館，積極地吸收歐美文化並以元町為中心急速地發展起來。現在街道上仍可以看見當時的風貌，逛逛日西合璧的商家和洋房感覺也很不錯。著名的函館早市以及函館山的夜景也不容錯過。

前往函館的方法

●從東京、大阪方向前來

前往函館機場請參考右頁圖。抵達新千歲機場時，利用電車較為方便，出南千歲站後搭乘JR特急「北斗」。

●從函館機場前往市內

有配合航班抵達時間行駛的接駁巴士。路經湯之川溫泉、函館站前、函館國際飯店前（地圖p.77-G），終點站是WBF格蘭飯店前（地圖p.76-J）。此外，若搭乘計程車，到函館站前約20分，車資以普通車為例大概3000日圓。

●從新函館北斗站前往市內

若利用北海道新幹線，新函館北斗站到函館站搭函館線的函館Liner約15～20分。新函館北斗站的轉乘所需時間為10分左右。

觀光詢問處

函館市觀光服務處（函館站）
☎0138-23-5440

預約・詢問處

JR北海道
☎0138-23-3085（函館站）
☎0138-83-5057（新函館北斗站）
☎011-222-7111（JR北海道電話服務中心）

高速函館號
北海道中央巴士（預約中心）
☎0570-200-0600
北都交通（函館站前總站）
☎0138-22-3265

機場接駁巴士
函館帝產巴士
☎0138-55-1111

JR函館站

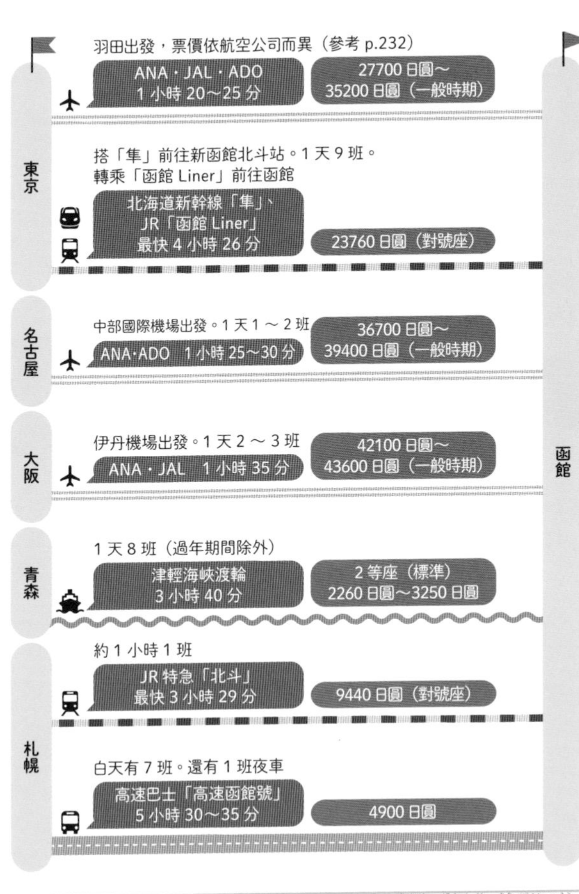

距離車站 1 分的丼飯美食街

位於早市的函館站附近的「丼飯橫丁市場」內，有15間海鮮料理的店家。除了各式各樣的海鮮丼，還有各種海鮮的定食，以及供應名產花枝料理的店家。可前往一花亭たびじ、茶夢等店。

在車站大樓購買最後的伴手禮

在函館車站內1樓的「四季彩館綜合土產」，除了函館產品之外，還可以買到北海道的主要伴手禮。專賣店區域有各種函館人氣甜點，Snaffle's、Gâteau Roulé、KING SWEETS等名店集中於此。尋覓經典不敗的伴手禮很方便。

HINT

掌握區域的重點

Ⓐ外國人墓地

位於能俯瞰函館港的高地，距離市中心較遠，屬於寧靜的區域。周邊也有高龍寺和舊俄羅斯領事館等，呈現出和元町不同的沉穩風情。

Ⓑ元町

沿著俯瞰港口的坡道，教會和佛教寺院、現代洋房和日西合璧的建築物等相當密集。一邊欣賞洋房和教會一邊散步也很不錯。夜晚有許多建築物會打上燈光。

Ⓒ港區

以紅磚的倉庫群為中心，聚集了許多利用古老建築物改建而成的設施。BAY函館、函館明治館、金森紅磚倉庫等，許多大規模的餐飲商業設施也都聚集在此。

Ⓓ函館站、早市

函館早市就在車站旁。從最熱鬧的早晨開始，最晚也要在中午前造訪。紀念船摩周丸周邊有面向港口的散步道，適合散步。

Ⓔ函館山

函館觀光的重頭戲，前往山頂可由站前搭乘登山巴士，或經由市電的十字街電車站從山麓站搭乘纜車。夜景最美麗的時間不是剛日落時，而是其20～30分後，當街道上的燈光陸續點亮時更加迷人。搭乘纜車的話，山谷側更能夠欣賞街道的景色。日落的時間可以參考右頁的備註表。

抵達後的第一步

●取得觀光資訊
首先前往觀光服務處。除了觀光地圖，也能得到函館山纜車等各種折價券。

●購買火車便當
從幕之內便當到各種火車便當，通常有10種左右可選。6:00～20:00。

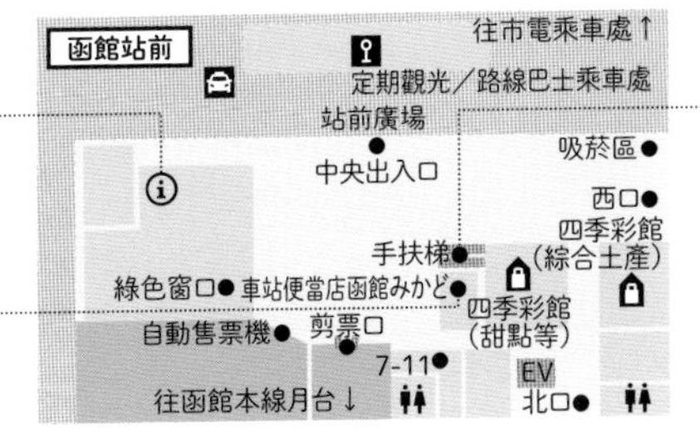

函館觀光的玄關口，JR函館站。路面電車以及開往函館山的登山巴士都由站前發車。

●前往餐廳用餐
2樓有函館拉麵店函館麵廚房味彩、在地美食餐廳食之寶庫北海道、SALLY'S COFFEE等。

●寄放行李
寄物櫃在2樓內部，SALLY'S COFFEE旁。數量約400個，其中特大52個。400～700日圓。

HINT

遊覽順序的小提示

多數景點集中在港區和元町。皆為從函館站搭乘市電或巴士5～10分，步行也只要20分左右即可到達的距離，交通上非常方便。以這附近為中心，搭配車站周邊及五稜郭、函館山來擬定行程是最好的。不過，若是加上參觀時間、購物時間等，在港區和元町會花上比想像更長的時間，最好是能夠安排一整天的時間。

●函館市電

函館漫遊的主要交通工具。以函館站前為起點，有前往外國人墓地所在地的函館船塢前方向、距離立待岬最近的谷地頭方向、以及經五稜郭往湯之川方向這3條路線。車資基本費用210日圓，最貴260日圓。採用上車時取整理券（號碼牌），下車時付費的方式。

市電、函館巴士通用1日、2日乘車券…可以無限搭乘市電、部分函館巴士的卡片式乘車券。費用為大人用1日券1000日圓、2日券1700日圓。除此之外，也有市電專用的1日乘車券600日圓。

箱館HAIKARA號…每年4月15日～10月31日登場。將昭和至平成年間使用的除雪車車輛化身為客車，重現在大街上行駛的昔日樣貌。上述期間的週六日、假日、4月15日、盂蘭盆節、10月31日每天來回3～4班，但遇雨等天候不佳時停駛。

●定期觀光巴士

以觀光季節的4月下旬～10月下旬為中心，設有各式各樣的路線。在時間不夠用，或是也想參觀特拉普派修女修道院時相當方便。也有函館山登山專屬的迷你路線，詳情請洽詢（參照p.237）。

●觀光計程車

以中型車為例3小時大概12780日圓～，各公司都有標準行程。視季節和行程內容車資大不相同，必須事先確認。

日落時間參考

1月	16:20
2月	16:50
3月	17:25
4月	18:00
5月	18:30
6月	19:05
7月	19:15
8月	18:55
9月	18:10
10月	17:20
11月	16:30
12月	16:05

※時間以每月1日前後為參考。

交通詢問處

北都交通(定期觀光巴士)
☎0138-57-4000
計程車
函館計程車
☎0138-51-0168
函館交通
☎0138-51-6700
函館個人計程車工會
☎0138-54-6414
巴士·市電
函館巴士(函館營業所)
☎0138-51-3135
函館市電(交通部事業課)
☎0138-52-1273

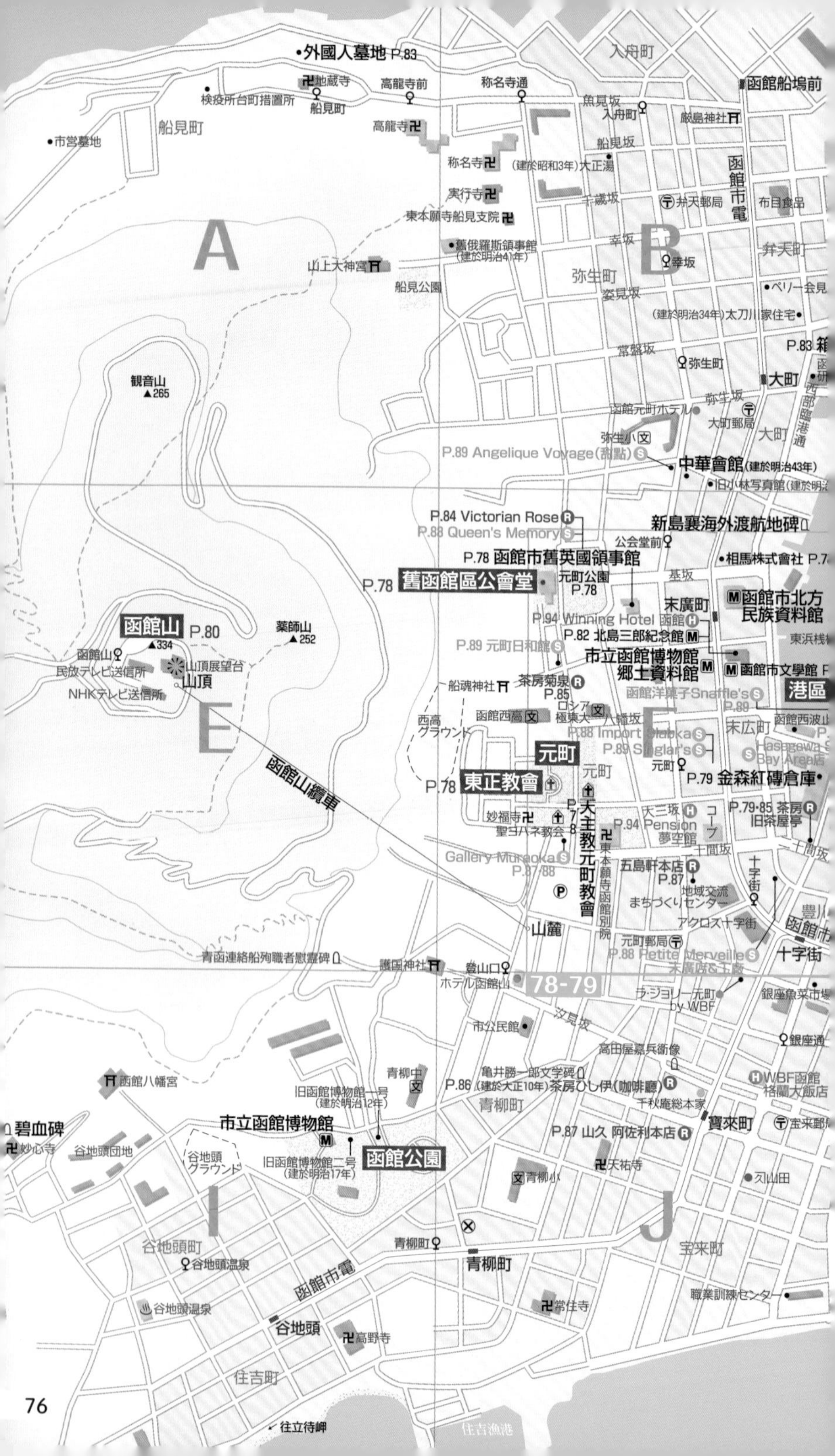
外國人墓地 P.83
地蔵寺
高龍寺前
称名寺通
入舟町
函館船塢前
検疫所台町措置所
船見町
魚見坂
入舟町
嚴島神社
船見町
高龍寺
市営墓地
船見坂
称名寺
(建於昭和3年)大正湯
函館市電
実行寺
千歳坂
弁天郵局
布目食品
東本願寺船見支院
A
舊俄羅斯領事館
(建於明治41年)
幸坂
B
弁天町
山上大神宮
幸坂
弥生町
船見公園
ペリー会見
姿見坂
(建於明治34年)太刀川家住宅
常盤坂
P.83
弥生町
大町
西部臨港通
観音山
▲265
弥生坂
函館元町ホテル
大町郵局
弥生小
大町
P.89 Angelique Voyage(甜點)
中華會館(建於明治43年)
旧小林写真館
P.84 Victorian Rose
新島襄海外渡航地碑
P.88 Queen's Memory
公会堂前
P.78 函館市舊英國領事館
相馬株式會社
P.78 舊函館區公會堂
元町公園
P.78
基坂
末廣町
函館市北方民族資料館
P.94 Winning Hotel 函館
東浜桟橋
函館山
P.80
薬師山
▲252
P.82 北島三郎紀念館
▲334
函館山
P.89 元町日和館
市立函館博物館鄉土資料館
山頂展望台
函館市文學館
民放テレビ送信所
山頂
船魂神社
茶房菊泉
港區
NHKテレビ送信所
P.85
函館洋菓子Snaffle's
P.89
E
ロシア極東大
函館西高
八幡坂
F
函館西波止場
西高グラウンド
末広町
P.88 Import Otaka
P.89 Singlar's
Hasegawa Bay Area店
元町
元町
元町
函館山纜車
P.78
東正教會
P.79 金森紅磚倉庫
P.78
大三坂
P.79·85 茶房旧茶屋亭
妙福寺
天主教元町教會
P.94 Pension 夢空館
コープ
聖ヨハネ教会
東本願寺函館別院
Gallery Muraoka
十間坂
P.87·88
五島軒本店
十間坂
P.87
十字街
地域交流まちづくりセンター
山麓
アクロス十字街
豊川
函館市
元町郵局
P.88 Petite Merveille
十字街
末廣店&工廠
青函連絡船殉職者慰霊碑
護国神社
登山口
ホテル函館山
78-79
ラ·ジョリー元町 by WBF
銀座魚菜市場
市公民館
汐見坂
銀座通
高田屋嘉兵衛像
青柳中
亀井勝一郎文学碑
WBF函館格蘭大飯店
函館八幡宮
P.86 (建於大正10年)茶房ひし伊(咖啡廳)
旧函館博物館一号
(建於明治12年)
青柳町
千秋庵総本家
碧血碑
市立函館博物館
寶來町
宝来郵局
妙心寺
谷地頭団地
P.87 山久 阿佐利本店
谷地頭グラウンド
旧函館博物館二号
(建於明治17年)
函館公園
天祐寺
青柳小
入舟町
I
J
谷地頭町
青柳町
宝来町
谷地頭温泉
青柳町
函館市電
職業訓練センター
谷地頭温泉
常住寺
谷地頭
高野寺
住吉町
立待岬
住吉漁港

函館
1:12,300
0
200m
周邊廣域地圖 P.73
步行4分
函館灣觀光遊覽船藍月號
函館港
函館灣岸大橋
函館本線
P.82 函館市青函連絡船紀念館摩周丸
函館早市
P.82
函館
函館站前
站前觀光服務處
大手町
若松町
松風町
新川町
東雲町
旭町
栄町
大森町
千歳町
大森浜
津輕海峽
P.86 きくよ食堂朝市本店(和食)
P.86 うにむらかみ函館本店
P.94 東橫INN函館駅前朝市
P.73 函館丼飯橫丁市場
函館國際飯店 P.94
はこだてビール(在地啤酒) P.86
明治館
La Vista 函館灣 P.94
函館福朋喜來登酒店 P.94
紅茶專賣店 HARVEST P.85
はこだて鮨金総本店(壽司) P.86
P.86 市場亭(和食)
自由市場
P.86 エビス軒(拉麵)
P.94 函館皇家飯店
HOTEL PACO 函館別亭 P.94
函館市役所
市役所前
魚市場通
往五稜郭↗往萬代町↗
往湯川溫泉・函館機場↘

隨興遊逛

函館元町

はこだてもとまち

由紅磚倉庫綿延的港區出發，前往風情建築物林立的元町周邊。在坡道上來回移動會比較辛苦，建議盡量走不需要上下坡的路線。

07 參觀 30 分

元町公園

位於能俯瞰港口的高地。諸如舊北海道廳函館支廳廳舍和舊開拓使函館支廳書籍庫等，保有深具明治時代風情的建築物。

06 參觀 10 分

相馬株式會社

そうまかぶしきがいしゃ

1916（大正5）年由函館富商相馬所興建的日西合璧建築物。2樓的窗戶頗具特色，被稱為帕拉第奧式建築。

09 參觀 30 分

大推薦！

舊函館區公會堂

建於1910（明治43）年的殖民地風格木造洋風建築。貴賓室和大客廳、豪華水晶吊燈等，皆保留了當時的華麗氛圍。

✆ 0138-22-1001
⏲ 9:00～19:00
（11～3月～17:00）
休 過年期間、安檢日休館
¥ 300日圓

08 參觀 20 分

函館市舊英國領事館

曾為領事館的西洋風建築物，現在作為介紹函館開港歷史的紀念館開放參觀。

✆ 0138-27-8159
⏲ 9:00～19:00
（11～3月～17:00）
休 無休
¥ 300日圓

11 參觀 20 分

東正教會

日本最古老的正教會，也是元町的地標性建築物。白色漆牆和鋪有綠色銅瓦屋頂的尖塔、拱門狀玻璃窗是其特徵。

✆ 0138-23-7387
⏲ 10:00～17:00（週六～16:00，週日為13:00～16:00）
休 12/26～3/26祈禱以外無法參觀聖堂、教會活動時
¥ 奉獻金200日圓

10 參觀 20 分

天主教元町教會

哥德式建築的羅馬天主教會。祭壇為教宗本篤15世所贈。

✆ 0138-22-6877
⏲ 10:00～16:00／休 週日上午、12/30～1/5、教會活動時／¥ 自由奉獻

05 中式雞肉漢堡 385 日圓（內用）

幸運小丑漢堡 海灣本店

0138-26-2099
10:00～23:00
休 無休

因雞肉、干貝、蒙古烤肉等獨創漢堡而備受喜愛的餐廳。所有漢堡皆手工現做，能享用熱騰騰餐點也是本店的魅力。

前往這裡的方法

函館站前搭往函館船塢前或谷地頭的函館市電6分

04 葛切套餐 1230 日圓～

茶房 旧茶屋亭

さぼう きゅうちゃやてい

0138-22-4418
11:30～17:00
（7～9月為11:00～）
休 不定休

可以在建於明治末期的歷史性建築咖啡廳享受片刻優雅。大正浪漫情調的裝潢很吸引人。抹茶等日本茶與葛切的套餐，最適合在街區漫步途中想歇息時品嘗。

03 參觀 1 小時

金森紅磚倉庫

將建於明治末期的倉庫群整建為商店、餐廳雲集的商業設施。附設啤酒館的函館歷史廣場、金森洋物館、餐廳及咖啡廳林立的BAY函館堪稱港灣區的地標。

0138-27-5530
9:30～19:00（視季節及店鋪而異）
休 無休

02 參觀 30 分

函館明治館

將明治末期作為郵局的紅磚建築物加以改建，除了伴手禮商店，還有網羅世界各地珍貴音樂盒的函館音樂盒明治館。

0138-27-7070
（音樂盒明治館）
9:30～18:00
（可能視季節變動）
休 無休

01 參觀 30 分

箱館高田屋嘉兵衛資料館

はこだてたかだやかへえしりょうかん

介紹江戶時代末期，靠著船運和北方漁業累積財富的高田屋嘉兵衛足跡的資料館。展示古老文件和船的模型、生活用具等資料。

0138-27-5226
9:00～17:00
休 週四（逢假日則翌日休，冬季可能休館）
¥ 300日圓

沉醉在浪漫的夜景

從函館山眺望美景

和義大利拿坡里、香港並列為世界三大夜景的函館山夜景，是絕對不容錯過的感動景點。就來搭乘纜車或巴士，往山頂前進吧。

從黃昏到夜晚的變化也很美麗

突出於津輕海峽、聳立在函館市區西南方的函館山，因為形狀像睡著的牛，別名又稱為「臥牛山」。從這裡眺望的函館市區夜景相當美麗，左右延伸的海岸線外側的暗沉大海，與如同鑲嵌寶石般閃耀的街道形成對比，令人印象深刻。從海拔334公尺、不算高也不算低的山頂眺望，也是夜景看起來更美麗的主要原因。

晴天時建議眺望夜景的時間在日落時分前。從傍晚天色漸黑，觀看夕陽至黑夜之間的變化，更能感受到街道燈火的美麗。

此外，白天的全景也很棒。山頂上也有餐廳和伴手禮商店，趁白天時前往也很不錯。

函館山山頂展望台
0138-27-3130
15:00～20:30
休 無休　地圖p.76-E

從函館站到山頂，要搭乘哪種交通工具呢？！

纜車

由函館站前搭乘市電，在十字街電車站下車，步行（約10分）至山麓站，搭乘纜車一口氣前往山頂。隨著纜車上升視野也變得開闊，令人興致高昂。只要3分即可到達山頂。

纜車	登山巴士
所需時間	
約30分	約30分
轉乘次數	
1次(需步行)	0次
每日班次	
約50～70班	6～23班
費用	
780日圓	400日圓

登山巴士

從函館站前不需轉乘即可到達山頂。同行的車掌會進行函館山的解說，並介紹登山步道的景點，令人開心。費用400日圓相當合理。去程時坐在右側的座位更能享受到美景。

0138-23-3105(函館山纜車綜合服務)
14:30～21:00之間，約每15分1班
休 秋季安檢日停駛　¥ 單程1000日圓，來回1500日圓　P 無　地圖p.76-E

0138-51-3137（函館巴士）　18:00～21:00（4月下旬～11月中旬的行駛時間。可能變動。班數視期間而異）　休 僅週六日、假日行駛（黃金週、暑假為無休）　¥ 400日圓

↑左右海面的漆黑與耀眼街燈之間的對比，讓夜景更顯美麗。主要道路的街燈、住家和大樓的燈光顏色各異其趣、移動的車尾燈等，仔細觀賞細節部分也相當有趣。

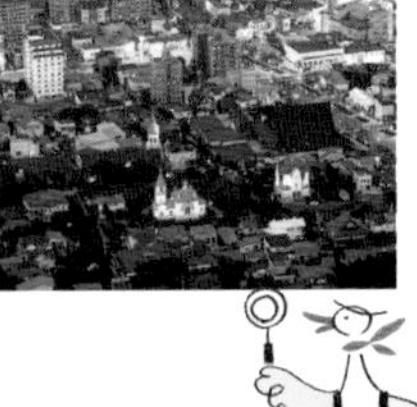

←整體逐漸變暗，接著街道的燈光開始閃爍，想要親眼見證這種變化。元町的教會群也能清楚看見。

←天氣好的白天時，全景非常壯觀，就連津輕海峽對岸的下北半島都一望無際。

觀賞

函館早市
はこだてあさいち

地圖p.77-H
JR函館站徒步1分

戰後立即開始營運的早市。除了螃蟹、花枝等海產，還有蔬菜和乾貨、衣服、生活雜貨等共約250家店。此外也有很多能品嘗新鮮海鮮的餐廳。

0120-858-313(函館早市工會聯合會)
函館市若松町9-19
5:00左右～14:00左右(11～4月為6:00左右～)
休 公休日、營業時間視店鋪而異
P 44輛（20分100日圓），此外有合作停車場

函館市青函連絡船紀念館摩周丸
はこだてしせいかんれんらくせんきねんかんましゅうまる

地圖p.77-G
JR函館站徒步4分

將過去活躍一時的青函連絡船「摩周丸」加以利用改建的資料館。內部陳列著能了解青函連絡船80年來歷史的資料。

0138-27-2500
函館市若松町12番地先
8:30～18:00（11～3月為9:00～17:00，過年期間為10:00～15:00)
休 無休 ¥ 500日圓 P 附近有

函館市北方民族資料館
はこだてしほっぽうみんぞくしりょうかん

地圖p.76-F、79
函館站前搭往函館船塢前的市電8分，末廣町電車站徒步1分

介紹愛奴民族等北方民族的傳統文化等。展示圖案細緻的民族服飾、生活用品等，可以了解北方民族的生活與文化。

0138-22-4128
函館市末広町21-7
9:00～19:00(11～3月～17:00)
休 不定休 ¥ 300日圓 P 附近有

北島三郎紀念館
きたじまさぶろうきねんかん

地圖p.76-F、79
市電末廣町電車站徒步1分

記錄與函館有深厚淵源的歌手北島三郎生平事蹟的紀念館。在體驗了登上連絡船出發前往東京的情境之後，還可以欣賞美術館和劇院表演。

0138-26-3600 函館市末広町22-11 Winning Hotel 1F 9:00～18:00(11～3月～17:30)
休 暫時休館中 ¥ 1540日圓 P 40輛

函館市文學館
はこだてしぶんがくかん

地圖p.76-F、79
市電末廣町電車站👟1分

將1921（大正10）年完工的舊第一銀行函館分行加以利用的資料館。展示石川啄木、辻仁成等與函館有淵源作家的親筆原稿以及愛用品。

☎ 0138-22-9014
📍 函館市末広町22-5
🕘 9:00～19:00(11～3月～17:00)
休 不定休　¥ 300日圓　P 附近有

箱館丸
はこだてまる

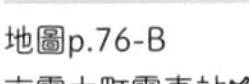

地圖p.76-B
市電大町電車站👟5分

箱館丸為1857（安政4）年第一艘從設計到製造均由日本人完成的西式帆船。現在的船則為1988（昭和63）年鉅細靡遺地將箱館丸忠實復原而成的船。聳立在陸地上的巨大船身讓人嘆為觀止。參觀僅限外觀。

☎ 0138-23-5440(函館市觀光服務處)
📍 函館市大町14-13　🕘 自由參觀　P 無

外國人墓地
がいこくじんぼち

地圖p.76-A
函館站前的🚏棒二森屋前搭往船見町的🚌函館巴士15分，🚏終點站下車👟3分

埋葬著在函館亡故的外國人墓地。靠海側是新教徒和紅磚圍繞的中國人墓地，靠山側則有天主教徒墓地、俄羅斯人墓地。

☎ 0138-23-5440(函館市觀光服務處)
📍 函館市船見町23　P 無

POINT
鴨隊長導覽／四周電燈較少，入夜後較黑，建議白天時前往。巴士站附近有大型觀光巴士通過，需小心留意。

立待岬
たちまちみさき

地圖p.73-A
函館站搭往谷地頭的🚋市電11分，🚏終點站下車👟15分

突出在函館山南端的岬角。站在前端能遙望津輕海峽對岸下北半島的壯闊景觀。

☎ 0138-23-5440(函館市觀光服務處)
📍 函館市末吉町　P 40輛

POINT
鴨隊長導覽／市營墓地附近到岬角一帶雖然都是上坡，不過隨著視野逐漸開闊而看到大海，心情會非常爽快。從電車站可以看到地面和土牆上林立的看板。

以歷史悠久的建築物和獨特菜單，呈現出珍貴咖啡時光

時尚又奢華的特色咖啡廳

瀰漫著異國風情的函館，隨處可見歷史悠久的建築物，也有許多在電影和連續劇中出現過的懷舊時尚咖啡廳。在散步的途中造訪，享受奢華的時光吧。

Victorian Rose
ヴィクトリアンローズ

附設於舊英國領事館的咖啡廳。可置身於從英國進口的復古家具之中。最受歡迎的是有三明治、小蛋糕、司康以及紅茶的下午茶套餐（照片為2人份）。

市電末廣町電車站👟5分
☎ 0138-27-8159
（函館市舊英國領事館）
📍 函館市元町33-14
地圖p.76-F、78
🕘9:00～19:00
（11～3月～17:00）
休 無休　P 無

→對外開放建於1913年的舊領事館
↓下午茶套餐1500日圓

茶房 菊泉
さぼう きくいずみ

將建於1921（大正10）年的酒商別邸加以利用。在充滿懷舊氛圍的店內享受純樸的風味。人氣餐點是擺有豆腐製三色白玉的豆腐白玉芭菲。大分量的芝麻冰淇淋盛滿了手工豆沙和冷凍水果。

豆沙和白玉都是店家自製，店內的和風氛圍也很有魅力

↑豆腐白玉芭菲720日圓
→有地爐、掛鐘等許多當時的生活用品

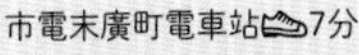

市電末廣町電車站🚶7分
☎0138-22-0306
📍函館市元町14-5
地圖p.76-F、78
🕒10:00～17:00
休 週四(逢假日則營業)
P 無

茶房 旧茶屋亭
さぼう きゅうちゃやてい

將建於明治末期、作為海產商店鋪兼住宅的日西合璧建築再利用。除了和風甜點之外，日本茶和咖啡也很受歡迎。

↑葛切套餐1230日圓

在瀰漫大正浪漫氛圍的空間享受和風甜點

市電十字街電車站
🚶2分
☎0138-22-4418
📍函館市末広町14-29
地圖p.76-F、79
🕒11：30～17：00(7～9月為11:00～)
休 不定休
P 4輛

↑義大利製家具和彩繪玻璃窗等，將日本、西方風格巧妙地融合

紅茶專賣店 HARVEST
紅茶専門店 ハーヴェスト

只使用松川老闆嚴選的茶葉，供應40種的紅茶。也相當推薦15種的美國鬆餅。

↑鬆餅套餐1100日圓～

和鬆餅絕配的嚴選紅茶有40種！

JR函館站🚶5分
☎0138-23-5605
📍函館市松風町7-7 松風ビル2F
地圖p.77-H
🕒10：30～20：30（週日、假日～20:00）
休 週二（逢假日則營業）
P 附近有

↑附設的茶店可買到來自世界各地的紅茶

美食&購物

函館站周邊／食堂

きくよ食堂朝市本店

きくよしょくどうあさいちほんてん

地圖p.77-H
JR函館站👟2分。函館早市內

可從海膽、鮭魚卵、扇貝、鮭魚、蝦子、螃蟹中挑選3種配料的三種御好丼（1958日圓～）相當受好評。

☎0138-22-3732
📍函館市若松町11-15
🕔5:00～14:00(冬季為6:00～13:30) 休1月1日 ¥定食1265日圓～ P消費超過2200日圓享有1小時免費

函館站周邊／壽司

はこだて 鮨金総本店

はこだて すしきんそうほんてん

地圖p.77-H
JR函館站👟4分

創業60多年的老店。使用近海的新鮮魚類，高品質又新鮮的食材廣受好評。

☎0138-22-4944
📍函館市松風町7-18
🕔11:30～15:00、17:00～23:00（週六日、假日為無中場休息），L.O.為30分前
休週一
¥午餐1430日圓～／晚餐1870日圓～ P6輛

函館站周邊／海鮮料理

市場亭

いちばてい

地圖p.77-L
JR函館站👟10分

店面位在自由市場內，點餐後老闆再從市場採買並且開始調理。包含海膽、鮭魚卵、花枝、蝦子、扇貝、螃蟹、鮪魚等7種的全部丼（4800日圓）相當受歡迎。

☎0138-22-1236
📍函館市新川町1-2
🕔7:00～17:00左右（食材用完打烊）
休週日、四
¥午餐1000日圓～ P40輛

函館站周邊／拉麵

エビス軒

えびすけん

地圖p.77-L
JR函館站👟8分

堅持以豬骨和雞骨熬出清爽湯頭的老字號拉麵店。奶油玉米拉麵（850日圓）是鹽味湯頭盛有風味豐富的特拉普修道院奶油。

☎0138-22-1262
📍函館市松風町3-10
🕔17:30～翌1:00(售完打烊)
休週日 ※暫時休業中
¥拉麵700日圓～
P無

港區／在地啤酒

はこだてビール

地圖p.77-G
JR函館站前搭往函館船塢前或谷地頭的🚃市電6分，魚市場前電車站下車👟2分

「五稜之星」（Weizen）、「明治館」（ALT）、「北之一步」（ALE）、「北之夜景」（Kölsch）這4種啤酒，是使用函館山的地下水釀製的特製啤酒。使用當地食材烹製的料理也備受好評。

☎0138-23-8000
📍函館市大手町5-22
🕔11:00～15:00、17:00～21:30(可能視季節變動)
休週三
¥午餐1000日圓～
晚餐2000日圓～
P10輛(免費)

元町周邊／咖啡廳

茶房ひし伊

さぼうひしい

地圖p.76-J
市電寶來町電車站👟2分

運用古老倉庫，別有意趣的咖啡廳。自製白玉、抹茶、奶油餡蜜（770日圓）等日西甜點頗受歡迎。

☎0138-27-3300
📍函館市宝来町9-4
🕔10:00～18:00(17:30L.O.)
休無休(可能臨時公休)
¥焙茶芭菲830日圓 P8輛

函館站周邊／和食

うにむらかみ函館本店

うにむらかみはこだてほんてん

地圖p.77-G
JR函館站👟3分

海膽加工公司直營的餐館。能夠品嘗保有海膽天然甘甜的無添加生海膽。除了「無添加生海膽丼」（5610日圓）之外，也有使用招牌海膽所做的單點料理、活魚料理等多種豐富菜單。

0138-26-8821
函館市大手町22-1
9:00～14:00(13:30L.O.)、17:00～20:30(20:00L.O.)、11～4月為白天9:00～
休 週三、過年期間
¥ 午餐2000日圓～ 晚餐3500日圓～
P 無

港區／便當

Hasegawa Store Bay Area店

ハセガワストア ベイエリア店

地圖p.76-F、79
市電十字街電車站5分

在當地被暱稱為「Hasesuto」，使用上等豬肉串燒製成的「串烤便當」（小490日圓～）很受歡迎。有醬燒、椒鹽、鹽醬、甜辣醬、味噌醬等口味可選擇，而且是現點現做，所以便當總是熱呼呼的。

0138-24-0024
函館市末広町23-5
7:00～22:00
休 無休
¥ 串烤便當(迷你)380日圓～
P 4輛

元町周邊／壽喜燒

山久 阿佐利本店

やまきゅう あさりほんてん

地圖p.76-J
市電寶來町電車站 1分

1901（明治34）年創業的壽喜燒與高級肉品老店。肉類只採用日本產的黑毛和牛，並以傳統的雞骨高湯和湯底帶出其甘甜。建築物是昭和9年時，將明治時代位於青森縣的別墅拆解、移建於此。大小8間包廂成為用餐的空間。

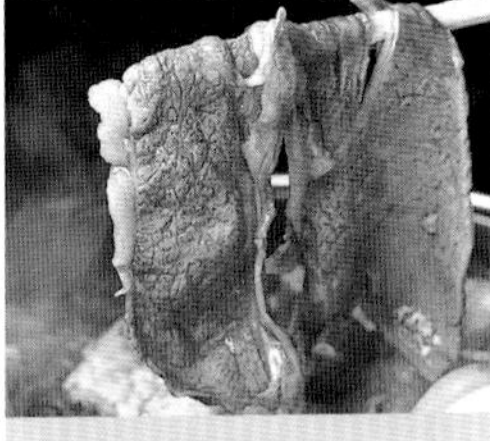

0138-23-0421
函館市宝来町10-11
11:00～21:30(最後入店20:30)；午餐僅平日供應。高級肉品10:00～17:00
休 週三
¥ 壽喜燒晚餐3000日圓～
P 10輛

元町周邊／餐廳

五島軒本店 レストラン雪河亭

ごとうけんほんてん れすとらんせっかてい

地圖p.76-F、79
市電十字街電車站5分

1879（明治12）年創業的老字號洋食店。能夠享用道地法國料理、俄羅斯料理等，有超過140年歷史的傳統美味。推薦該店的招牌一咖哩搭配洋食的套餐。

0138-23-1106
函館市末広町4-5
11:30～14:30L.O.、17:00～20:00L.O.
休 1月1～2日、1～4月中旬的週二
¥ 午餐2000日圓～ 晚餐3000日圓～ P 40輛

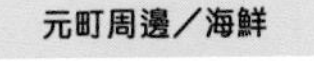

元町周邊／海鮮

はこだて海鮮市場本店

はこだてかいせんいちばほんてん

地圖p.77-G、79
市電十字街電車站5分

在函館明治館隔壁的大型店家。一早捕獲的海鮮類及其加工品、零嘴、奶製品等，將北海道的各種美味齊聚一堂。鹽漬花枝和扇貝、生鮮鱈場蟹和毛蟹等最適合作為伴手禮。也可宅配至日本各地。

0138-22-5656
函館市豊川町12-12
6:30～20:00（可能視季節變動）
休 不定休 P 40輛(收費)

元町周邊／藝廊

Gallery Muraoka

ぎゃらりーむらおか

地圖p.76-F、78
市電十字街電車站10分

主要介紹以函館為首的北海道作家作品。包括佐藤國男的木版畫及時鐘、長谷川房代的七寶、橫山朝覽的皮革工藝品、井川隆義的歷史建築小模型等。靠近元町的教堂，不時會聽見鐘聲響起。

0138-27-2961
函館市元町2-7
10:00～19:00
休 週三(逢假日則營業)
P 1輛

甜點、美食、雜貨應有盡有

函館伴手禮

以活用食材的食品為首有好多選擇，
以海鮮為靈感的商品也很特別。
充滿溫暖的雜貨也引人注目。

01 俄羅斯娃娃草莓五姊妹
／3300日圓

02
亞曼茶葉。英式早餐（左）、格雷伯爵茶（右）100g／各1080日圓～

03 上：木製聖約翰教堂與天土教堂的模型。梅里進作／各6930日圓
右：藍染杯墊。川真田弘作／各1100日圓

04
南瓜布丁（鮮奶油）
3個入／1080日圓

01

俄羅斯娃娃

以一個一個手工繪製的俄羅斯娃娃為首，提供許多從俄羅斯進口的民間工藝品、世界各地的獨特雜貨。

金森紅磚倉庫
「Import Slabka」
0138-27-8323
9:30～17:00
休 無休
地圖p.76-F、79

02

茶葉

繪有英國倫敦風景的罐裝茶葉系列。將長年備受愛戴的亞曼精選產品打造成伴手禮。

函館市舊英國領事館
「Queen's Memory」
0138-27-8159
10:00～16:00
休 無休
地圖p.76-F、78

03

手作工藝品

展示、販售居住在函館市內外的工藝作家作品。以函館教堂等為主題，散發溫暖質感的作品化身為伴手禮。

Gallery Muraoka
0138-27-2961
10：00～19：00
休 週三（逢假日則開館）
地圖p.76-F、78

04

南瓜布丁

使用北海道產くりりん南瓜，活用其天然甜味所製的布丁。在函館市內的直營店等處可以購買。

Petite Merveille
末廣店&工廠
0138-26-7755
9：30～19：00
休 週四
地圖p.76-F、79
※B等處也有販售

A：函館機場ANA FESTA（地圖p.73-B）／B:函館機場 しらかば（地圖p.73-B）／C：JR函館站站內店（地圖

05 環保馬克杯／各880日圓

05 別針／各220日圓

05 羊毛胸針／各880日圓

07 Chocolat Voyage 12個入／1500日圓

06 帆布書衣／1800日圓

06 花枝珠吊飾／900日圓

08 起司歐姆8個入／1555日圓

北兔

住在函館隔壁城鎮七飯町的成田粹子所設計的雜貨。每項作品都令人愛不釋手。

元町日和館
☎ 0138-27-2685
🕙 10：00～17：00（11～4月～16：00）
休 無休（11～4月為週一）
地圖p.76-F、78
※C、D等處也有販售

烏賊墨染工坊

使用函館近海捕獲的花枝墨汁獨自開發出深棕色染料。手巾、包袱巾、衣物、小物等手工商品應有盡有。

金森紅磚倉庫「Singlar's」
☎ 0138-27-5555
🕙 9：30～19：00
休 無休
地圖p.76-F、79

Chocolat Voyage

生松露巧克力Chocolat Voyage是以甘納許包裹鮮奶油製成，風味濃郁。商品為冷凍販售，解凍後1～2小時是最佳品嘗時機。

Angelique Voyage
☎ 0138-76-7150／🕙 10:00～19:00（售完打烊）／休 不定休（需確認官網）
地圖p.76-B

起司歐姆

使用嚴選當地新鮮食材，打造入口即化的鬆軟口感。在各直營店等處可以購買。

函館洋菓子Snaffle's
☎ 0138-27-1240
🕙 9：30～19：00（可能視季節變動）
休 無休
地圖p.76-F
※A、C等處也有販售

p.75）／D：五稜郭塔（地圖p.90）

ごりょうかく・ゆのかわおんせん 地圖 p.231-G

五稜郭・湯川溫泉

　五稜郭曾是幕府時期箱館戰爭的舞台，其特徵為呈星型突出的5座堡壘（攻擊用堡壘），現在則變成一座充滿綠意的公園。湯川是北海道首屈一指的溫泉地，有許多旅館和飯店，相當熱鬧。

五稜郭塔

ごりょうかくたわー

地圖p.90
函館站前搭往湯之川的函館市電15分，五稜郭公園前電車站下車15分

　高107公尺的五稜郭塔就位於五稜郭旁，瞭望台1樓有商店、咖啡廳，瞭望台2樓還有可以學習五稜郭歷史的展示空間。

0138-51-4785
函館市五稜郭町43-9
8:00～19:00(10月21日～4月20日為9:00～18:00)
休 無休　¥ 900日圓　P 附近有

特別史跡五稜郭跡、箱館奉行所

とくべつしせきごりょうかくあと・はこだてぶぎょうしょ

地圖p.90
市電五稜郭公園前電車站18分

　隨著幕末箱館開港，江戶幕府基於北方防禦目的所築的西洋式要塞，名列國家特別史跡。江戶幕府開設的奉行所一開始在函館山麓（現在的元町公園），後來移設至此地。當時為了保護奉行所而建造五稜郭。明治時期一度解體，但為了將貴重史跡流傳給後世，在2010年加以復元。

0138-51-2864　函館市五稜郭町44-3
9:00～18:00(11～3月～17:00)，最後入館為15分前　休 12/31～1/3、其他可能臨時休館
¥ 500日圓　P 無

北海道立函館美術館

ほっかいどうりつはこだてびじゅつかん

地圖p.90
市電五稜郭公園前電車站🚶7分

以和道南有淵源的藝術家為中心，收藏了約2200件的油畫、書法、雕刻、陶瓷器等作品。也經常舉辦特別展覽，展出日本國內外美術館所收藏的名作。

☎ 0138-56-6311
📍 函館市五稜郭町37-6
🕘 9:30～17:00，最後入館為16:30
休 週一（逢假日則翌日休，11月1～7日的週一為開館，展覽替換期間可能臨時休館）
¥ 常設展260日圓
P 218輛（利用藝術廳停車場）

美食

五稜郭／咖哩

五島軒 函館咖哩 EXPRESS 五稜郭塔店

ごとうけん はこだてかれーえくすぷれす ごりょうかくたわーてん

地圖p.90
市電五稜郭公園前電車站🚶15分

可以輕鬆品嘗從明治時期傳承至今的五島軒本店傳統咖哩。推薦加入大量螃蟹、鮮蝦、扇貝、花枝、蛤仔的函館海鮮咖哩（1760日圓）。還有許多外帶用咖哩塊，作為伴手禮也很不錯。

☎ 0138-52-5811
📍 函館市五稜郭町43-9 五稜郭塔2F
🕘 11:00～17:00L.O.
休 1月1日
¥ 午餐1000日圓～　P 無

五稜郭／海鮮料理

いか清本店

いかせいほんてん

地圖p.90
市電中央醫院前電車站下車即到

店內設有水槽，可以隨時品嘗新鮮的海鮮。其中又以花枝料理為招牌，具有透明感的花枝生魚片（時價）、握壽司「水晶握壽司」（2貫580日圓）很受歡迎。也很推薦奶油扇貝燒烤580日圓、鱈場蟹燒烤1680日圓～等菜色。

☎ 0138-54-1919
📍 函館市本町2-14
🕘 17:00～24:00（23:30L.O.）
休 無休
¥ 晚餐4000日圓～
P 5輛

五稜郭／鄉土料理

魚来亭

ぎょらいてい

地圖p.90
市電五稜郭公園前電車站🚶2分

這裡可以品嘗到食材講究的主廚以親自進貨的海鮮為中心，做出函館特有的鄉土料理。特等海膽寶樂（時價）是使用大量新鮮海膽的招牌菜色。有鮭魚卵、海膽、蝦子等10種配料的DX海鮮丼（3500日圓）也相當受歡迎。

☎ 0138-53-7755
📍 函館市本町22-11
🕘 11:30～14:00、17:00～23:00(22:00L.O.)
休 週日（逢假日則營業）
¥ 午餐1200日圓～ 晚餐5000日圓～
P 5輛

おおぬまこうえん

地圖 p.231-G

大沼公園

以大沼、小沼、蓴菜沼為中心的大沼公園，是個充滿自然景觀的國家公園。漂浮在湖上的126個小島與湖對岸的駒岳交織出美麗景色。在湖畔的散步道和自行車道感受自然之美吧。

區域的魅力度

自行車
★★★★

獲選為新日本三景之一的自然美景
搭乘快艇在湖上遊覽
以獨木舟和划船等在湖上遊玩
在湖畔騎自行車感受大自然
以湖中捕獲的西大公魚所製的伴手禮

前往大沼公園的方法

JR函館站搭函館本線特急「北斗」約30分（自由座1270日圓），大沼公園站下車。新函館北斗站出發需時10分（自由座660日圓）。或是函館站搭經大沼公園往鹿部的函館巴士約1小時10分，大沼公園下車（1天3班，750日圓）。新函館北斗站搭大沼交通巴士到大沼公園站前28分、630日圓。

遊覽順序的小提示

如果是以繞行湖上小島的散步道、或是遊覽船乘船處為目標的話，先沿著駅前通前進300公尺後往左側的公園廣場方向前進。如果想要騎自行車，就前往車站周邊的自行車出租店。

觀光詢問處

大沼觀光服務處
（大沼國際交流廣場）
☎0138-67-2170

鴨隊長導覽／穿越站前的停車場是前往乘船處的捷徑，但旺季時車流量大，需要特別小心。

大沼、小沼周遊（遊覽船）

おおぬま·こぬまめぐり（ゆうらんせん）

地圖p.93-B
JR大沼公園站步行3分

搭乘巡迴大沼、小沼的遊覽船，便可欣賞浮在湖面上的小島、隨季節變換的原始林，以及雄偉的駒岳。所需時間約30分。遊覽船附有頂棚，所以下雨天也會正常營運。

☎0138-67-2229　七飯町大沼1023-1
定期遊覽船9:00～16:20之間有12班航行（7～8月～17:00，有14班）
休 12月下旬～4月上旬
¥ 乘船費1120日圓　P 附近有

大沼湖畔自行車遊

おおぬまこはんさいくりんぐ

地圖p.93-B
JR大沼公園站步行3～15分

以大沼站前為起點，設有繞行一圈約14公里的自行車路線。需時1小時10分，沿途起伏不大，能輕鬆享受騎自行車遊覽的樂趣。中途有每年4月上旬～5月上旬水芭蕉盛開的濕地、可免費使用的東大沼露營場、大沼森林公園（8:30～17:00）等景點。

●站前自行車出租
（4月～11月下旬，1小時500日圓～）
Poroto館☎0138-67-2536
Friendly Bear☎0138-67-2194

購物&美食

大沼公園站周邊／在地啤酒

ブロイハウス大沼

ぶろいはうすおおぬま

地圖p.93-B

JR大沼公園站👟3分

販售使用橫津岳山麓湧出、富含礦物質的泉水所製成的在地啤酒「大沼啤酒」。330毫升瓶裝660日圓～。可以在店內品嘗鮮釀本地啤酒（550日圓）及香腸（1320日圓）等。

☎ 0138-67-1611
📍 七飯町字大沼町208
🕘 9:00～17:00（12～3月～16:00）
休 週二、過年期間
P 10輛

大沼公園站前／伴手禮

沼の家

ぬまのや

地圖p.93-B

JR大沼公園站👟1分

1905（明治38）年創業的大沼糰子創始店。使用自家糯米粉做出的糰子，是如同小拇指指尖的一口大小。有芝麻配醬油、豆沙配醬油2種口味。小份390日圓，大份650日圓。

☎ 0138-67-2104
📍 七飯町字大沼町145
🕘 8:30～18:00左右（售完打烊）
休 12/30～1/1　P 6輛

大沼公園站周邊／洋食

Country Kitchen WALD

かんとりーきっちんばると

地圖p.93-B

JR大沼公園站👟5分

能品嘗以法式、義式家庭料理為概念，活用在地食材烹調的餐點。熱門的季節拼盤為1700日圓。

☎ 0138-67-3877
📍 七飯町字大沼町301-3
🕘 11:00～15:00(14:00L.O.)、17:00～21:00(20:30L.O.)
休 週三、四
¥ 咖啡400日圓～
P 無

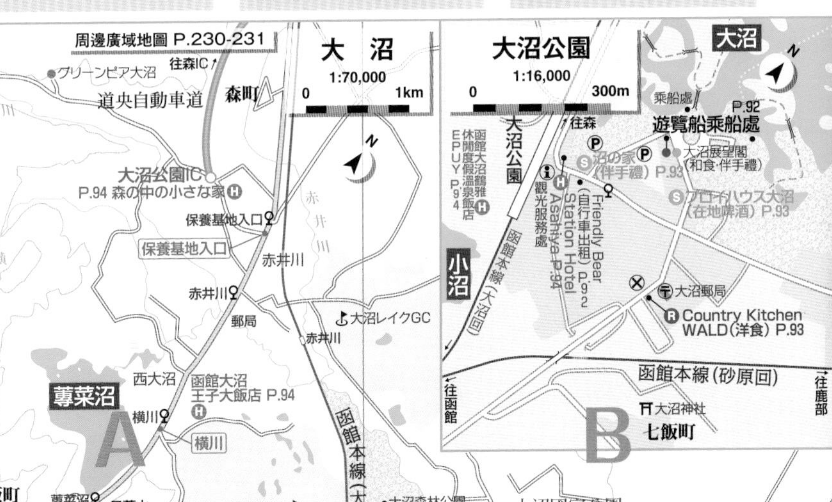

住宿指南

住宿設施集中在站前、元町、五稜郭、湯川這4個區域。想要遊覽觀光景點的話可選擇站前區域，想要放鬆的話，建議選擇有和風旅館等大型旅館林立的湯川溫泉。此外，大沼公園有許多度假飯店和旅館、民宿等。可根據旅行的目的來選擇住宿。6～8月是旺季，飯店住房率較高，特別是湯川溫泉的住宿設施最好提前預訂。

函館	函館福朋喜來登酒店	☎0138-22-0111／地圖:p.77-H／Ⓢ7600日圓～Ⓣ14000日圓～ 💬可欣賞函館美麗夜景的夜景樓層很受歡迎。共199間客房。
函館	東横INN 函館駅前朝市	☎0138-23-1045／地圖:p.77-G／Ⓢ4000日圓～Ⓣ6600日圓～ 💬以客房內的大床和開闊的夜景樓層自豪。共260間客房。
函館	函館國際飯店	☎0138-23-5151／地圖:p.77-G／Ⓦ單人使用8100日圓～Ⓣ9100日圓～ 💬從西館9樓的SKY LOUNGE可欣賞函館夜景。共435間客房。
函館	HOTEL PACO 函館別亭	☎0138-23-8585／地圖:p.77-L／Ⓣ單人使用4000日圓～Ⓣ6792日圓～ 💬單人房的床也是雙人尺寸，相當舒適。共345間客房。
函館	函館皇家飯店	☎0138-26-8181／地圖:p.77-L／Ⓢ3500日圓～Ⓣ6600日圓～ 💬有單人房、雙床房、大套房等7種日、西式客房。共135間客房。
函館	Winning Hotel函館	☎0138-26-1111／地圖:p.76-F／Ⓢ7700日圓～Ⓣ10450日圓～ 💬正對函館港的客房景觀絕佳，夜景令人感動。共29間客房。
函館	WBF函館格蘭大飯店	☎0138-24-3311／地圖:p.76-J／Ⓦ19700日圓～Ⓣ19700日圓～ 💬函館機場有開往飯店的利木津巴士。共136間客房。
函館	La Vista 函館灣	☎0138-23-6111／地圖:p.77-G／Ⓢ9455日圓～Ⓣ21400日圓～(附早餐) 💬頂樓的露天浴池可以一邊泡湯一邊眺望函館夜景。共335間客房。
函館	Pension夢空館	☎0138-27-5029／地圖:p.76-F／6200日圓～(附早餐) 💬步行10分左右可至元町的主要觀光景點，坐擁地利之便。共12間客房。
湯之川溫泉	湯之川王子大飯店渚亭	☎0138-57-3911／地圖:p.91／12400日圓～(1泊2食) 💬可眺望津輕海峽、函館山的大型溫泉飯店。共185間客房。
湯之川溫泉	割烹旅館若松	☎0138-59-2171／地圖:p.91／27000日圓～(1泊2食) 💬1922年創業。所有客房都可以眺望津輕海峽。共24間客房。
湯之川溫泉	平成館 海羊亭	☎0138-59-2555／地圖:p.91／7300日圓～(1泊2食) 💬頂樓的大浴場有赤湯和透明的白湯。共213間客房。
湯之川溫泉	竹葉新葉亭	☎0138-57-5171／地圖:p.91／19000日圓～(1泊2食) 💬大浴場有露天浴池，可感受四季各異的風景。共41間客房。
湯之川溫泉	Imagine Hotel &Resort 函館	☎0138-57-9161／地圖:p.91／7980日圓～(1泊2食) 💬2019年4月整新開幕。共130間客房。
大沼公園	函館大沼鶴雅休閒度假溫泉飯店 EPUY	📠0138-67-2964／地圖:p.93-B／24750日圓～(1泊2食) 💬美式風格的小型飯店。所有客房都有浴室和洗手間。共30間客房。
大沼公園	Station Hotel Asahiya	☎0138-67-2654／地圖:p.93-B／Ⓢ6300日圓～Ⓣ17600日圓～ 💬位於大沼公園站前，也有能將駒岳盡收眼底的客房。共16間客房。
大沼公園	森の中の小さな家	☎01374-5-2655／地圖:p.93-A／6500日圓～(1泊2食) 💬被森林環繞的別墅。晴天時所有客房都能看到駒岳。共5間客房。
大沼公園	函館大沼王子大飯店	☎0138-67-1111／地圖:p.93-A／9500日圓～(1泊2食) 💬可享受天然溫泉露天浴池的大型度假飯店。共292間客房+10間獨棟。

えさし　　地圖 p.230-F

江差

江戶時代後期以鯡魚漁業興盛的江差，是北海道最古老的商業港都。在至今依然保有昔日風貌的城鎮漫步也是一大享受。觀光諮詢請洽江差觀光會議協會 ☎(0139-52-4815)。

前往江差的方法

由函館出發的話，在函館站前總站1號乘車處搭乘函館巴士2小時14分，中歌町下車。1天5班來回，單程1900日圓。

觀賞　遊逛

江差從江戶時代後期到明治初期，因北前船的鯡魚漁業及其貿易而繁榮。街道上現在依舊留有江戶、明治當時的商家樣貌。**舊中村家住宅**（9:00～17:00。週一、假日的翌日、12/31～1/5休館<4～10月無休>。300日圓。☎0139-52-1617）是經營海鮮大盤商的近江商人大橋宇兵衛所建。全部使用檜木的兩層樓高大型懸山式屋頂建築，是當時大盤商建築的代表性建築構造。

說到江差，當然不能不提到從江戶時代流傳下來的民謠「江差追分」。可欣賞到正宗江差追分的**江差追分會館・江差山車會館**（9:00～17:00。11～3月的週一、假日的翌日休<4～10月無休>。500日圓。☎0139-52-0920），除了展示珍貴的資料，4/29～10/31還能欣賞1天3次的江差追分現場演出。**江差山車會館**裡展示著被指定為北海道遺產的「江差姥神大神宮渡御祭」繞境時實際使用的花車，還可從150英吋的投影幕觀賞具有臨場感的影片。

此外，**開陽丸紀念館**（9:00～17:00。11～3月的週一、假日的翌平日休。500日圓。☎0139-52-5522）有展示在箱根戰爭之際沉沒在江差海中的德川幕府軍艦「開陽丸」復元模型、3000件遺物。

五勝手屋本舗（8:00～18:30<週日～18:30>。元旦、第3週二休。☎0139-52-0022）販售羊羹，延續自江戶時代傳承至今的好味道。此外，身穿和服在街上漫步的體驗也大受好評（髮結いや☎0139-52-6565，租借一套和服&定裝2000日圓）。不妨在歷史性建築及社寺林立的江差「古時街道」散步，感受昔日風情的美好。

まつまえ　地圖 p.230-J

松前

松前是日本最北端的城下町。在幕府時代曾經相當繁榮，當時號稱仙台以北最大的城市。這裡也是北海道屈指可數的賞櫻名勝。觀光諮詢請洽松前町觀光事業推廣協議會（☎0139-42-2726）。

前往松前的方法

從函館站前巴士總站搭往松前出張所的函館巴士快速約3小時15分，松城下車。1天來回3班、2100日圓。或函館站搭道南漁火鐵道約1小時5分，木古內站下車，再搭往松前出張所的函館巴士1小時29分（1400日圓），♀松城下車。

觀賞　遊逛

松前在幕府末期人口曾高達3萬人，有著相當繁榮的歷史。市內有能感受到松前藩繁榮景象的松前城、訴說著歷史的寺院等景點分布其中。以松城巴士站為據點，盡情享受充滿歷史氛圍的漫步之旅吧。

松前（福山）城建於1854（安政元）年，是日本最北且最後一座日式城郭。從築城當時保留至今的遺構只剩本丸御門。1961（昭和36）年復元的天守閣內部是資料館（9：00～17:00。12月中旬～4月上旬為休館。360日圓。☎0139-42-2216）。

城下有松前公園，以及為了護衛城郭而興建的寺町。城址周邊也是有名的賞櫻名勝，在4月底～5月中旬的**松前櫻花祭**，不只是北海道內，從日本各地也會湧入大量觀光客。

從松城巴士站步行30分可抵達**松前藩宅邸**。這裡是將幕府末期的松前城鎮風貌重現的景點，腹地內有武士宅邸、沿岸海運仲介商、鯡魚漁業小屋等14座建築比鄰而立。還有可品嘗輕食的休憩處（9:00～最後入館16:30。11月～4月上旬休館。360日圓。☎0139-43-2439）。

此外，展示松前的歷史及生活相關物品的**松前町鄉土資料館**，可欣賞愛奴民族的服飾和商人文化的風華（9:00～最後入館16:30。12月11日～4月9日休館。免費。☎0139-42-3060）。

富良野
美瑛
旭川

與山丘和花卉風景相遇

地圖 p.224-B、F

富良野・美瑛

區域的魅力度

親近自然
★★★★
賞花名勝
★★★★★
美食
★★★

綻放於雄偉大地的美麗花朵
騎自行車親近大自然
宛如藝術風景的山丘
盡情享受大地的風味
拜訪連續劇的知名場景

挑起遊興的浪漫風景
北海道首屈一指的人氣區域

富良野夏季是薰衣草的故鄉，冬季則是滑雪勝地，一年四季都相當熱鬧。美瑛則是由馬鈴薯和麥等農作物、美麗的花朵等共同交織出豐富色彩的山丘城鎮。兩個地方皆能親身感受到北海道獨有的自然和壯麗景色。就來追尋一眼難忘的藝術風景，來趟悠閒之旅吧！

前往富良野、美瑛的方法

請參照右頁圖。無論要前往富良野或是美瑛，從旭川機場、JR旭川站、JR札幌站都有不需轉乘的直達巴士。此外，以薰衣草季節為中心，也有從札幌開往富良野的臨時列車。如要轉搭其他列車或巴士時，最好事先確認轉乘方式。

從東京、大阪方向前來，可經由距離富良野、美瑛地區最近的旭川機場（p.232-233）。

從旭川、札幌前來請參照右頁圖。從釧路、帶廣方向前往富良野可以搭乘JR根室本線，但要注意由於2016年颱風的影響造成新得～東鹿越區間路段不通，改以巴士代替行駛。從帶廣站也可以搭乘1天來回3班、經狩勝峠往旭川的高速巴士「North Liner號」（到富良野2小時37分、2400日圓。到美瑛3小時19分、3100日圓）。

觀光詢問處

富良野觀光協會
☎0167-23-3388
上富良野十勝岳觀光協會
☎0167-45-3150
中富良野觀光協會
☎0167-39-3033
中富良野町產業建設課產業科
☎0167-44-2123
南富良野町企劃課商工觀光科
☎0167-52-2115
美瑛町觀光協會
☎0166-92-4378
美瑛町商工觀光交流課
☎0166-92-4321

預約・詢問處

JR各站
☎0166-25-6736(旭川)
☎0167-22-0909(富良野)
☎0166-92-1854(美瑛)
☎011-222-7111(JR北海道電話服務中心)
北海道拓殖巴士
☎0155-26-3636(帶廣BT)

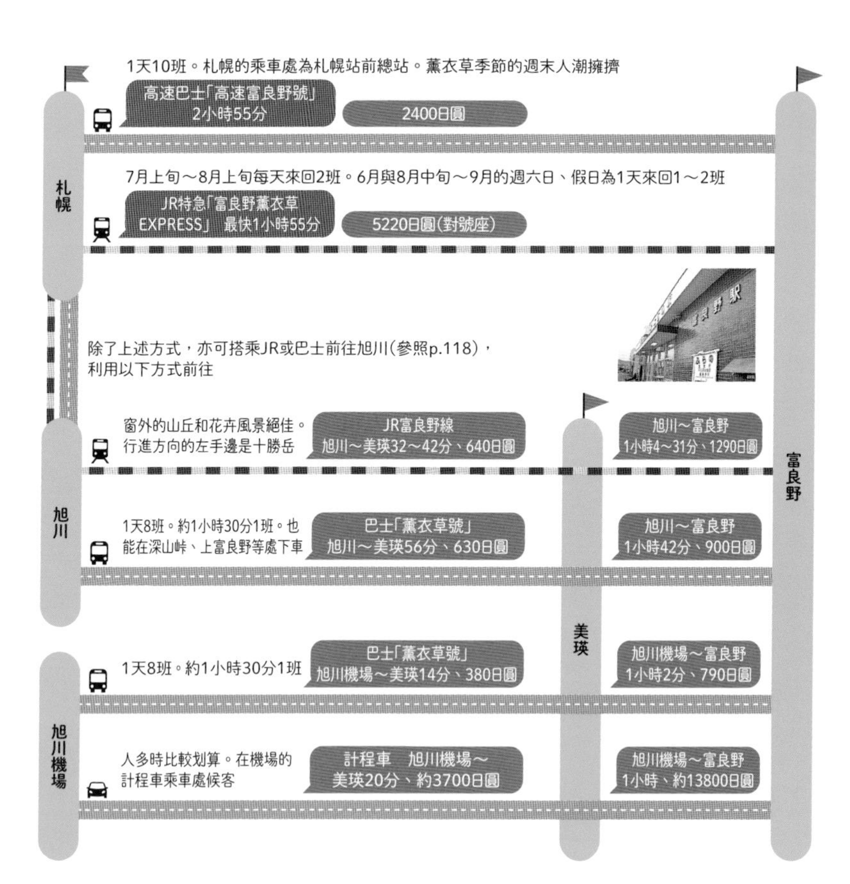

抵達後的第一步

●抵達富良野時

出站後前往右手邊的觀光服務處，事先調查前往目的地的所需時間和巴士時刻表，如此一來便能安心。此處也能拿到觀光手冊和餐飲店的資料。如果要租自行車，出站後前往左手邊的「薰衣草商店Moriya」（ラベンダーショップもりや）。要租車的話，車站前有站前租車、左手邊路口盡頭有豐田租車。

●抵達美瑛時

出站後先前往左方的四季情報館（p.113）。可拿到美瑛整體的地圖，也可以在此安排住宿。寬敞的大廳最適合用來擬定遊覽計劃。隔壁是出租自行車的松浦商店。如果要寄放行李，可利用四季情報館內的置物櫃（8:30～19:00<11～4月～17:00>200～500日圓）或是車站內的寄物櫃（8:00～18:00，500日圓～）。

預約・詢問處

高速富良野號
北海道中央巴士(札幌)
☎0570-200-600
NORTH LINER號
道北巴士(旭川)
☎0166-23-4161
拓殖巴士(帶廣)
☎0155-26-3636
機場連絡巴士・路線巴士薰衣草號
富良野巴士(站前服務處)
☎0167-22-1911

富良野站前的觀光服務處

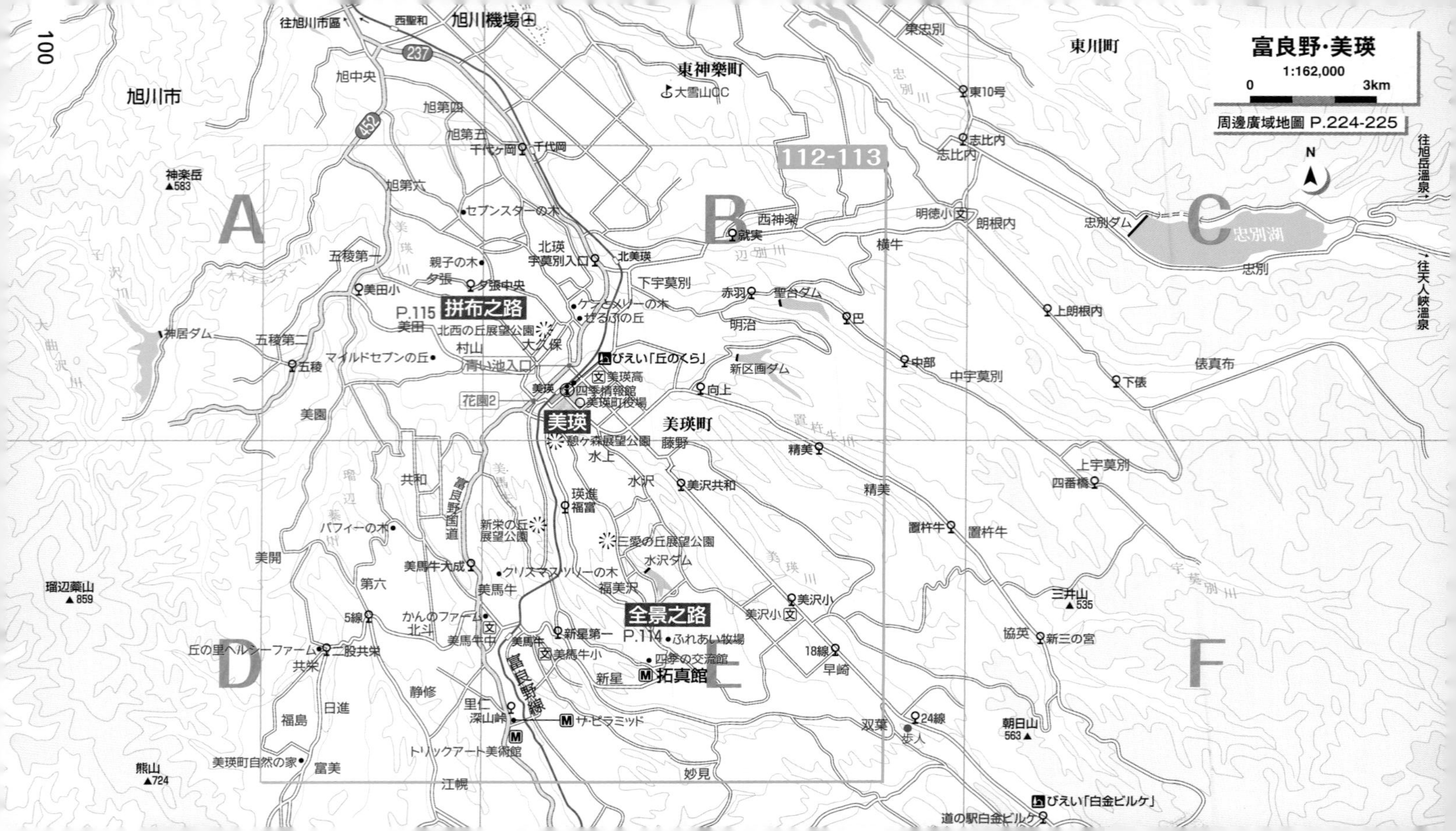
富良野・美瑛
1:162,000
0
3km
周邊廣域地圖 P.224-225
旭川市
東神樂町
東川町
美瑛町
旭川機場
往旭川市區
西聖和
旭中央
旭第四
旭第五
旭第六
千代ヶ岡
千代岡
大雪山CC
東忠別
東10号
志比内
明徳小
朗根内
横牛
忠別ダム
忠別湖
忠別
往旭岳温泉
往天人峡温泉
上朗根内
俵真布
下俵
中部
中宇莫別
巴
聖台ダム
赤羽
明治
新区画ダム
向上
西神楽
就実
北美瑛
下宇莫別
北瑛
宇莫別入口
セブンスターの木
親子の木
夕張
夕張中央
美田小
拼布之路
P.115
美田
北西の丘展望公園
大久保
ケンとメリーの木
ぜるぶの丘
びえい「丘のくら」
美瑛高
四季情報館
美瑛町役場
美瑛
花園2
青い池入口
村山
マイルドセブンの丘
五稜第一
五稜第二
五稜
神居ダム
神楽岳
▲583
美園
美瑛
憩ヶ森展望公園
水上
藤野
精美
精美
置杵牛
置杵牛
上宇莫別
四番橋
美沢共和
水沢
瑛進
福富
新栄の丘展望公園
三愛の丘展望公園
水沢ダム
共和
富良野国道
パフィーの木
美開
瑠辺蘂山
▲859
美馬牛大成
クリスマスツリーの木
福美沢
美馬牛
第六
5線
かんのファーム
北斗
美馬牛中
美馬牛
美馬牛小
新星第一
全景之路
P.114
ふれあい牧場
四季の交流館
拓真館
新星
美沢小
美沢小
18線
早崎
三井山
▲535
協英
新三の宮
丘の里ヘルシーファーム
二股共栄
共栄
静修
日進
福島
里仁
深山峠
ザ・ピラミッド
富良野線
トリックアート美術館
美瑛町自然の家
富美
江幌
妙見
双葉
24線
歩人
朝日山
563▲
びえい「白金ビルケ」
道の駅白金ビルケ
熊山
▲724
112-113
A
B
C
D
E
F

白金温泉
Hotel Park Hills
P.117 森の旅亭びえい
白金いこいの森
美瑛富士 1888
美瑛岳 2052
望岳台
大雪山國家公園
吹上温泉
十勝岳
十勝岳 2077
新得町
十勝岳温泉
十勝岳温泉
上ホロカメットク山 1920
上富良野岳 1893
富良野岳 1912
旭岳 1335
前富良野岳 1625
原始ヶ原
勝間ノ滝
不動の滝
赤岩ノ滝
下ホロカメットク山 1668
大麓山 1460
南富良野町
日之出公園 P.106
フラヌイ温泉
中の沢
山加
旭野
後藤純男 美術館 P.107
中茶屋
陸上自衛隊上富良野演習場
富良野ホップスホテル
上富良野
江花
博物館土の館
上富良野小
郷土館
上富良野町役場
上富良野高
島津
富原
斜線道路
猪股地先
新田中
高峰 626
奈江
オリカGC
西中
西中小
北星
西中
P.107 富田農場
なかふらのフラワーパーク
北星山森林公園
薰衣草田(臨時站)
P.106 北星山町營薰衣草園
中富良野小
中富良野
中富良野町役場
中富良野中
新町
中富良野町
東中小
東中
報徳
北十二号
東七線
東四線
東一線
鹿討
共同
鹿討
吉井
旭中小
本幸
ひつじの丘
島の下
Highland Furano P.117
富良野葡萄果汁工廠 P.106
學田
学田
北七号
富良野葡萄酒工廠入口
東九線
P.106 富良野葡萄酒工廠
富良野
北大沼
西鳥沼
北三号
富丘
富丘八幡神社
富丘更生
ベベルイ
新空知橋
富良野
北の峰町
東鳥沼
鳥沼小
3号
鳥沼公園
富良野スキー場
富良野市役所
五条大橋
6線
南大沼
富良野GC
布礼別小
富良野プリンスホテル
緑町住宅
富良野市
9線
布礼別
布礼別
八幡丘
八幡丘
八幡丘分館
フェニックス牧場
下御料
P.117 新富良野王子大飯店
富良野IC
北扇山
富良野演劇工場
P.111 森林精靈的陽台(伴手禮)
中御料
扇山
根室本線
P.109
麓郷森林
五郎的石屋・最初的家
麓郷木材(中畑木材)
東麓郷
北麓郷
麓郷
P.108
1331 富良野西岳
珈琲 森の時計 P.107
風之花園
P.132
上御料
9線
麓郷入口
布礼別川
麓郷街道
布部川
麓郷森林資料館
麓郷小・中
拾って来た家-やがて町
富良野果醬園
ふらのジャム園展望コース
P.106 富良野起司工房
往新得
布部
往三笠
往蘆別
滝里
芦別国道
滝里湖
滝里トンネル
島ノ下トンネル
根室本線
空知川
布部川
38
237

掌握區域的重點

Ⓐ美瑛

如同波浪般綿延的山丘，遠方是十勝岳連峰和大雪山連峰。隨著四季變換風貌的自然景觀，讓人心情舒暢。不疾不徐，花時間好好漫步欣賞。

Ⓑ拼布之路

以美瑛站為起點，騎著自行車漫遊七星之樹、肯和瑪麗之樹等，曾在電視廣告或海報上出現過的諸多景點。所需時間約3小時30分。

Ⓒ全景之路

以美瑛站為起點。騎著自行車，漫遊可眺望整個美瑛山丘的展望公園、展示著山丘風景照的「拓真館」、融入大自然的美馬牛小學等景點。所需時間約5小時。

Ⓓ新區劃

以美瑛站為起點。比起ⒷⒸ兩條路線，能在更短時間內漫遊。在中途的公園眺望十勝岳連峰，景色絕佳。騎自行車約需1小時。

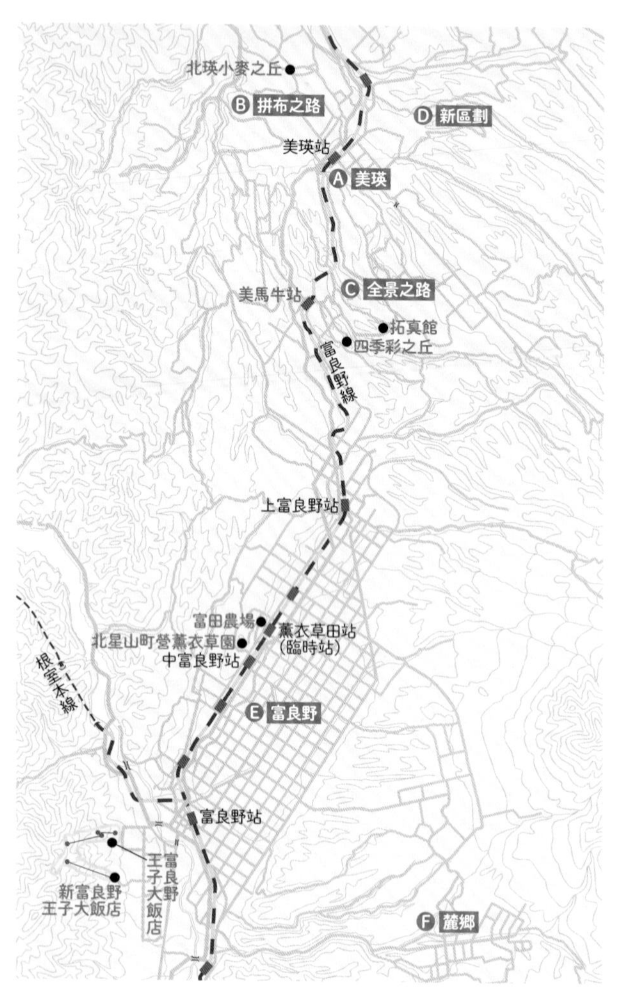

Ⓔ富良野

夏季以薰衣草等開滿花卉的山丘而成為北海道首屈一指的人氣觀光景點。包含富田農場等各種規模的薰衣草園。此外，起司和葡萄酒的工廠參觀行程也非常受歡迎。

Ⓕ麓鄉

以連續劇《來自北國》的外景地而聞名。麓鄉地區中還留有各種拍攝時使用的建築物。

HINT

遊覽順序的小提示

富良野、美瑛地區的景點，分布在JR富良野線沿線的廣大範圍內。通常以美瑛、美馬牛、上富良野、中富良野、富良野這5站作為起點，不過也有許多景點位於距離車站較遠的地方。

因此，計劃時首先要決定移動的方式，配合行程和人數來進行選擇。

●騎自行車遊覽

想要親身感受這個區域最大的魅力「自然」的話，這是最好的方式。優點是可隨時停在喜歡的地方，條件是時間上較為充裕且天氣要好。沿路有起伏，行程最好不要太緊湊，比較不會疲累。在美瑛、美馬牛、富良野各車站前和♀麓鄉附近皆有自行車出租店。

●搭巴士遊覽

從富良野站有前往薰衣草森林、麓鄉地區的路線巴士。從富良野站前往北之峰地區（富良野王子大飯店等）時，可利用「薰衣草號」（參照p.99）。到富良野王子大飯店170日圓，到新富良野王子大飯店260日圓。

●搭計程車遊覽

可在短時間內造訪多處景點。各家計程車公司都有將主要觀光景點搭配起來的標準路線。以普通車為例，費用為到富良野1小時30分10350日圓起；到美瑛1小時6460日圓起。務必事先預約。

●租車遊覽

美瑛站有NICONICO租車，富良野站有站前租車和豐田租車，都需要事先預約。站前租車為4月28日～9月營業。

交通詢問處

定期觀光巴士·小型觀光巴士·路線巴士

富良野巴士（站前服務處）
☎0167-22-1911

觀光計程車

〈富良野〉
富良野計程車
☎0167-22-5001
中央包租計程車
☎0120-414-818
〈美瑛〉
美瑛包租計程車
☎0166-92-1181

租車

〈富良野〉
站前租車
☎0167-22-0073
豐田租車富良野店
☎0167-23-2100
〈美瑛〉
NICONICO租車美瑛站前店
☎0166-76-5252

富良野美瑛慢車號

TEKU TEKU COLUMN

搭乘富良野美瑛慢車號眺望薰衣草

單軌列車風格的車輛，可充分享受窗外風景的觀光列車。雖然有時兩邊皆會被森林擋住，但開往富良野時左側可看見十勝岳連峰，以及中富良野站附近右側的薰衣草田都相當美麗。行駛時間為6月中旬與8月下旬～9月的週六日、假日，以及6月下旬～8月下旬的每一天。旭川、美瑛～富良野之間上下行一共6班。詳情請洽JR北海道電話服務中心（☎011-222-7111）。

富良野之所以盛行栽種薰衣草的理由

昭和30年代後半，為了取得具有廣泛用途的薰衣草油，薰衣草的栽種在富良野相當盛行，其後因合成香料的誕生開始走下坡。但是富田忠雄（富田農場）並沒有因此放棄薰衣草的栽種，自從富田的花田被刊登在1975年的日本國鐵月曆上後，每年造訪花田的旅客不斷增加，進而成為代表富良野的風景。

感受大自然和人類
交織出的藝術風景

美瑛
四季彩之丘
高低起伏的山丘上有五顏六色的花卉盛開，創造出引以自豪的壯麗景觀。晴天時十勝岳連峰一覽無遺，美麗景色令人感動。

富良野・觀賞&遊逛

富良野葡萄酒工廠
ふらののわいんこうじょう

地圖p.111-A
JR富良野站搭🚗計程車5分（夏季有開往葡萄酒工廠的🚌）

可參觀葡萄酒的製造過程、排列著許多儲酒桶的儲藏室。作為葡萄酒原料的富良野葡萄，甜味和酸味的比例絕佳，有著豐富的風味。試喝區可以品嘗富良野限定販售的葡萄酒。工廠位於葡萄之丘公園的山腰上，景色絕佳。

☎ 0167-22-3242 📍富良野市清水山
🕘 9:00～17:00
休 過年期間 ¥ 免費 P 30輛

富良野葡萄果汁工廠
ふらののぶどうかじゅうこうじょう

地圖p.101-J
JR富良野站🚗計程車5分

建於前往葡萄酒工廠的山路入口處，被葡萄園簇擁的果汁工廠。在這裡可以參觀葡萄果汁裝瓶作業的生產線。兼作觀光服務處的販賣所除了販售富良野葡萄果汁之外，還能品嘗葡萄果汁及霜淇淋。

☎ 0167-23-3388(富良野觀光協會)
📍富良野市西学田二区
🕘 10:00～16:00(僅6～9月營業)
休 營業期間無休(可能臨時公休)
¥ 免費 P 40輛

富良野起司工房
ふらのちーずこうぼう

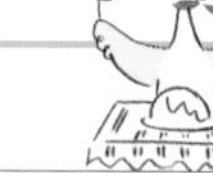

地圖p.101-J
JR富良野站搭🚗計程車9分

可以參觀以富良野產牛乳為原料製造天然起司的過程。能自己製作牛油、麵包、冰淇淋的「手作體驗工房」（需預約）也相當受歡迎。

☎ 0167-23-1156 📍富良野市中五区
🕘 9:00～17:00(11～3月～16:00)
休 過年期間(11月可能有數天公休)
¥ 免費 P 120輛

北星山町營薰衣草園
ほくせいやまちょうえいらべんだーえん

地圖p.101-G
JR中富良野站👟10分

冬季作為町營滑雪場的斜坡上，種植著薰衣草等各種花卉。開花期間可搭乘索道前往山頂，從正上方欣賞薰衣草田。從山頂還可以欣賞到十勝岳連峰和富良野盆地的景色在眼前展開。每年的開花時期不同，需要事先洽詢。

☎ 0167-44-2123
(中富良野町產業建設課產業科)
📍 中富良野町宮町1-41
🕘 索道為9:00～18:00(搭乘索道～17:40)
休 營業期間無休(僅6月下旬～8月營業)
¥ 免費入園。索道為僅來回400日圓
P 100輛

日之出公園
ひのでこうえん

地圖p.101-H
JR上富良野站👟15分

從上富良野市區往北約2公里，位於日之出

山上的公園。山丘的斜坡上種植著薰衣草，初夏時整片紫色的美景令人感動。高度約60公尺山丘上的瞭望台，可360度眺望十勝岳連峰的景色。西北側是花田，能夠以夕陽為背景欣賞整片薰衣草田。

0167-45-3150(上富良野十勝岳觀光協會)
上富良野町東1線北27号 自由參觀 50輛

後藤純男 美術館
ごとうすみお びじゅつかん

地圖p.101-H
JR上富良野站搭町營巴士，後藤純男美術館前下車即到

獲獎無數的日本畫家後藤純男的美術館。以古都風土和北海道自然景觀為題材的眾多作品值得細細品味。

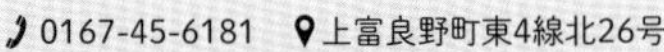

0167-45-6181 上富良野町東4線北26号
9:00～17:00(11～3月～16:00)
休 12/29～1/3 ¥1100日圓 P 100輛

富田農場
ふぁーむとみた

地圖p.101-G
JR中富良野站25分。或慢車號專用的JR薰衣草田站（僅6月上旬至8月下旬開放）7分

約12公頃的廣大腹地上，隨著季節更迭盛開著各種花卉，薰衣草、罌粟花、霞草、大波斯菊等，花種超過100種。薰衣草盛開的7月到8月是最美也是最多人造訪的時間。往東邊4公里處還有日本最大的薰衣草田「薰衣草EAST」（僅7月9:00～16:30）。

0167-39-3939 中富良野町基線北15号
8:30～18:00(可能視季節變動) 休 無休
¥ 免費(薰衣草巴士200日圓) P 約180輛

富良野・美食

函館站周邊／和食

珈琲 森の時計
こーひー もりのとけい

地圖p.101-J
JR富良野站搭18分，新富良野プリンスホテル下車即到

作為電視連續劇《溫柔時光》舞台的咖啡廳。和劇中一樣，吧檯座是採用自己磨豆、沖泡的形式。除了特調咖啡、冰紅茶之外，森之咖哩（1250日圓）等餐點也頗受歡迎。

0167-22-1111 富良野町中御料 新富良野王子大飯店內
12:00～20:45(20:00L.O.)
休 無休，11月可能臨時公休
¥ 特調咖啡600日圓
P 390輛

富良野站前／涮涮鍋

千成
せんなり

地圖p.111-B
JR富良野站1分

在這裡可品嘗到北海道特有的羊肉涮涮鍋（1100日圓～），作為收尾的拉麵也很有北海道的風格。加入切碎櫻花葉的櫻花冰（200日圓）最適合作為飯後甜點。

0167-22-2376
富良野市朝日町1-19
17:00～22:00
休 不定休
¥ 晚餐1000日圓～
P 3輛

隨興遊逛

麓鄉

ろくごう

因成為電視連續劇《來自北國》的舞台而聞名的麓鄉，小小的城市裡有許多和連續劇相關的建築物。

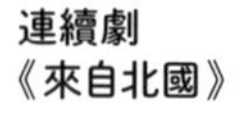

連續劇《來自北國》

自1981（昭和56）年開始播放。故事從田中邦衛所飾演的黑板五郎一家，帶著兩個小孩從東京搬到富良野開始。仔細刻劃出五郎和兒子純、女兒螢與周圍人們和大自然之間的互動、跨越各種試煉而逐漸成長的過程。該劇每隔幾年便會以特別版的形式播放，一直持續到2003年。

為了重溫連續劇感動而造訪外景地的來客不少，當地的**富良野觀光協會**（♪0167-23-3388）也有提供「來自北國」路線的標準行程，不妨一起參考看看。詳細資訊請至JR富良野站前的資訊中心或觀光協會的官網查看。

01 參觀 10 分

麓鄉木材（中畑木材）

麓鄉巴士站附近的木材店。地井武男所飾演的中畑和夫便是以麓鄉木材的老闆為範本。建築物前還有倉本聰的留言板。

02 石臼研磨中華蕎麥麵900日圓

富良野とみ川

將富良野產小麥以石臼研磨製成的中華麵，配上大量蔬菜、叉燒肉、水煮蛋等北海道產食材的拉麵廣受好評。

♪0167-29-2666
⏱11:00～15:00
休 週三（逢假日則營業）

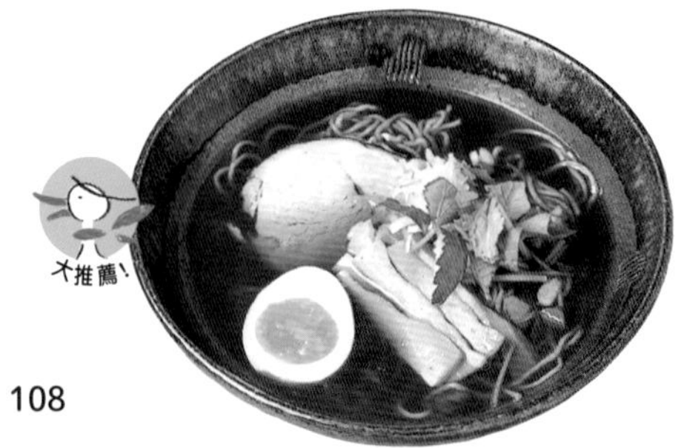

03 參觀 30 分

撿來的家

在「'02遺言」中，五郎收集廢料所建的家。使用了廢棄滑雪場的纜車和電話亭等，呈現出獨特的風貌。也是在連續劇最後結婚的純和結所住的家。

♪0167-23-3388（富良野觀光協會）／⏱ 9:30～18:00（11/24～4/15～16:00）／休 無休／¥ 500日圓（三座設施通用券1200日圓）

遊覽順序的小提示

從巴士站步行至麓鄉的景點單程需時約30分，距離有點遠，所以最好的方式是騎自行車。欲出租自行車可至「撿來的家」租借（參照左頁，10:00～17:00，1次1000日圓，4月中旬～10月下旬）。利用自行車能更有效率地四處遊逛。

06 參觀 1 小時

麓鄉之森

閑靜的森林中有黑板一家所住的鐵皮屋頂房子、五郎建造的原木小屋等曾出現在連續劇的建築物。腹地內也有伴手禮商店，同時也是適合稍作休息的地方。

☎0167-23-3388（富良野觀光協會）
🕘9:30～17:30（10/1～11月下旬～16:00）
休 11月下旬～4月下旬
¥ 500日圓
P 150輛

大推薦！

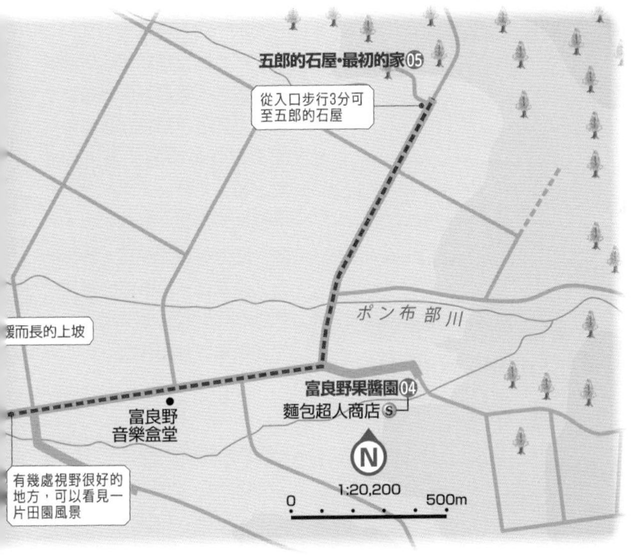

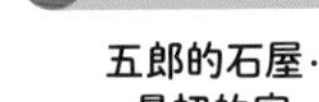

05 參觀 30 分

五郎的石屋·最初的家

在「'89歸鄉」中，五郎用從田裡挖掘出的石頭一個個堆疊建造而成的環保屋。也可入內參觀。此外也留有連續劇剛開始時所居住的家。

☎0167-23-3388(富良野觀光協會)／🕘9:30～18:00(10/1～11月下旬～16:00)／休 11月下旬～4月下旬／¥ 500日圓

04 果醬 432日圓～

富良野果醬園

製造、販售無添加手工果醬。果醬手作教室、摘草莓、花田、附設的麵包超人商店都廣受好評。

☎0167-29-2233
🕘9:00～17:30
休 過年期間（冬季有休園日）

其他吸引人的「富良野連續劇」外景地

除了《來自北國》之外，《溫柔時光》和《風之花園》這兩部作品也是以富良野為舞台。這兩部的拍攝大部分都在新富良野王子大飯店（☎0167-22-1111）占地內，與連續劇有關的設施「珈琲 森の時計」、「風之花園」等也都保留著，絕對不可錯過。

富良野站周邊／鄉土料理

くまげら

地圖p.111-B
JR富良野站步行3分

連續劇《來自北國》中也曾出現過的鄉土料理店。以富良野和牛為首，使用富良野產馬鈴薯、玉米、乳製品等製成的料理應有盡有。味噌風味的山賊鍋（2人份3400日圓）及富良野和牛烤牛肉丼（2000日圓）都廣受歡迎。

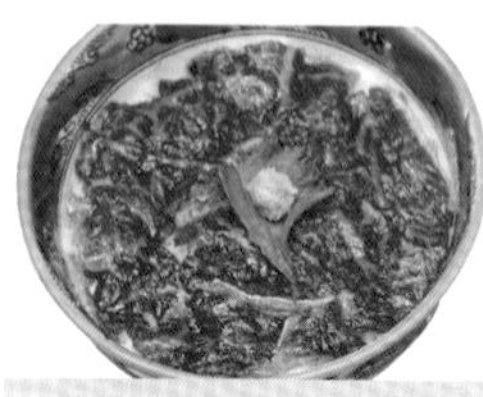

0167-39-2345
富良野市日の出町3-22
11:30～23:00
休 週三
¥ 午餐1500日圓～
晚餐2500日圓～
P 30輛

富良野站周邊／咖哩

唯我独尊

ゆいがどくそん

地圖p.111-B
JR富良野站步行5分

以自家咖哩和手工香腸自豪的店。香腸咖哩（1180日圓）相當受歡迎。用洋蔥和紅蘿蔔用心燉煮的黑色醬汁既甘甜又充滿層次。

0167-23-4784
富良野市日の出町11-8
11:00～21:00
(20:30L.O.)
休 週一（逢假日則翌日休）
¥ 午餐1000日圓～
晚餐1000日圓～
P 10輛

富良野站周邊／燒肉

焼肉倶楽部Yamadori

やきにくくらぶ やまどり

地圖p.111-B
JR富良野站步行2分

將曾是酒窖的石造建築改建成燒肉店。推薦以具有深厚風味的當地產富良野和牛為主的料理。特級牛小排（2980日圓）是相當受歡迎的菜色。

0167-22-3030
富良野市朝日町4-22
11:00～15:00、17:00～22:00
休 不定休
¥ 用餐2000日圓～
P 10輛

葡萄酒工廠周邊／餐廳

Furano Wine House

ふらのワインハウス

地圖p.111-A
JR富良野站搭計程車5分

一邊眺望窗外十勝岳和富良野市區的全景，一邊品嘗使用了當地產嚴選食材的料理。以起司鍋（900日圓～）為首，也很推薦義大利麵、湯咖哩、紅酒燉牛肉等餐點（菜單可能變更）。

0167-23-4155
富良野市清水山
11:00～21:00(20:00L.O.)
休 過年期間
¥ 午餐1200日圓～
晚餐2500日圓～
P 60輛

北之峰／西點

菓子工房Furano Delice

かしこうぼうふらのでりす

地圖p.111-C
JR富良野站搭往新富良野王子大飯店的巴士10分，富良野プリンスホテル下車步行5分

以牛奶瓶直接烤製，口感滑順香甜的「富良野牛奶布丁」非常受歡迎。甜點堅持使用以富良野為中心的北海道產食材，製造和販售充滿師傅獨自的創意和品味、外觀美麗的西點。店內也有能眺望十勝岳的宜人咖啡廳，可享用自家烘焙的咖啡450日圓、富良野牛奶布丁套餐950日圓等餐點。

0167-22-8005
富良野市字下御料2156-1
10:00～18:00
休 週二、三（逢每月1日與假日則營業）
¥ 蛋糕飲料套餐1100日圓～
P 20輛

中御料／伴手禮

森林精靈的陽台

地圖p.101-J
JR富良野站搭巴士12分，新富良野プリンスホテル下車即到

新富良野王子大飯店的森林中建有15棟小木屋樣式的店鋪，可以一邊享受森林浴一邊購物。

這裡有許多玻璃工藝品和木工製品等溫馨的作品，光是用看的就好像進入了童話世界一般有趣，精心打造的世界讓人目不暇給。

0167-22-1111
(新富良野王子大飯店)
富良野市中御料
(新富良野王子大飯店內)
12:00～20:45
(7～8月為10:00～)
休 無休
(各店鋪有不定休)
P 390輛

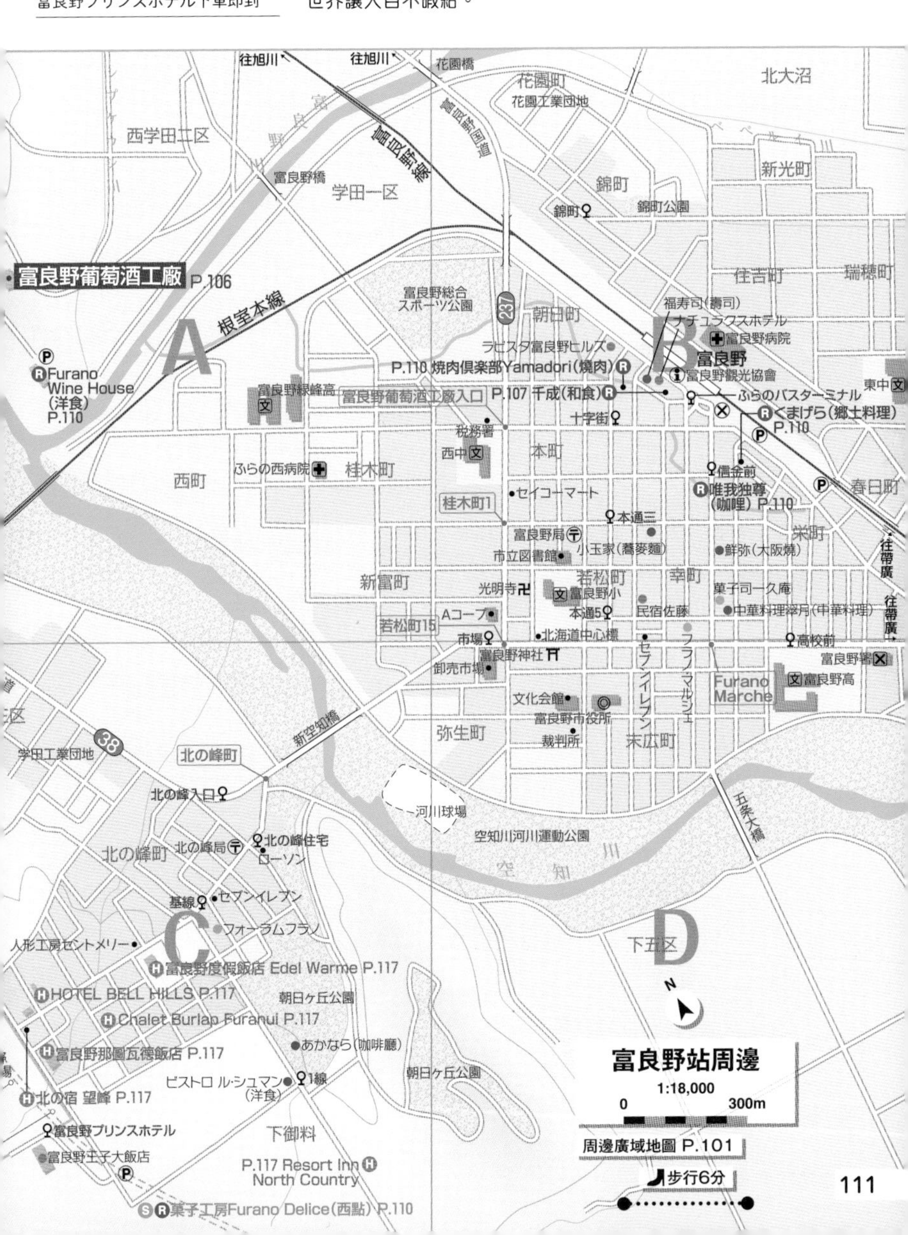

往國道237號線
往旭川機場·旭川市區
千代岡
旺季時人潮眾多
七星之樹 P.115
旭第六
452
西神楽26
旭川市
有如巨浪般起伏的山丘
北瑛
辺別川橋
かしわ園公園
由稍遠的地方眺望更美
北瑛小麥之丘 P.115
bi.ble P.115
五稜第一
A
B
親子之樹 P.115
北瑛中央
宇莫別入口
北美瑛
Country House KAKI P.117
P.115 波打丘
夕張中央
丘のペンションポプラ
五稜
五稜橋
美田小
夕張
宇莫別簡
三田第三
拼布之路
北瑛入口
開拓庵(輕食)
美瑛坂
長下坡
ペンションケンとメリー
亜斗夢の丘
P.117
P.115 肯和瑪麗之樹
Potato Village
美瑛馬鈴薯之丘
美瑛ウエディングパレス
ぜるぶの丘
237
大三
美田第二
有瞭望台、洗手間、商店。夏季薰衣草盛開
P.115 北西之丘展望公園
カルビーポテト倉庫
五稜第二
美田第二
明治
陡峭坡道，騎自行車會很辛苦
島牛
あるうのぱいん(麵包)
※7～8月限定
青い池入口
和風ペ
菜摘実
五稜
陡峭的上坡
中本
村山
美瑛
美瑛入口
びえい「丘のくら」
美瑛高
旅の宿星の庵
陡峭坡道
美瑛駅
四季情報館 P.113
町民スキー場
美瑛
そば天(蕎麥麵) P.116
花園2
美瑛中
P.116 北工房(咖啡廳)
美瑛小
美瑛町役場
美瑛局
四季之塔 P.113
洋食と
純平
P.116
P.116 木のいいなかま(餐廳)
球場
丸山運動公園
東小
美園
憩ケ森公園
大曲
道道美馬牛神楽線
共和
大西宅前
クンストハウス
水沢6線
D
瑠辺蘂
貴妃花(木製家具)
富良野線
E
めぐみ雪
水沢
沿著山脊景色優美的道路
ペンション風花
横山牧場
富良野国道
瑠辺蘂川
美馬牛川
遊岳荘
ペンション星ケ丘
四季の風(咖啡廳)
福富
可以眺望美瑛的高地，但自行車很難上去
4番通
湖對岸的十
相當美麗
ペンションジャガタラ
パフィーの木
西美の杜美術館
夕陽染紅山丘，景色相當美麗
P.114 新榮之丘展望公園
P.114
三愛之丘展望公園
水沢
新栄
P.116
GARDEN PRAISE(咖啡廳)
美間
美馬牛大成
水沢ダム
拓進
福美沢
クリスマスツリーの木
川村宅前
大成
全景之路
農場餐廳千代
(牛排
也是《來自北國》外景地的小車站
コーヒー茶屋ラ・マルタ(咖啡廳)
菅野農場
千代田の
見晴らし
美馬牛局
5線
美馬牛中
新星第一
景觀遼闊的柏油路
P.117 自家焙煎珈琲Gosh(咖啡廳)
P.114 美馬牛站
道道芦別美瑛線
P.117 美馬牛Liberty Youth Hostel
美馬牛小
共栄
美馬牛
約1公里的自行車專用道
ペンションケンズ
二股共栄
美馬牛ガイドの山小屋
一本の木
ペンション麦
P.117 Farm Pension With You
G
H
拓真館
一棵白楊樹
新星
P.114
上富良野町
二股
四季彩之丘
新星センター
西14線
P.114
炎創窯
日進
深山神社
新星第五
二股日進
深山峠
ザ·ピラミッド
騎上坡道視野遼闊
深山峠展望台
ウッディライフ(輕食)
トリックアート美術館
けむり屋(手工香腸)
西8線
往富良野

美瑛・觀賞

四季情報館

しきのじょうほうかん

地圖p.112-E
JR美瑛站👟2分

抵達美瑛後建議先前往此設施，取得從觀光資訊到住宿設施介紹等各種資訊，也能拿到詳細的導覽手冊和地圖，還有販售美瑛特產品的專區。在等待電車的空檔不妨來這裡逛逛。

- ☎ 0166-92-4378（美瑛町觀光協會）
- 📍 美瑛町本町1-2-14
- 🕒 8：30～19：00（11～4月～17：00，6、10月～18:00）
- 休 過年期間　¥ 免費
- P 10輛，此外也能利用美瑛站公共停車場

四季之塔

しきのとう

地圖p.112-E
JR美瑛站👟7分

位於美瑛町公所，有著三角屋頂的高大建築。從距離地面32.4公尺高的頂樓，可眺望以十勝岳連峰為背景的市鎮全景。

- ☎ 0166-92-4316(美瑛町總務課)
- 📍 美瑛町本町4-6-1
- 🕒 8:30～19:00(11～4月～17:00)
- 休 無休（11～4月為週六日、假日、過年期間休）
- ¥ 免費　P 50輛

隨興遊逛

美瑛之丘

びえいのおか

能以自己的步調或走或停的自行車，是漫遊美瑛之丘的最佳移動方式。雖然途中也有一些陡峭的上下坡，但整體來說還算相當平穩。吹著涼爽的風，尋找專屬於自己的絕佳景點吧。

全景之路

以自行車漫遊，會發現這個區域比想像中還要廣闊，建議保留較為充裕的時間。以下介紹的路線大多是起伏較少的路線，主要以好騎、景觀優美為優先考量。

01 參觀 30 分

新榮之丘展望公園

しんえいのおかてんぼうこうえん

景觀良好的山丘頂上的公園。有廁所、休憩處和商店。雖然以黃昏的優美景色聞名，不過白天的景色也很不錯。

前往這裡的方法
參照p.99

START GOAL 美瑛站
N
1:98,000
0 2km
美瑛川
30分
連續的平緩上坡
25分
連續3公里的下坡，小心車輛
237
富良野線
新榮之丘展望公園 01
三愛之丘展望公園 06
25分
聖誕之樹
一部分是行人和自行車專用道
35分
美馬牛站 02
四季彩之丘
25分
20分 拓真館 05
一棵白楊樹 03
15分
04

02 參觀 10 分

美馬牛站

周圍到處都是田。宛如紅屋頂小屋般的車站建築是《來自北國》<89望鄉篇>的舞台，就算本身不是鐵道迷也會關注這裡。

03 參觀 10 分

一棵白楊樹

矗立於田野中的白楊樹搭配周圍起伏的山丘、廣闊的天空，看起來格外美麗。樹木周遭是私人土地不要靠近，從路邊遙望即可。

04 參觀 1 小時

四季彩之丘

しきさいのおか

廣闊腹地遍布的花田相當受歡迎。也有餐飲處、廁所等休息設施。

☎0166-95-2758／🕒8:30～18:00（可能視季節變動）／¥200日圓（募捐）

05 參觀 40 分

拓真館

たくしんかん

傳遞美瑛之丘美麗的前田真三照片館。

☎0166-92-3355／🕒9:00～17:00（冬季可能變動）／休1月下旬～3月／¥免費

06 參觀 20 分

三愛之丘展望公園

さんあいのおかてんぼうこうえん

可同時看到遠方的大雪山、近在眼前的十勝岳連峰，是全景之路景觀最好、令人感到特別舒暢的展望台。

大推薦！

02 參觀 10分

波打丘

仔細看會發現山丘如同海浪般綿延起伏。周邊有許多牧場但無法進入，可從路邊拍照。

03 參觀 10分

親子之樹

並排在景色遼闊的山丘上的三棵樹木。周邊是馬鈴薯田和麥田，馬鈴薯的白色花朵盛開的初夏，呈現宛如童話般的風景。

04 參觀 10分

七星之樹

位於可將拼布之路盡收眼底的山丘頂上的一棵槲樹。附近有停車場，通常人潮較多，建議從稍微遠一點的地方眺望。

拼布之路

一片綠意之中綻放著白色花朵的馬鈴薯田、一整片被染成金黃色的麥田，讓山丘像是拼布般呈現出繽紛色彩的區域，似曾在電視廣告和海報裡看過的美麗景色在眼前展開。

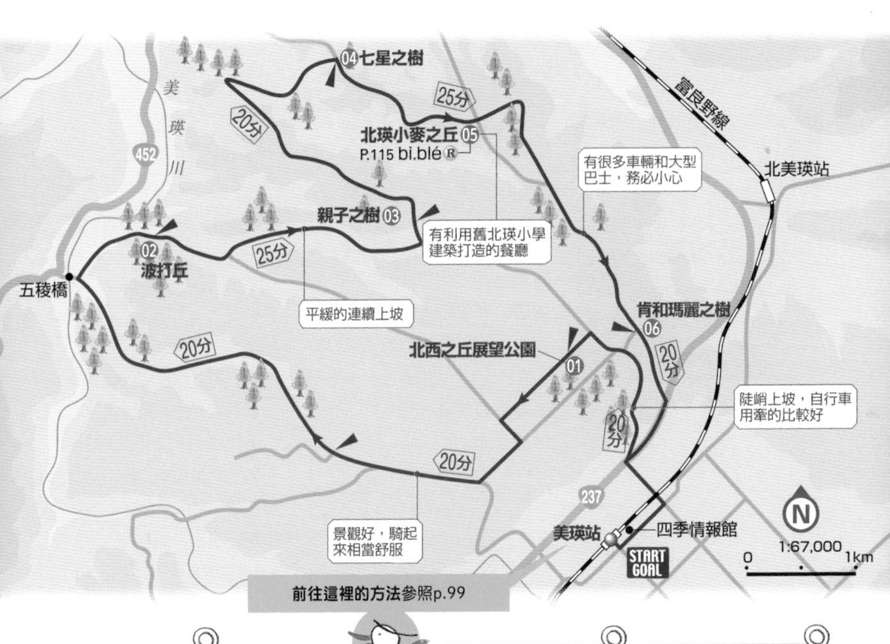

前往這裡的方法參照p.99

01 參觀 30分

北西之丘展望公園

可眺望遠方的十勝岳連峰，園內有薰衣草園、觀光服務處、廁所等休憩設施。

休憩點

●bi.blé

（地圖 p.112-B）

位於北瑛小麥之丘的道地法國料理餐廳。午餐3000日圓～。

0166-92-8100
11:00～14:00L.O.、17:30～19:30L.O.
休 週二（逢假日則營業，7、8月為無休，冬季為週一～四）

06 參觀 20分

肯和瑪麗之樹

1972（昭和47）年出現在汽車電視廣告中的白楊樹。這裡是知名的拍照景點，但拍照時要留意馬路上的車輛。

05 參觀 20分

北瑛小麥之丘

利用舊北瑛小學建築打造的旅館。有餐廳、麵包店以及美瑛料理教室等。景觀也很棒。

美瑛・美食

美瑛站周邊／咖啡廳

北工房
きたこうぼう

地圖p.112-E
JR美瑛站步行7分

自家烘培咖啡相當好喝的咖啡廳。堅持以手工挑選豆子，特調咖啡有酸味、苦味、法式、香醇、綜合大豆這5種口味。還可以品嘗每週更換品項的摩卡-西達摩、吉力馬札羅等6種單品咖啡。

0166-92-1447
美瑛町栄町3-5-31
10:00～18:00
休 週三(逢假日則翌日休)
¥ 咖啡500日圓～
P 4輛

美瑛站周邊／蕎麥麵

そば天
そばてん

地圖p.112-E
JR美瑛站步行3分

使用北海道蕎麥粉的蕎麥麵店。蕎麥麵風味佳又有彈性。天婦羅蕎麥麵（1320日圓）和山藥泥蕎麥麵（770日圓）等餐點都很受歡迎。使用美瑛豚製成的豬排丼（968日圓）和豬排蕎麥麵（1150日圓）也非常好吃。晚上會變成居酒屋。

0166-92-1463
美瑛町本町1-3
11:00～14:30
(蕎麥麵售完打烊)、
17:00～20:00(居酒屋)
休 週日(7～8月為無休)
¥ 蕎麥麵550日圓～
P 有特約停車場

美瑛站周邊／餐廳

洋食とCafé純平
ようしょくとかふぇじゅんぺい

地圖p.112-E
JR美瑛站步行10分

以講究的油炸料理聞名。炸豬排（定食1370日圓～）充滿嚼勁卻又相當柔軟，也非常厚實。除了炸蝦和炸肉排，炸蝦丼（3隻1100日圓～）也是受歡迎的菜色。

0166-92-1028
美瑛町本町4-4-10
11:00～食材售完打烊
休 週一
¥ 午餐1100日圓～
P 18輛

美瑛站周邊／餐廳

木のいいなかま
きのいいなかま

地圖p.112-E
JR美瑛站自行車15分，或是步行30分

可以嘗到使用當令食材製成的料理。餐點使用了蘆筍、番茄、高麗菜、馬鈴薯等向當地農家採購的新鮮食材，內容會隨季節變換。除了今日蔬菜咖哩、味噌炸豬排之外，也推薦蘆筍蛋包飯（5月下旬～6月）等菜單。

0166-92-2008
美瑛町丸山2-5-21
11:30～15:00
休 週一、第1、3週二、11～2月
¥ 午餐1000日圓～
P 7輛

美瑛站周邊／輕食咖啡廳

GARDEN PRAISE
が一でん ぷれいず

地圖p.112-E
JR美瑛站開車7分

與三愛之丘展望公園相鄰，可一邊眺望十勝岳連峰和美瑛之丘一邊休息。在從民宅改造而成、充滿家庭氛圍的店內，可以享用漢堡排（1100日圓～）、維也納香腸咖哩（1100日圓～）、自家烘培的咖啡（500日圓～）及現烤麵包（80日圓～）、霜淇淋（300日圓～）等。

☎ 0166-68-7550
📍 美瑛町字福富瑛進
🕙 10:00～17:30
(10～11月～16:30，冬季～16:00)
休 週日(逢假日則營業)
¥ 咖啡500日圓
P 5輛

美瑛站周邊／餐廳

農場餐廳千代田

ふぁーむれすとらんちよだ

地圖p.112-H
JR美瑛站🚗15分或🚲35分

位於互動牧場旁的餐廳。能夠品嘗以自家牧場培育的「美瑛和牛」烹調的美瑛和牛牛排套餐、牛肉濃湯套餐（1980日圓）等。除此之外，也很推薦每日更換、能嘗到4種部位的「美瑛和牛熱門部位試吃評比拼盤」（6980日圓）。

☎ 0166-92-1718
📍 美瑛町字水沢春日台第1-4221
🕙 11:00～20:00(冬季～15:00)
休 12/31～1/3
¥ 午餐1280日圓～　P 40輛

住宿指南

富良野	新富良野王子大飯店	☎0167-22-1111／地圖:p.101-J／Ⓣ8106日圓～(附1泊早餐) 💬可享受高爾夫球、滑雪、熱氣球等樂趣。共407間客房。
富良野	富良野度假飯店 Edel Warme	☎0167-22-1161／地圖:p.111-C／Ⓣ10000日圓～(附1泊早餐) 💬光明石溫泉的浴池和晚間西式全餐頗受歡迎。共74間客房。
富良野	Chalet Burlap Furanui	☎0167-22-2480／地圖:p.111-C／Ⓣ7722日圓～(附早餐) 💬老闆親自提供騎馬、熱氣球等休閒活動。共29間客房。
富良野	Hotel Bell Hills	☎0167-22-5200／地圖:p.111-C／11000日圓～(1泊2食) 💬以光明石溫泉的露天浴池、使用當季食材的晚餐為傲。共96間客房。
富良野	富良野那圖瓦德飯店（自然森林飯店）	☎0167-22-1211／地圖:p.111-C／11000日圓～(1泊2食) 💬以使用北海道產蔬菜的日西合璧晚餐自豪。共79間客房。
富良野	北の宿 望峰	☎0167-22-4247／地圖:p.111-C／4860日圓～(1泊2食) 💬充滿家庭氛圍的旅館，長年受到滑雪客的歡迎。共20間客房。
富良野	Highland Furano	☎0167-22-5700／地圖:p.101-J／7190日圓～(1泊2食) 💬夏季時大片薰衣草花田自眼前展開，散步也很有趣。共26間客房。
富良野	Resort Inn North Country	☎0167-23-6565／地圖:p.111-C／5500日圓～(1泊2食) 💬有能製作原創葡萄酒的工坊和餐廳。共37間客房。
美瑛	Potato Village 美瑛馬鈴薯之丘	☎0166-92-3255／地圖:p.112-B／受疫情影響營業尚不穩定 💬除了7間附浴室和廁所的客房，也有小木屋和別墅。共18間客房。
美瑛	Country House KAKI	☎0166-92-3588／地圖:p.112-B／8000日圓～(1泊2食) 💬餐桌上盡是以自家農園採收蔬菜所製的料理。共8間客房。
美瑛	Farm Pension With You	☎0166-95-2748／地圖:p.112-H／7150日圓～(1泊2食) 💬以全盤使用自製食材烹調的料理為傲。共9間客房。
美瑛	美馬牛Liberty Youth Hostel	☎0166-95-2141／地圖：p.112-H／YH會員5400日圓～、一般6000日圓～(男女有別大通鋪)　💬全年都有多元的戶外活動可以選擇。共6間客房。
白金溫泉	森の旅亭びえい	☎0166-68-1500／地圖:p.101-I／22000日圓～(1泊2食) 💬位於白金溫泉，充滿隱密氣氛的高級旅館。共17間客房。
白金溫泉	白金四季之森Hotel Park Hills	☎0166-94-3041／地圖:p.101-I／7150日圓～(1泊2食) 💬白金溫泉的旅館。有露天浴池、三溫暖、室內游泳池。共174間客房。

旭川

區域的魅力度

與動物接觸
★★★★★
城市漫遊
★★★
美食
★★★

深受動物生動表情感動的旭山動物園
旭川拉麵的名店齊聚一堂
博物館和工藝館等文化設施

晴天時可看見大雪山系
北海道第二大的文化都市

旭川市是北海道內僅次於札幌的第二大都市。車站周邊有飯店、辦公大樓、大型商業設施等建築林立，離市區稍遠的地方則有許多史蹟和博物館、工藝館等文化設施。

前往旭川的方法

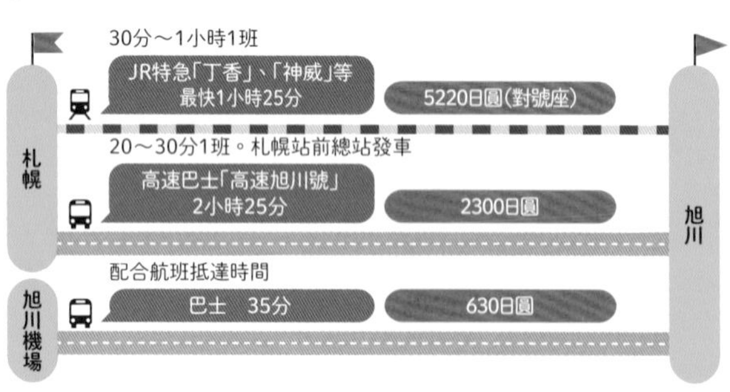

除了上圖之外，從富良野站到旭川站也可以搭乘JR富良野線的普通列車58分～1小時27分、1290日圓。1天11～12班，白天為1～2小時1班左右。從美瑛站出發為27～38分、640日圓，約1小時1班。

若要搭乘巴士則以「薰衣草號」較為方便，1天8班。從富良野出發需時1小時40分、900日圓。從美瑛出發需時54分、630日圓。

觀光詢問處

旭川觀光特產資訊中心（JR旭川站內）
☎0166-26-6665

預約・詢問處

JR旭川站
☎0166-25-6736

高速巴士
高速旭川號
北海道中央巴士
☎0570-200-600（札幌巴士總站）
薰衣草號
富良野巴士(旅行中心)
☎0167-23-1121

機場巴士・市內巴士
旭川電氣軌道巴士（巴士綜合服務處）
☎0166-23-3355
道北巴士(旭川)
☎0166-23-4161

超值票券

如要前往旭山動物園，入園券搭配接駁巴士乘車券的「旭山動物園車票」從札幌站出發為6740日圓。

三浦綾子紀念文學館

みうらあやこきねんぶんがくかん

地圖p.119-A
JR旭川站👟15分

著有《冰點》、《鹽狩峠》等書，旭川出身的作家三浦綾子的文學館。該館位於《冰點》的舞台「外國樹種樣本林」之中。透過本館的展覽資料、原創AR（擴增實境）應用程式，可以更加貼近三浦文學。在2019年改建的分館能夠體驗栩栩如生的「口述筆記」，亦有販售作品相關商品。可以享受閱讀、喝咖啡等愜意時光。

☎ 0166-69-2626
📍 旭川市神楽7条8-2-15
🕘 9:00～17:00(最後入館16:30)
休 10～5月的週一（逢假日則翌日休）、12/30～1/4
¥ 700日圓(高中以下免費)
P 30輛(免費)

旭川市科學館「SciPal」

あさひかわしかがくかん「さいぱる」

地圖p.119-A
JR旭川站前搭🚌旭川電氣軌道巴士82、84號5分，📍科學館前下車即到

遊玩之餘還能感受學習科學的樂趣。宇宙區有無重力狀態的模擬體驗。最先進的天象儀（330日圓）也不能錯過。

☎ 0166-31-3186　📍 旭川市宮前通1条3
🕘 9:30～17:00(最後入館16:00)
休 週一（逢假日則翌平日休）、月底的平日、過年期間
¥ 常設展覽室1天410日圓，搭配天象儀為520日圓
P 81輛

與生氣蓬勃又活潑的動物們相見！

旭川市旭山動物園的遊樂指南

可從不同位置和特別的角度觀察動物們生氣蓬勃樣貌的旭山動物園，是十分受歡迎的景點。連大人們都能盡興玩樂的祕訣就在這裡！

絕不能錯過 餵食時間和重點導覽

針對各種動物盡可能創造出接近野生的生長環境，是旭川市旭山動物園的一大特色。

能一邊聽著飼育員的解說，一邊欣賞動物吃飯模樣的「餵食時間」不容錯過。舉辦時間和地點可從入園門口附近的公布欄得知。此外，飼育員手寫的重點導覽，能讓人更了解這些動物，也讓參觀變得更有趣。

地圖p.119-B
JR旭川站搭往旭山動物園的🚌班車（41、42、47號）約40分，終點站下車即到
☎ 0166-36-1104
📍 旭川市東旭川町倉沼
🕘 9:30～17:15（10月16日～11月3日～16:30，11月11日～4月7日為10:30～15:30），入園至關園前1小時（冬季為前30分）為止。夜間動物園（8月10日～16日）開園～21:00
休 4月10日～28日、11月4日～10日、12月30日～1月1日（2023年度）
¥ 1000日圓
P 500輛

北極熊館

震撼的跳水風光！

隔著玻璃欣賞令人震撼的潛水和泳姿。從透明的半球型天窗「海豹眼」近距離觀察北極熊也相當有趣。

←朝著觀賞人群撲通下水！

↑可由海豹眼進行觀察

海豹館

與海豹四目相接!?

在館內可看到海豹恣意游泳的模樣。好像是在跳舞一樣。

↑看見海豹通過圓柱水道的樣子，忍不住興奮了起來！

野狼森林（森林狼）

←四目相交時讓人心驚膽懾的魄力

可以看到野狼在山野間奔馳的勇猛姿態

能了解野狼的各種行動與其生活型態。靈敏的動作和銳利的眼神相當值得一看。

蝦夷鹿之森

可以看到生氣蓬勃的表情！

↑近距離觀賞更能體會其美麗姿態

緊鄰著野狼森林，透過這2個設施能了解約100年前北海道的森林樣貌。從觀察廳可以看見蝦夷鹿在眼前喝水和進食的模樣。

黑猩猩森林・黑猩猩館

靈巧地從眼前經過

↑在天橋上玩耍的黑猩猩

可近距離觀賞使用各種遊樂道具玩耍的黑猩猩。與好奇心旺盛的黑猩猩四目相交的話，搞不好能成為朋友？

猴山

可以觀察小猴子對何種事物充滿好奇

可以從各個位置眺望日本猴群生活的猴山。意想不到的動作相當有趣，一不小心就會忘了時間。

↑可作為親子互動的參考？

紅毛猩猩宿舍・紅毛猩猩館（婆羅洲猩猩）

在高處也能悠閒地空中散步…光用看的就讓人心驚膽跳！

傑克（父）與Morito（子）、Moka（女）在此生活。親密互動的模樣和充滿魅力的動作讓人目不轉睛。

↑不能錯過高處的空中漫步

購買原創伴手禮！

●扭蛋ZOO

動物園的官方商品。可在設置於正門、東門、海豹館休息區的販賣機買到。不知道會買到什麼也是一種樂趣。1次500日圓。

●信紙組

飼育解說員中田的手繪插圖。內有信封4入、信紙4種各2張、貼紙1張。734日圓。

企鵝館

館內有國王、巴布亞、漢波德、跳岩這4種企鵝在此活動。在路上行走時搖搖晃晃，但在水中游泳時卻非常靈活，讓人大開眼界！

↑冬季積雪時可近距離欣賞企鵝散步

從水底隧道觀賞，就變成了「空中企鵝」

小貓熊的吊橋

心情好的時候
就會橫越吊橋！

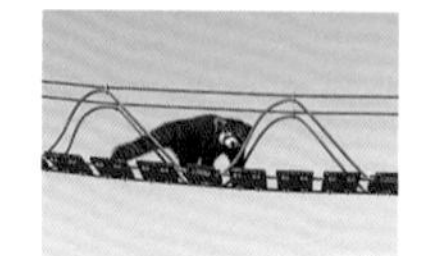

↑新加入的女孩子「圓美」

小貓熊的吊橋在小獸舍中。因為無法預知牠何時會橫越吊橋，一旦開始橫越便要把握住拍照機會。

猛獸館

↓可從下方觀察在高處休息的豹

從超近距離進行觀察

可由上往下，或是由下往上觀察東北虎、獅子、雪豹、棕熊等動物。

蜘蛛猴・水豚館

特技員和慢郎中的同居生活

能將尾巴如手腳般靈活運用的蜘蛛猴，和齧齒類動物水豚在同一個場所生活。兩者都是非常有特色的動物，相當有趣。

↑動作華麗的蜘蛛猴

↑慢郎中的水豚

毛腿魚鴞舍

能看見毛腿魚鴞
神祕生態的設施

→毛腿魚鴞是日本的天然紀念物

毛腿魚鴞（又稱島梟）築巢、繁殖的7公尺高樹木相當醒目。在小河或池邊，還有機會看到毛腿魚鴞獵食虹鱒的場面。

北海道產動物舍

北海道的本土種和外來種的對比展示

說明北海道的動物現況和自然環境影響等的設施。展示著鵰、老鷹、貓頭鷹類、北狐、蝦夷狸等動物。

→以棲息在北海道的動物為主進行展示

旭川站周邊／咖啡廳

珈琲亭 ちろる

こーひーてい ちろる

地圖p.107-D
JR旭川站👟8分

承襲自小說《冰點》中也曾出現過的老字號咖啡廳的紅磚建築和店名。在洋溢著懷舊氛圍的店內，能夠品嘗自家焙煎咖啡。可選擇淺焙、中焙或深焙的特調咖啡為550日圓。也有提供當季蛋糕（蛋糕套餐870日圓）等餐點。

- ☎ 0166-26-7788
- 📍 旭川市3条通8丁目左7
- 🕓 8:30～18:00
- 休 週日
- ¥ 咖啡550日圓～，各種蛋糕450日圓
- P 附近有

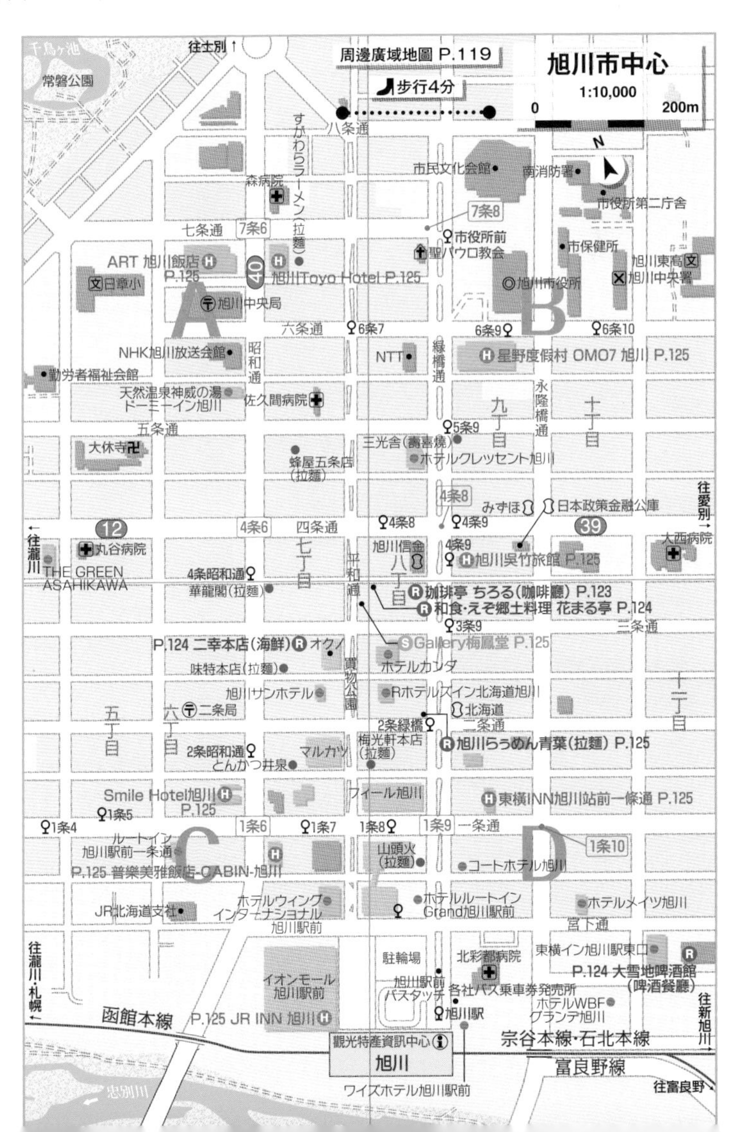

旭川站周邊／啤酒餐廳

大雪地啤酒館

たいせつじびーるかん

地圖p.123-D
JR旭川站👟5分

附設本地啤酒製造工廠的啤酒餐廳。由紅磚倉庫改建而成的店內相當明亮。除了皮爾森、愛爾等種類，還可以嘗到4～5種自製啤酒和季節限定啤酒。

使用當地食材的料理和蒙古烤肉區也廣受好評。

0166-25-0400
旭川市宮下通11丁目1604-1
11:30～22:00
休 過年期間
¥ 午餐700日圓～ 晚餐3000日圓～
P 30輛

旭川站周邊／海鮮料理

二幸本店

にこうほんてん

地圖p.123-C
JR旭川站👟10分

大量使用北海道山珍海味的料理廣受好評，其中特別推薦壽司。北海散壽司為3600日圓。毛蟹味噌湯（800日圓）、海膽花枝奢華丼（3600日圓）也備受好評。

0166-22-5070
旭川市3条通7丁目右7
11:00～14:30、16:30～22:00(21:30L.O.)
休 不定休
¥ 午餐1000日圓～ 晚餐4000日圓～
P 附近有

旭川市永山／拉麵

旭川拉麵村

あさひかわらーめんむら

地圖p.119-B
JR旭川站前18號乘車處搭🚌道北巴士73、66、665號35～40分，永山10条4丁目下車👟2分

集合了當地8間人氣旭川拉麵名店的美食主題園區。雖然同樣是旭川拉麵，但每家店都有其獨特風味，可以試吃比較看看。館內還有以拉麵碗為設計的椅子和拉麵村神社、伴手禮商店等。

0166-48-2153
旭川市永山11条4丁目119-48 Powers內
11:00～20:00（視店鋪而異）
休 不定休（視店鋪而異）
¥ 拉麵700日圓～
P 150輛

旭川站周邊／相撲鍋

北の富士 本店櫻屋

きたのふじ ほんてんさくらや

地圖p.119-A
JR旭川站👟8分

創業80多年，由旭川出身的前橫綱北富士勝昭的姪子擔任第三代店長的知名相撲鍋店。以雞骨為基底所熬出富含膠原蛋白的濃郁湯頭，既有層次又能將食材的風味發揮到極致。菜色有帝鱈場蟹相撲鍋（3900日圓）、鮭魚相撲鍋（2900日圓）、雞肉半敲燒相撲鍋（2900日圓）、豬肉味噌相撲鍋（3100日圓）等11種品項可以選擇。

0166-22-8264
旭川市1条通3丁目1687-1
11:00～14:00L.O.、16:30～21:00(20:00L.O.)
休 週一(逢假日則營業)
P 20輛

旭川站周邊／鄉土料理

和食・えぞ郷土料理 花まる亭

わしょく・えぞきょうどりょうり はなまるてい

地圖p.123-D
JR旭川站👟8分

能夠享用盛有南瓜糰子的南瓜湯（p.125左上照片，880日圓）、老爹烤鮭魚（1760日圓）、當令燒烤（660日圓～）及生魚片（880日圓～）等，活用北海道特有食材所製的鄉土料理及創意蝦夷料理。花式大翅鮶鮋（3630日圓）也值得一嘗。也有全餐料理，售價為4400日圓～。

☎0166-26-7206
📍旭川市3条通8丁目
🕒11:30～14:30、
17:30～23:00（週六僅晚上）
休 週日（週一逢假日則營業，週日休）
¥ 午餐1200日圓～
晚餐5000日圓～
P 附近有
（※編註：2023年時已停業閉店，現由「天婦羅割烹 すみ」轉手經營）

旭川站周邊／拉麵

旭川らぅめん青葉

あさひかわらぅめんあおば

地圖p.123-D
JR旭川站🚶7分

1947（昭和22）年創業，可說是醬油風味的旭川拉麵的先驅。以雞骨、豬大骨、利尻昆布、蔬菜等熬出的高湯，完全不使用任何化學調味料。

☎0166-23-2820
📍旭川市2条通8丁目左8
二条ビル名店街1F
🕒9:30～14:00、
15:00～18:30L.O.
休 週三（逢假日則翌日休）
¥ 拉麵750日圓～
P 附近有

旭川站周邊／美術工藝品

Gallery梅鳳堂

ぎゃらりーばいほうどう

地圖p.123-D
JR旭川站🚶10分

這間藝廊主要展示、販售出自北海道內外作家之手的原創木工藝品及陶器等。也有陳列以天然素材製成的布料、衣服及飾品等，有許多適合當作伴手禮的作品。

☎0166-23-4082
📍旭川市3条通8丁目買物公園
🕒10:00～18:00
休 週二、過年期間　P 無

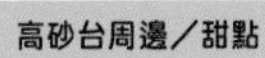

高砂台周邊／甜點

梅屋Outlet Store

うめやあうとれっとすとあ

地圖p.119-A
♀高砂台入口🚶1分

1914（大正3）年創業，因創意十足的和菓子和種類豐富的西點而相當受歡迎的老店。堅持使用北海道產原料，1964（昭和39）年開賣的泡芙（1個129日圓）至今仍深受歡迎。大量使用旭川產大豆「祝黑」（いわいくろ）的黑玉銅鑼燒1個194日圓。

☎0120-286-586
📍旭川市高砂台2-2-11
🕒10:00～17:30
休 無休　P 5輛

住宿指南

JR INN 旭川	☎0166-24-8888／地圖:p.123-C／Ⓢ8500日圓～Ⓣ14800日圓～／💬位於旭川站前、永旺夢樂城旭川站前高樓層，坐擁交通、購物地利之便。共198間客房。
普樂美雅飯店-CABIN-旭川	☎0166-73-7430／地圖:p.123-C／Ⓢ5300日圓～Ⓦ7600日圓～ 💬所有房間的單人床都是加大尺寸。天然溫泉與早餐備受好評。共355間客房。
星野度假村 OMO7 旭川	☎0166-29-2666／地圖:p.123-B／Ⓢ9900日圓～Ⓦ10800日圓～ 💬舒適洗鍊風格的城市飯店。共237間客房。
Smile Hotel旭川	☎0166-25-3311／地圖:p.123-C／Ⓢ4700日圓～ 💬可以在咖啡餐廳享用半自助式早餐。共173間客房。
東橫INN旭川站前一條通	☎0166-27-1045／地圖:p.123-D／Ⓢ3900日圓～Ⓣ5700日圓～ 💬供應免費早餐。週二～四還有提供晚餐咖哩免費的服務。共143間客房。
旭川Toyo Hotel	☎0166-22-7575／地圖:p.123-A／Ⓢ4400日圓～Ⓣ5700日圓～ 💬有單人房、大套房、和室等各種客房。共128間客房。
ART 旭川飯店	☎0166-25-8811／地圖：p.123-A／Ⓣ1人5300日圓～、2人6300日圓 💬備有浴室及三溫暖的「Fitness Spa Alpa」很受歡迎。共265間客房。
旭川吳竹旅館	☎0166-27-9111／地圖:p.123-B／Ⓢ4500日圓～Ⓣ6000日圓～ 💬免費的自助洗衣間、迎賓飲料等服務相當完備。共102間客房。

そううんきょう

地圖 p.225-C

層雲峽

層雲峽是石狩川源流處全長24公里的大峽谷，位在以2291公尺高的旭岳為主峰、2000公尺級山脈連綿的大雪山系山麓中。超過100公尺的斷崖接連不斷，在峽谷中央地帶的層雲峽溫泉有許多大型住宿設施林立。詳情請洽層雲峽觀光協會☎01658-2-1811。

前往層雲峽的方法

旭川站搭往層雲峽的道北巴士（參照p.118）1小時55分（2140日圓），終點站下車。或是旭川站搭JR特急「鄂霍次克」、「大雪」39～46分（2450日圓）在上川站下車，轉乘往層雲峽的道北巴士30分（890日圓），終點站下車。

觀賞　遊逛

高度超過100公尺的斷崖連綿不斷的層雲峽，有幾個主要的景點。景色最壯觀的是被稱為**大函、小函**的地方。小函雖然位於溪谷最狹窄的地方，但高度約200公尺的柱狀斷崖相當壯觀。柱狀巨岩如扇子般一字排開、綿延近500公尺的大函，景觀也相當出色。

層雲峽的幾個瀑布中，最有看頭的是**銀河瀑布**和**流星瀑布（上方照片）**。美麗的銀河瀑布因其優雅的姿態被稱為「女瀑」。流星瀑布從落差90公尺的絕壁傾瀉而下，看起來相當壯觀。

從歷史悠久的層雲峽溫泉街，可以搭乘連至黑岳五合目的**大雪山層雲峽黑岳纜車**（來回2400日圓。☎01658-5-3031），這裡也是頗受歡迎的景點。坐在大型車廂（600日圓）內登上七合目，再爬1小時30分即可攻頂。

此外，距離溫泉街稍遠的大雪高原旭之丘內有**大雪　森之花園**（5月中旬～10月中旬，9:00～17:00，800日圓。☎01658-2-4655，地圖p.225-C）。惹人憐愛的花朵綻放在茂密的森林中，是既美麗又令人感動的風景。

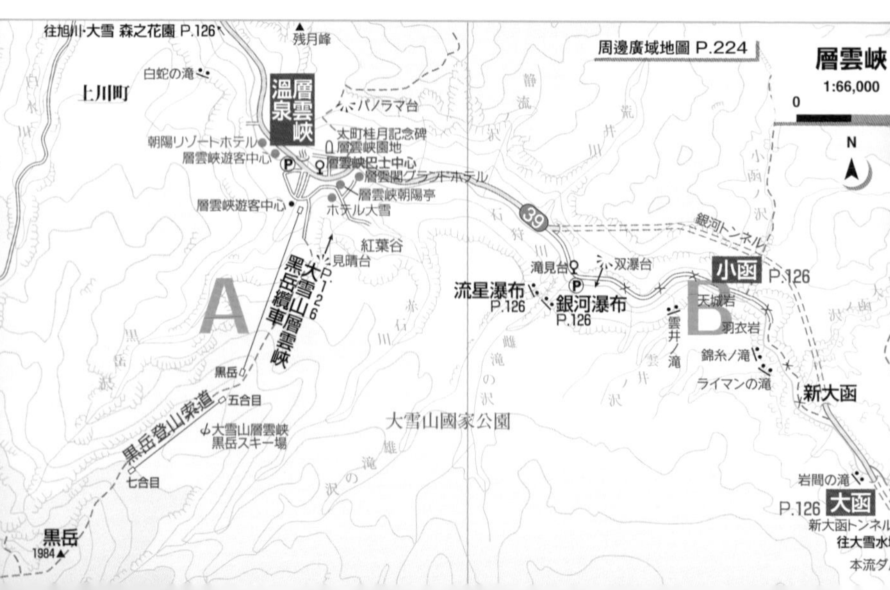

釧路濕原
知床
網走

充分享受廣闊的自然風光

おびひろ・とかち

地圖p.225-G、K、L

帶廣・十勝

廣大的平原帶來酪農和畜牧業的興盛

位於日高山脈東側的十勝平原，是東西約110公里、南北約160公里的廣大平原，其面積幾乎與日本新瀉縣相同。一望無際的田野和牧草地上，成排的防風林構成美麗的景色，能親身感受北海道的雄偉大地。此外，這裡也是日本首屈一指的農業王國，使用十勝特產品製成的各種美食，也是這個區域的魅力所在。

區域的魅力度

漫步大自然
★★★★
美食
★★★
享受寬廣的大地和豐富的大自然

前往帶廣的方法

札幌搭JR特急「十勝」或「大空」最快2小時28分，帶廣站下車。或是搭高速巴士「Potato Liner號」最快3小時25分（3840日圓），帶廣站巴士總站下車。釧路站搭JR特急「超級大空」最快1小時32分。

觀光詢問處

十勝觀光資訊中心
☎0155-23-6403
帶廣觀光會議協會
☎0155-22-8600

遊覽順序的小提示

想要周遊帶廣市區的話，基本上可利用路線巴士。若想要充分享受十勝豐富的自然景觀的話，推薦可前往位於北部的然別湖以及糠平湖（p.134）。遠離帶廣市區的南部，則有閑靜的田園風景和美術館、華麗的庭園等。可利用十勝巴士的「一日路線巴士專案」（參照下方專欄），相當方便。

帶廣站

TEKU TEKU COLUMN

方便又超值的一日路線巴士專案

當地的十勝巴士有「一日路線巴士專案」，是將帶廣周邊的參觀設施、溫泉設施入場費與來回車票成套販售。有來回輓曳十勝和帶廣動物園的路線，也有繞行郊外的真鍋庭園和中札內美術村的路線。詳情請洽帶廣站巴士總站服務處（☎0155-23-5171）等單位。

十勝川溫泉是擁有世界上珍貴泉質的溫泉

十勝川溫泉位於與帶廣市相鄰的音更町，是代表北海道東部的溫泉地之一，並以世界上相當珍貴的褐炭溫泉聞名。所謂褐炭溫泉，是指富含來自泥炭等植物性有機物質的鹼性溫泉，因火山活動而產生。琥珀色的溫泉讓皮膚變得光滑，且因具有使皮膚再生的效用，也被稱為「美人湯」。在帶廣市區的澡堂或飯店都可以享受到這種溫泉。

地圖p.225-L

↑經過區劃整頓的廣大田野一望無際

享受閑靜風景

擁有廣大平原的十勝地區，是日本著名的耕作、酪農地帶。經過區劃整頓的田野連綿不斷的雄偉風景，對旅行者來說相當有魅力，可親身感受北海道的大地風光。

說到十勝的觀光，位於北部的大雪山國家公園內的**然別湖**（地圖p.225-G）、**糠平湖**（p.134）相當受歡迎。然別湖是海拔810公尺的天然堰塞湖，湖畔有溫泉湧出，許多有露天浴池和大浴場的飯店都建在這裡。不妨以這些飯店為據點，乘著獨木舟或海洋獨木舟在美麗的湖面上遊玩，或是享受釣魚、森林健行等戶外活動。

此外，近年在帶廣市區以及市區南部的景點也相當受矚目。以美麗花草著稱的**真鍋庭園**、**紫竹庭園**等觀光庭園（p.132）、曾經造成一股風潮的**舊幸福站**（p.130）、中札內美術村等，都是近年特別受到矚目的場所。

↑因酪農業興盛而有許多牧場

在**中札內美術村**（地圖p.225-K ☎0155-68-3003，10:00～17:00，9月下旬～10月下旬為～16:00，11月上旬～4月下旬為休館，自由捐獻入場）在槲樹原生林中有以《北之十名山》聞名的相原求一朗美術館和小泉淳作美術館、北之大地美術館等。可以走在鋪有舊廣尾線枕木的小徑上，來趟藝術散步。

此外，開車10分鐘左右可到達**六花之森**（地圖p.225-K，☎0155-63-1000，10:30～16:00，10月中旬～4月中旬為休館，1000日圓）亦有出現在六花亭包裝紙上而為人熟知的坂本直行美術館。這些設施都值得保留充分時間仔細巡訪。

↑中札內美術村的廣大腹地內有許多美術館

舊幸福站
きゅうこうふくえき

地圖p.225-K
JR帶廣站搭乘🚌十勝巴士廣尾線46分，♀幸福站下車
👟5分

1970年代曾造成風潮的舊廣尾線車站。即使在路線廢除後，觀光客仍絡繹不絕，近年則成為情侶聖地，有越來越多情侶前來造訪。

☎0155-22-8600（帶廣觀光會議協會）
📍帯広市幸福町東１線
🕔休 自由參觀 🅿36輛

葡萄酒城
わいんじょう

地圖p.225-L
JR根室本線池田站👟10分

日本知名的十勝葡萄酒的釀造工廠。除了免費試喝區之外，還可以參觀靜置葡萄酒的地下熟成室。餐廳和購物區也很完善。

☎015-572-2467
📍池田町字清見83-4
🕔9:00～17:00 休 過年期間 ¥ 免費 🅿100輛

美食

帶廣站周邊／咖啡廳

六花亭帯広本店
ろっかていおびひろほんてん

地圖p.129
JR帶廣站👟5分

陳列著本店才有的多種商品。2樓的咖啡廳除了「雪起司」（224日圓）等甜點之外，也有供應披薩、定食類的餐點。

☎0120-12-6666
📍帯広市西2条南9丁目6
🕔11:00～16:00(15:30L.O.)
休 週三
¥ 鬆餅600日圓，布丁蛋糕420日圓 🅿17輛

帶廣站周邊／洋食

十勝農園
とかちのうえん

地圖p.129
JR帶廣站👟8分

使用帶廣和十勝的蔬菜及畜產品等，以本地產銷為理念的餐廳。推薦道地十勝和牛的肉料理。2020年10月起長期休業至今，但是位於對面的姊妹店CONDOR依舊正常營業。

☎0155-26-4141
📍帯広市西1条南9丁目6
🕔17:30～23:00（週五六、假日前日～24:00）
休 ※長期休業中
¥ 全餐5000日圓～
🅿 附近有

TEKU TEKU COLUMN

帶廣、十勝特有的在地美食也很豐富

說到帶廣的美食，當屬豬肉丼最有名。「元祖豚丼のぱんちょう」、JR帶廣站ESTA帶廣西館的「豚丼のぶたはげ 本店」等都很受歡迎，不過「中華燴飯」、「十勝香雅飯」等料理也備受矚目。中華燴飯（照片）是從帶廣的高級日本料理餐廳員工餐演變而來，「あじ福東店」等店皆有供應。十勝香雅飯是講究十勝產食材的絕品美味，在ESTA東館的「十勝特產中心」可以品嘗（皆在地圖p.129）。

近距離觀賞精彩的勝負之戰

去觀賞輓曳賽馬

在北海道開拓史上扮演重要角色的大型農耕馬拖著沉重鐵撬相互競爭的「輓曳賽馬」，是只有在帶廣舉行的罕見競賽。在此介紹觀賞賽事的重點。

↑馬的呼吸聲和騎士的呼喊聲響徹雲霄

壯觀場面讓人既感動又興奮！

所謂的輓曳賽馬，是讓體重重達約1噸的大型馬（輓馬）拖著最多1噸重的鐵撬，在全長200公尺的直線跑道上較量力量和速度的賽馬活動。過往在北海道的4個城市舉行，現在只剩下帶廣的**帶廣賽馬場**還在舉行。

賽事的重頭戲是路線中的兩道障礙物。第一道障礙物高達1公尺，第二道障礙物高達1.6公尺更是賽事高潮，如何快速地跨越障礙物是勝敗的關鍵。特別是在跨越第二道障礙物時，騎士的呼喊聲和馬兒的呼吸聲、現場觀眾的歡呼聲此起彼落，將比賽的氣氛推升至最高潮。此外，在鐵撬的尾端通過終點線前都不算抵達終點，因此也經常在終點線前上演大逆轉，相當有趣。馬券共有8種，如果只求中獎，建議可買預測一匹馬成為前三名的複勝式馬券，或是預測一匹馬成為第一名的單勝式馬券。這樣一來一定會為下注的馬兒奮力加油，試著感受一下輓曳賽馬所帶來的興奮和感動吧。

↑即使穿越障礙後也可能會在終點前逆轉

地圖p.129
JR帶廣站巴士總站12號乘車處搭🚌十勝巴士循環線、陸別線、芽室線約10分，♀帶広競馬場前下車即到
☎0155-34-0825
📍帯広市西13南9
🕓4月下旬～翌年3月下旬的週六日一，一年有150天舉行(4月上旬～12月為晚間舉行)，舉行日期、開始時間需洽詢
¥100日圓(入場費) Ⓟ750輛

TEKU TEKU COLUMN

前往魅力商店雲集的「十勝村」

緊鄰帶廣賽馬場腹地的「十勝村」（☎0155-34-7307，營業時間和公休日視店鋪而異）是一座複合設施，有能品嘗豬肉丼等當地美食的店家、供應甜點的咖啡廳、販售新鮮蔬菜及農畜產品的市場。尤其在產地直銷市場裡，不只是十勝的生產者所寄賣的產品，就連從北海道內外進貨的當季食材，都能以經濟實惠的價格買到。觀賞賽馬的同時也別忘了順道來看看。

地圖p.129

各種充滿特色的庭園

漫步在北海道庭園街道！

旭川、富良野、十勝聚集了代表北海道的7座觀光庭園，
從春季到夏季，繽紛的色彩撫慰了每一個來到這裡的人。
沉浸在北方大地的風土和氣候所描繪出的自然藝術之中吧。

旭川　上野農場　參觀60分

喜愛動植物的主人
描繪出處處講究的花園

主人上野砂由紀以英國庭園為基礎，配合北海道的氣候風土打造出「北海道庭園」。區分成9個區域的花圃內有五顏六色的花卉爭奇鬥艷。園內還可以見到放養的雞和狗。

0166-47-8741／旭川市永山町16丁目186／10:00～17:00，4月下旬～10月中旬開園／休 開園時無休／¥ 1000日圓
地圖p.119-B

富良野　風之花園　參觀30分

在代表富良野的庭園
回憶連續劇的著名場面

為了電視連續劇《風之庭園》，耗時2年打造的英式庭園。由上野農場上野小姐設計的庭園種有約2萬株、450種花卉。

0167-22-1111（新富良野王子大飯店）
富良野市中御料／8:00～17:00（可能視時期變動。入園至閉園前30分為止），4月下旬～10月中旬開園
休 無休／¥ 1000日圓
地圖p.101-J

帶廣	六花之森	參觀 30分

由甜點製造商六花亭打造的
閑靜山野草森林

以畫家坂本直行設計的包裝紙聞名的六花亭製菓，志在打造由包裝紙上十勝花草構成的茂盛森林而開園。蝦夷龍膽、濱梨玫瑰、豬牙花等十勝六花競相爭豔。

0155-63-1000／中札内村常盤西3線249-6／10:30～16:00（可能變動），4月下旬～10月下旬開園／休 無休／¥ 1000日圓（季節護照1500日圓） 地圖p.225-K

帶廣	紫竹庭園	參觀 1小時

呈現北海道原始風景的
多種美麗植物相互爭艷

由曾許下「讓北海道成為花之島」願望的紫竹昭葉所設立。由宿根條紋花圃、緞帶花圃、香草庭園等22個區域形成的庭園，讓心情也隨之開闊了起來。

0155-60-2377／帯広市美栄町西4線107／8：00～18：00，4月20日～11月下旬開園（餐廳為全年營業）／休 無休／¥ 1000日圓（季節券1500日圓） 地圖p.225-K

帶廣	真鍋庭園	參觀 1小時

一次網羅日式和西式
童話王國般的庭園

以日本第一座針葉樹庭園而聞名。約8萬平方公尺的腹地，由日本庭園、歐洲庭園、風景式庭園所構成，可邊繞行邊欣賞各個庭園。

0155-48-2120／帯広市稲田町東2線6／8:30～17:30（10～11月開園時間可能縮短），4月下旬～11月下旬開園／休 開園期間無休／¥ 1000日圓（全年護照2000日圓） 地圖p.225-K

幕別	十勝山丘	參觀 1小時

親身感受「花卉、綠意、農藝」
山丘上的綠洲

位於能眺望廣大十勝平原的小山丘上，每個季節都會綻放美麗的花朵。園內也有以蔬菜為中心的菜園「有機家庭菜園」等各種主題的庭園。餐廳也廣受好評。

0155-56-1111／幕別町字日新13-5／9：00～17：00，4月下旬～10月下旬開園／休 無休／¥ 1000日圓（山丘護照1500日圓） 地圖p.225-K

清水	十勝千年之森	參觀 1.5小時

自然與藝術結合
北海道的「遊樂庭園」

以「孕育給千年以後人類的森林遺產」為主題的設施。廣大的土地上有5座由世界級庭園設計師DAN PEARSON所設計的主題庭園。

0156-63-3000／清水町羽帯南10線／9:30～16:00（可能視季節變動），4月下旬～10月中旬開園／休 無休／¥ 1200日圓 地圖p.225-K

飄著哀愁的水泥拱橋

造訪沉於糠平湖中的「夢幻之橋」

美麗的11連水泥拱橋會隨著湖水的水位變化時而現身、時而神隱，因此又被稱作「夢幻之橋」。

隨著時代變遷 被遺忘的舊士幌線遺址

丹珠別川橋梁是座長達130公尺的拱橋，直到糠平水壩完工的前一年1955（昭和30）年為止，一直作為國鐵士幌線（已廢線）的橋梁使用。因水壩完工而沉入湖底的這座橋梁並未解體，由於湖水的水位變化會在某個時期現身，也因此以「夢幻之橋」而得名。

想要欣賞這座橋的話，需經由湖的西北側丸山橋附近的林間道路，但目前林間道路有交通管制，開車前往的話，需向北海道森林管理局東大雪分局（☎01564-2-2141）申請通行許可。沒有車的話，以參加地方NPO主辦的導覽團最方便。

TEKU TEKU COLUMN

拱橋導覽團方便又有趣

除了丹珠別川橋梁之外，糠平湖周邊還留有許多舊士幌線的拱橋，能散步觀賞這些橋梁的行程相當有趣。主辦單位是NPO東大雪自然導覽中心（9:00～18:00，無休。☎01564-4-2261）。

除了白天行程（5月7日～沒入水中的期間，9:00～、14:00～合計1天2次〔黃金週為3次〕，此外也有清早行程。3700日圓）之外，冬天還有穿著雪鞋橫渡湖泊，前往丹珠別川橋梁的行程（1月上旬～、9:00～，5000日圓～，需穿著防寒衣）等。所需時間為大約3小時30分。

↑也有穿著雪鞋橫渡湖面的行程

↑過去還在使用的丹珠別川橋梁。鐵軌的左側就是現今的湖泊

↑在未鋪路的林間道路前方

↑從水壩水位下降的冬季到隔年9月之間可以看見丹珠別川橋梁

往層雲峽·旭川
往舊十勝三股站
周邊廣域地圖 P.224-225
幌加溫泉
幌加溫泉
幌加溫泉入口
樸實的旅館裡有
各式各樣的溫泉
湧出，自古以來
就是溫泉療養地
音更川
瀧之澤橋
第五音更川橋梁
能從國道的瀧之澤橋欣
賞魄力十足的樣貌。名
列國家登錄有形文化財
幌加
設有禁止通行的管制站。
需向北海道森林管理局東
大雪分局提出申請，即可
借用鑰匙
丸山橋
幌加站遺址
月台和站名的告示板、
手動的線路切換裝置都
還留著，令人想起過往
時光。月台名列國家登
錄有形文化財
273
沿途未鋪柏油。
有些地方比較鬆
軟，要特別小心
タウシュベツ川
丹珠別川橋梁
春天水位逐漸上升不易看見，
冬季則可經常看見
五ノ沢
長7公尺的
五之澤橋梁
可以通行
丹珠別展望台
從湖的對岸能夠眺望丹珠別
川橋梁。有望遠鏡或望遠鏡
頭更盡興
糠平湖
糠平湖
水壩到糠平湖東岸的
道路禁止通行
北海道自然步道
可以沿著殘舊
的軌道路線，
從糠平溫泉街
走到丹珠別展
望台附近。也
有可以搭小火
車的地方
上士幌町
ぬかびら
営業所
糠平
糠平水壩
ぬかびら源泉郷
滑雪場
上士幌駅
第四音更川橋梁
架在音更川上的鐵橋，如今
已被拆除，看起來隨時會崩
落的拱型水泥橋讓人感受到
歲月的痕跡
泉翠橋
電力所前
黒石平
由山腰往下看澤陸橋
上士幌町鐵路資料館
位於舊國鐵糠平站遺址，
以淺顯易懂的方式解說
舊士幌線的歷史。蒸汽機
關車時代的資料不容錯
過。4～10月，週一休，
9:00～16:00，100日圓，
01564-4-2041
元小屋水壩
第三音更川橋梁
架在別有意趣的泉翠峽上，長
達32公尺的橋梁。可以從國道
近距離觀賞。名列國家登錄有
形文化財
士幌線遺址
士幌線(舊線)遺址
N
1:107,000
0
3km
往帶廣
135

釧路

區域的魅力度

海鮮美食
★★★★★
漫遊城市
★★★
住宿據點
★★★★

被霧圍繞的浪漫街道
釧路濕原的門戶
品嘗以北海海鮮烹調而成的爐端燒

以雄偉的濕原為背景
沉浸在霧與浪漫的北海道東部港都

依傍釧路川河口開發的釧路市是日本少數擁有漁港的城鎮，也是北海道東部最大的都市。此外，這裡也是釧路濕原國家公園的門戶。因全年起霧機率高而被稱為「霧都」，有許多為了追求浪漫的街景和北海美食而來的觀光客。流浪詩人石川啄木也曾在此生活，因此市內有許多相關的景點。

前往釧路的方法

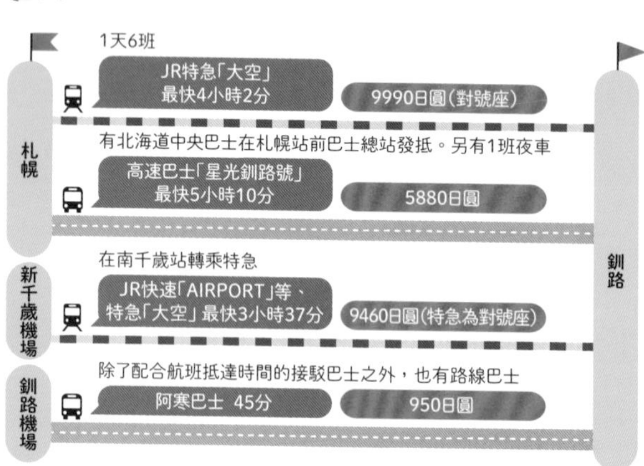

觀光詢問處

釧路觀光接待
☎0154-31-1996
釧路觀光服務處
(JR釧路站內)
☎0154-22-8294
(丹頂釧路機場內)
☎0154-57-8304

預約・詢問處

JR釧路站
☎0154-24-3176

星光釧路號
北海道中央巴士
(預約中心)
☎0570-200-0600
釧路站前巴士總站
☎0154-25-1223

阿寒巴士
☎0154-37-2221

釧路站是北海道東部觀光的據點

除了左頁下圖之外，還有上、下午各1～2班的高速巴士從札幌、旭川、根室、北見發車。行駛時間可能會因為積雪等道路狀況有異而延遲，所以搭車前最好先向巴士總站確認。

搭飛機前往的交通方式也可以參照p.232～。從東京、大阪等北海道外的地方前來，通常都是利用飛抵釧路機場的航班居多。

遊覽順序的小提示

釧路市的中心地帶在釧路站和幣舞橋之間。步行往返也只需30分鐘左右。幣舞橋東側的榮町一帶有許多爐端燒和鄉土料理的店。若想購買伴手禮，在站前的和商市場或是幣舞橋最北邊的釧路漁人碼頭MOO可以買到。

市內搭車單次210日圓的循環巴士（啄木循環線）也很方便，繞行釧路站前、十字街、幣舞橋、MOO等地一圈約25分。

北海道東部的海鮮都在和商市場

和商市場是釧路的站前市場，販售螃蟹和鮭魚、海膽、鮭魚卵、遠東多線魚等在北海道東部捕獲的海鮮。買好一碗白飯，再到賣鮮魚的店家挑選喜歡的食材放上去的「任意丼」（勝手丼）也是這裡的名產。豪華海鮮丼大概1500日圓左右。也有能品嘗在地魚類的市場亭等食堂。

地圖p.137-A

新鮮食材自不用說，對炭也非常講究的3間人氣店家

在爐端燒店享用海鮮

北海道首屈一指的港都──釧路，同時也以發明海鮮爐端燒的都市聞名。以炭火燒烤新鮮度一流的海鮮，盡情享用鮮活可口的鄉土美食吧。

炉ばた
ろばた

日本首創爐端燒、創業以來持續經營超過半個世紀的創始老店。使用本地鶴居產的炭。設有環繞爐子的ㄇ字型吧檯，可以一邊看著網子上烤得香氣四溢的魚類和蔬菜，一邊享用餐點和釧路的在地酒類。將船屋重新利用的木造建築也充滿濃厚的風情。

燒烤老手中島小姐會根據魚的種類掌握炭火大小，仔細進行燒烤

原創菜單

味噌鹿肉…800～900日圓、味噌花枝…時價

花枝裡塞入自製的薑味噌，再以炭火燒烤。多出來的味噌建議烤過後拿來沾蔬菜吃。

↑釧路產鮮魚灑上恰到好處的鹽做調味。爐端燒的菜色為時價

↑被香味環繞的店內

JR釧路站👟15分
☎0154-22-6636
📍釧路市栄町3-1地圖p.137-D
🕔17:00～24:00(冬季～23:00)、L.O.為30分前
休 週日（黃金週、8～10月中旬為不定休）
¥ 平均消費3000日圓～
P 附近有

TEKU TEKU COLUMN

從釧路起源的「爐端燒」

據傳是距今65年前左右，「炉ばた」的創業者以圍在地爐旁燒烤食物的作法為靈感，想出了以炭火燒烤當地釧路產海鮮及蔬菜的爐端燒。之後發展至全日本，目前釧路市內也有許多爐端燒的店。

くし炉あぶり家
くしろあぶりや

北海道東部產柳葉魚（公、母各2條638日圓）、遠東寬突鱈（528日圓）、羅臼產真遠東多線魚（半條1078日圓）等，使用北海道各地的嚴選素材。生魚片和壽司、炸物、關東煮等菜色也很豐富。

原創菜單

北釧鯖魚生魚片…748日圓

使用來到釧路沿岸時身形圓潤豐腴、富含脂肪的優質鯖魚。充分展現職人的燒烤技巧。

JR釧路站🚶10分
☎0154-22-7777
📍釧路市末広町5-6
地圖p.137-C
🕓16:30～23:30(23:00L.O.)
休 無休　P 有特約停車場

於釧路近海捕獲的海鮮等，所有燒烤類的素材都是新鮮的北海道產物。使用備長炭

↑備有和式座位和吧檯座

↑也很講究新鮮度的北海道產食材

炉ばた 煉瓦
ろばた れんが

改建自明治末期紅磚倉庫的建築相當醒目。爐端燒的爐子設置在每一桌，採用自己燒烤食用的方式。因為是水產公司直接經營，新鮮度更是沒話說。

JR釧路站🚶12分
☎0154-32-3233
📍釧路市錦町3-5-3
地圖p.137-C
🕓17：00～23：00（L.O.為食物22:00、飲料22:30）
休 過年期間
¥ 組合套餐4300日圓～
P 10輛

自己燒烤食材更能感受到香味和炭火的聲音，用五感來體會爐端燒的醍醐味

原創菜單

醬油鮭魚卵丼…1580円

以鮭魚、鮭魚卵加工為主的水產公司才有的頂級鮭魚卵丼。推薦作為爐端燒的收尾料理。

觀賞

米町公園
よねまちこうえん

地圖p.145
JR釧路站前搭🚌釧路巴士啄木循環線10分，♀米町公園下車即到

能眺望釧路港的高地公園。有石川啄木的歌碑和仿造舊釧路埼燈塔的瞭望台，晴天時還可以看到阿寒山脈。

📍釧路市米町1-1
🅿10輛

釧路市立博物館
くしろしりつはくぶつかん

地圖p.145
JR釧路站前搭往市立醫院方向的🚌釧路巴士9分，♀市立病院下車👟5分

由當地出身的建築家毛綱毅曠所設計的建築物，以展翅的丹頂鶴為發想。介紹自冰河時期到近代之間釧路的自然和歷史，也有許多與丹頂鶴和愛奴民族相關的展示。

☎0154-41-5809　📍釧路市春湖台1-7
🕘9:30～17:00(入館～16:30)
休 週一（逢假日則翌平日休）、11月4日～3月的假日、過年期間　¥480日圓　🅿30輛

釧路漁人碼頭MOO
くしろふぃっしゃーまんずわーふむー

地圖p.137-C
JR釧路站👟15分

建於橫跨釧路川的幣舞橋旁，是座結合商店與餐廳的複合設施。除了能買到海鮮、乳製品等商品之外，還可以品嘗釧路名產岸壁炉ばた（5月中旬～10月）、鄉土料理等。

☎0154-23-0600　📍釧路市錦町2-4
🕘商品銷售為10:00～19:00(7～8月為9:00～，年末～17:00)，餐飲為11:30～13:45、17:00～21:45，港邊攤販為11:30～14:00(部分店鋪)、17:00～24:00
休 全館公休日為1/1。港邊攤販12/31也公休。此外視店鋪而異　🅿76輛（收費）

住宿指南

釧路王子大飯店	☎0154-31-1111／地圖:p.137-C／Ⓢ6050日圓～Ⓣ6630日圓～ 💬備有能眺望太平洋、城市夜景的客房及瞭望餐廳。共400間客房。
釧路世紀城堡酒店	☎0154-43-2111／地圖:p.137-D／ⓈⓌ6750日圓～Ⓣ9818日圓～ 💬2015年全館整修翻新，能在此好好放鬆休息。共48間客房。
釧路全日空皇冠假日酒店	☎0154-31-4111／地圖:p.137-C／Ⓢ9200日圓～Ⓣ12700日圓～ 💬建於漁人碼頭MOO旁。共180間客房。
Hotel Paco Kushiro	☎0154-23-8585／地圖:p.137-D／Ⓢ5200日圓～Ⓣ9460日圓～ 💬建於美食街附近。單人房的床鋪也採用加大尺寸。共221間客房。
Kushiro Royal Inn	☎0154-31-2121／地圖:p.137-A／Ⓢ7000日圓～Ⓣ9900日圓～ 💬在釧路站旁，餐廳有免費的自助式早餐。共153間客房。
LASTING HOTEL	☎0154-21-9111／地圖:p.137-A／Ⓢ6270日圓～Ⓣ5720日圓～ 💬自助式早餐有超過80種料理一字排開。共84間客房。
釧路皇冠山丘酒店	☎0154-22-0109／地圖:p.137-A／Ⓢ5520日圓～Ⓣ7568日圓～ 💬建於釧路站巴士總站對面。共150間客房。
幣舞之湯 LA VISTA釧路川	☎0154-31-5489／地圖:p.137-D／Ⓢ6990日圓～Ⓣ9790日圓～ 💬從頂樓的天然溫泉大浴場可以眺望釧路川和太平洋。共226間客房。

地圖 p.223-K

厚岸·霧多布

厚岸是日本國內數一數二的著名牡蠣產地。霧多布有日本第三大的霧多布濕原，超過百種隨不同季節綻放的花卉為其特色。觀光諮詢請洽厚岸觀光協會（☎0153-52-3131）、濱中町觀光協會（☎0153-62-2111）。

HINT 前往厚岸·霧多布的方法

若要前往厚岸，從釧路站搭JR根室本線快速或普通列車46～58分（1130日圓），厚岸站下車。若要前往霧多布，從釧路站搭JR普通或快速列車1小時13～34分（1490日圓），茶內站下車，轉乘往霧多布溫泉YUYU的町營巴士30分（300日圓），終點站下車。町營巴士為週一～五行駛。若要在週六日、假日搭乘則必須預約。

這個地區有許多風光明媚的岬角和濕原。**愛冠岬**位於能眺望厚岸灣的斷崖上，因名字相當浪漫而受到情侶歡迎。夏季多霧，環繞在夢幻氛圍中的**霧多布岬**也十分知名。由於經常起霧而得名，不過其正式名稱為湯沸岬。面對琵琶瀨灣以扇形展開的**霧多布濕原**，從4月上旬到初秋之間會綻放色彩繽紛的花卉。

釧路濕原

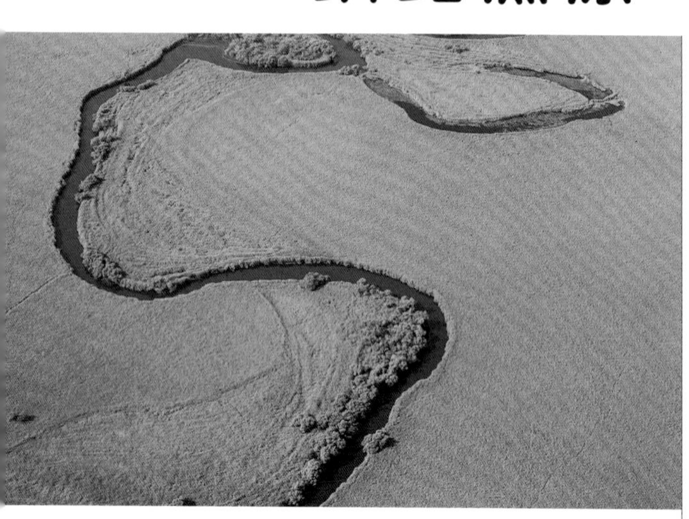

撼動人心的壯麗景觀
與野生動物的相遇令人感動

釧路濕原廣布於釧路川流域，是日本最大的濕地。1980（昭和55）年成為拉姆薩公約的登錄地，1987（昭和62）年268.6平方公里的範圍被指定為國家公園。除了許多珍貴的植物和野生動物，被蘆葦和苔草類覆蓋的大平原還有許多河川、湖沼、池塘等散布其中，可以從周圍的展望台眺望這些景觀。

前往釧路濕原的方法

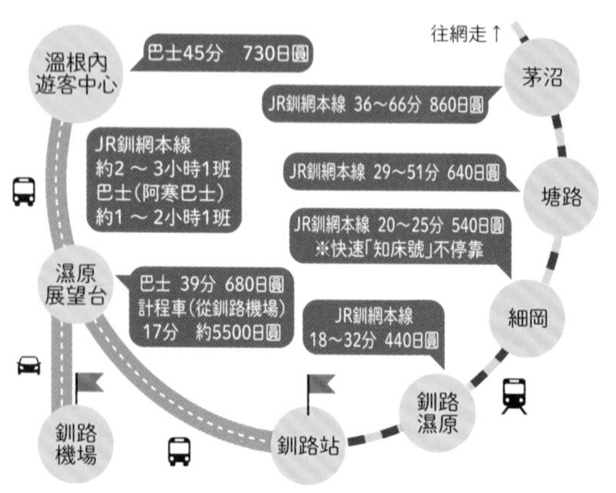

區域的魅力度

壯觀的景象
★★★★★
各種活動
★★★★
健行
★★★★

衝擊人心的壯觀景象
與珍貴的動植物相遇
體驗大自然的行程

拉姆薩公約

攸關濕地生態，特別以保護水鳥棲息地為主的重要國際條約。

預約・詢問處

JR釧路站
☎0154-24-3176
美麗村落鶴居村觀光協會
☎0154-64-2020
路線巴士
阿寒巴士
☎0154-37-2221（釧路）
釧路巴士
☎0154-36-8181
計程車
釧路個人計程車工會
配車中心
☎0154-22-3156

遊覽濕原的季節和穿著

5月上旬～7月中旬以及9月下旬～10月下旬之間降雨較少，比較舒服且較好行走。夏季有許多馬蠅和蜜蜂，最好穿著長袖及長褲。鞋子則建議穿著運動鞋。食物和飲料也最好事先準備好。

請參照左頁下方的圖。JR釧路站（p.136）是通往釧路濕原的大門。景點分別在濕原的東部和西部，分別有JR釧網本線和阿寒巴士運行。因範圍廣大且交通不便，也可以評估自行租車（p.236）或是搭計程車前往。

遊覽釧路濕原的小提示

●**前往濕原東部（細岡・達古武沼・塘路・茅沼）**

由釧路站搭乘釧網本線前往遊逛起點的各個車站。由釧路濕原站前往細岡展望台、由細岡站前往達古武沼、由塘路站前往塘路湖和SARUBO及可太羅展望台最近。列車的班次少且班距時間較長，因此最好搭乘上午較早的列車由釧路站出發，再銜接中午過後～15時左右的列車來安排行程。有關釧路濕原慢車號請參照p.155。

●**前往濕原西部（釧路市濕原展望台・溫根內）**

從釧路站前搭乘阿寒巴士鶴居線、幌呂線。1天約6班來回，班次主要集中在早、晚。不過某些班車在週六日、假日為停駛。根據路上的交通狀況，巴士可能會早到或晚到，建議提早一點到巴士站。釧路機場因沒有直達巴士，可利用計程車。

●**前往濕原北部（宮島岬・KIRAKOTAN岬）**

前往宮島岬、KIRAKOTAN岬沒有特定的大眾運輸工具可以利用，定期觀光巴士也不會經過這些地方，因此只能以租車自駕或搭計程車再加上步行前往，不過路經該區域需要得到文化廳與地主許可。詳情請洽鶴居村教育委員會（♪0154-64-2050）。參加由鶴居村內旅館等主辦的大自然旅行（參照右方備註）會比較省事。

參加大自然旅行

HOTEL TAITO
大自然俱樂部
♪0154-64-3111
可以和取得KIRAKOTAN岬等釧路濕原內特別保護區通行許可的導遊一同走訪的行程。需時4小時，5400日圓。

鶴居道產子牧場
♪0154-64-2931
繞行濕原周邊的健行。5小時行程17300日圓，2小時行程9100日圓。

Lakeside Toro
♪015-487-2172
乘坐開放式獨木舟順著釧路川到細岡，約9公里的泛舟行程。僅4～11月開放，需時2小時。多人共乘為7000日圓～。

●**釧路濕原觀光計程車**

行程名稱／費用	觀光路線
釧路濕原走馬看花之旅 ［金星釧路包租計程車］♪0154-22-8141 9750日圓～（1.5小時以上）	釧路市區→釧路市濕原展望台→溫根內遊客中心→釧路市區或釧路機場 ※如果選擇1.5小時的行程，建議在釧路市濕原展望台和溫根內遊客中心之間擇一
釧路濕原鉅細靡遺之旅 ［金星釧路包租計程車］♪0154-22-8141 32500日圓～（5小時以上）	釧路市區→釧路市濕原展望台→溫根內遊客中心→可太羅展望台→塘路湖→細岡展望台→釧路市區或釧路機場 ※塘路湖可體驗獨木舟（需預約，另外收費）

※行程內容可以討論。各設施的費用需自行負擔。

●**釧路濕原觀光巴士**

行程名稱／費用	行駛期間	觀光路線
濕原55PASS周遊 冬之丹頂號 ［阿寒巴士］5200日圓	1月25日～3月1日	釧路站前8:50→鶴公園→阿寒國際鶴中心→山花溫泉REFRE（吃午餐）→釧路濕原展望台→塘路站前（可以下車）→塘路湖→釧路站前15:35
PIRIKA號　道東三湖～摩周湖、屈斜路湖、阿寒湖一日周遊行程 ［阿寒巴士］4600日圓	4月25日～11月18日的每天	釧路站8:00→釧路濕原北斗展望台→摩周湖第1展望台→硫黃山→屈斜路湖砂湯→阿寒湖溫泉→釧路機場→釧路站前16:50左右→MOO→釧路王子大飯店16:55左右

※以2020年為例。使用時請確認最新的時刻及運行期間。

釧路濕原

周邊廣域地圖 P.222-223

P.150
濕原展望台
衛星展望台
能看到寬廣的原野風景
釧路濕原野生動物保護中心
關於保護野生動物與濕地的介紹及標本展示。以高畫質影像欣賞濕地的四季。
史跡北斗遺跡
釧路市濕原展望台 P.150
屋頂有瞭望台
憩つと(餐廳)
釧路川綠地～溫根內遊客中心只能徒步通行，需至公所確認
鮭魚、鱒魚捕獲場
岩保木山
不適合步行前往。有幾處可看濕原
眺望濕原的視野極佳。釧路川堤防及岩保木水門就在附近
日本榿木林。有時可以看到廣闊的蘆葦草原
釧網本線
有個小濕原，只有一瞬間，別漏看了
遠矢
鮭魚、鱒魚捕獲所～釧路川綠地禁止通行
釧路川綠地
國道對面是廣大濕原
可遠望岩保木山、雄阿寒岳、雌阿寒岳
往中標津
往阿寒湖、釧路機場
釧路新道
鶴見橋
鳥取橋
釧路大橋
釧路市
新富士
新大樂毛
大樂毛
往帶廣
根室本線
由此開始逐漸可見濕原景色
釧路町
釧路町役場
別保
往根室
東釧路
武佐
釧路
釧路市役所
釧路港
P.137
米町公園 P.140
釧路綜合振興局
釧路市立博物館 P.140
本文所介紹的漫步路線
濕原瞭望台
由火車車窗可見的景色、方向
商店
餐廳
住宿設施
0
5km

深入豐富
大自然的懷抱

棲息在釧路濕原的丹頂鶴

曾被認為已滅絕的丹頂鶴，是日本的特別天然紀念物。經過長時間的保育活動，其數量逐漸增加。濕原周邊有可欣賞其姿態的景點。

釧路
釧路濕原

廣布於釧路川流域，是日本最大的濕地地帶。呈現出由遠古時代持續至今、豐富又神祕的自然之美。周圍設有可以眺望濕原的瞭望台。

親身感受一望無際、壯觀又令人感動的大自然！

釧路濕原觀察指南

釧路濕原可說是珍貴的野草與野生動物的寶庫。
如果想要進一步體會自然之美，建議親自走入濕原內。
在此介紹探訪濕原的重點及基礎知識。

濕原的形成及特徵

釧路濕原的誕生可追溯至距今2萬年前，最後的冰河時期。約1萬年前，地表的冰隨著氣溫上升開始融化，產生了膨脹的海湧進陸地的「海進」現象，當時的入海口便是如今所見的濕原。

之後，約6000年前氣溫下降，產生了海水開始退回的「海退」現象，約3000年前左右海水幾乎完全退去，泥土和枯萎的植物以1年1公厘的速度堆積形成泥炭層，占日本濕原面積6成的釧路濕原因而誕生。

濕原根據地層的狀態分為低層、中層、高層3個種類，但釧路濕原中，長時間浸泡在湧水中的低層濕地約占了8成。此外，這裡也能看到隨著水位升降忽隱忽現的中層濕地，以及水苔類堆積而成的高層濕地。

若從瞭望台放眼望去，整個濕原被薹草、蘆葦、日本榿木群所覆蓋，彷彿非洲的疏林草原。因水分和低溫使植物根部隆起形成的草叢群落、人類和動物一旦跌入就爬不出來的深水潭、谷地水洞等，都是這裡隨處可見的特色。

濕原可見的動植物

釧路濕原是野鳥的寶庫。每年3月，天鵝和野鴨等候鳥北遷時會在此休息，同時丹頂鶴也會為了築巢而結伴回到這裡。此外，一到春天，白尾海鵰、虎頭海鵰等冬鳥開始北上，從南方則有蒼鷺（一部分為留鳥）和大杜鵑等飛來這裡度過夏天。從澳洲大陸不間斷飛行而來的大地鷸也相當知名。河川和湖沼可以看見普

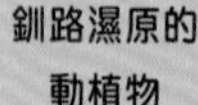

［草叢群落］

●叢薹草等薹草屬植物茂盛的株幹因冬季土壤凍結隆起。到了春天土壤仍在凍結狀態，但流水卻將枝幹的根部掏空。年復一年便形成了草叢群落。

［北狐］

●動作可愛、讓人想親近的北狐。雖然很容易遇到，但請千萬不要餵食及直接碰觸

［大斑啄木鳥］

●全長約25公分的普通啄木鳥。雄鳥頭部後方有著鮮艷的紅色，以強而有力的喙在樹上挖洞，捕食洞裡的蟲子

通翠鳥、山翡翠鳥，樹林地帶還能看見大斑啄木鳥和雜色山雀。

另一方面，日本榿木和柳樹隨著融雪開始發芽，側金盞花、蜂斗菜、水芭蕉、驢蹄草等植物開始開花。到了6～8月，帶白色花朵的吉林延齡草、帶粉色花朵的大櫻草等陸續綻放。

除此之外，在丹頂鶴雛鳥開始學走路的7月左右，能看到從冰河時期存續至今的睡菜遍布整個可太羅濕原。

走在濕原的木頭步道、觀光步道上，就可以看見數十種花草、野鳥，以及橫越濕原的蝦夷鹿和北狐。

釧路濕原已確認的動植物數量

植物	約 600種	魚類	約 35種
哺乳類	約 28種	鳥類	約 170種
兩棲類	約 4種	昆蟲類	約 1150種
爬蟲類	約 5種		

↑進入11月，濕原便染上一片蘆葦葉的黃

出發觀察濕原

釧路濕原作為世界上保護水鳥的重要濕地，1980（昭和55）年成為拉姆薩公約的登錄地，1987（昭和62）年成為日本第28個國家公園。保護大自然之餘聰明地加以活用的「生態旅遊」、「明智利用」等概念早已廣為人知，名列國家公園的釧路濕原也一同朝這個目標邁進。

園內鋪有保護濕原內動植物的同時，也能進行觀察和欣賞的木頭步道，並設置了以遊客中心為主的各項設施。濕原中的木頭步道共有3條，每條長約2～5公里。遊客中心位於細岡、溫根內以及塘路湖畔。

散步時衣著輕便即可，不過蜜蜂等昆蟲較多的時期（7～9月），建議戴上帽子和穿著白色衣物，帶著照相機和望遠鏡更能享受散步的樂趣。

3～10月左右的期間丹頂鶴會在濕原進行育雛，可一旦在春初發現人類的蹤跡，可能會出現棄巢的行為，因此切勿去靠近、打擾牠們。

再者，這裡也禁止亂丟垃圾。過去曾在木頭步道中途發現迷路的熊，可能是受到垃圾吸引前來覓食。不怕人的北狐因為吃了旅客餵食或丟棄的垃圾，而產生皮膚病的案例也時有所聞，其數量也因此逐年下降，甚至有人開玩笑地預測北狐有一天會變成天然紀念物。

為了守護大自然，請務必遵守各項規定。

［丹頂鶴］

在春至秋季期間，會留在濕原進行育雛。丹頂鶴警戒心很強，即使看到了也請不要靠近

［蝦夷貓眼草］

5月底～6月底開花。可愛的黃色花朵讓人印象深刻。花本身非常小，即使葉子、花柄涵蓋在內大小也不過5～10公厘

［蝦夷老鸛草］

6月中旬～8月底開花。高30～80公分，花呈現紫紅色，直徑約3公分左右。可在東部的濕原外看到

［釧路花葱］

6月中旬～7月中旬開花。花的顏色從白色到藍紫色，又稱為「濕原貴婦」。在濕園內北部經常可以看到

文／細岡遊客休息區館長　渡邊　壽

隨興遊逛

釧路市濕原展望台

くしろししつげんてんぼうだい

以附設餐廳的大型設施為起點，在濕原內繞行一圈的行程。高地上的衛星展望台景觀相當出色，不容錯過。

03 參觀20分

衛星展望台

附設於釧路濕原展望台，一圈約2.5公里觀光步道上的展望台。木製的雙層樓高露臺朝丘陵斜坡延伸而出，可從西側眺望整個濕原。寬廣雄偉的濕原景色，和東邊面向釧路川的細岡展望台形成對比。周邊設置了導覽介紹板和飲水處。

周邊廣域地圖 P.145

▲往鶴居村·溫根內
53
荻木隧道
振翅廣場
蒼鷺廣場 可見蒼鷺群落
從兩側山丘之間可遠眺濕原
日本榿木林的濕地
陡峭階梯。途中即可遠眺濕原
有湧泉
木道兩側可見草叢群落
2018年時禁止通行
▲往溫根內遊客中心約3km
20分
7分
突出於丘陵的兩層展望台。收費望遠鏡100日圓
03 衛星展望台
可遠望整個濕原。有長椅、飲水處、涼亭
邀請廣場
往鶴居
往釧路
屋頂有收費望遠鏡100日圓。還有洗手間、餐廳、商店
01 釧路市濕原展望台
85m
START GOAL
停車場
交流廣場
陡坡
1小時 約2.5km
10分
林間的平緩坡道
5分
02 丹頂廣場 有長椅
上下起伏大
走出樹林視野寬闊
陡峭的木階梯
林間隙光廣場 從樹木間可看見濕原
林間隙光階梯
階梯
吊橋
10分
蜿蜒的階梯。途中的平地有長椅
3分
向陽廣場
成排的毛山榿木與柳樹
鶴居軌道遺跡探險步道
往道道53號
木道入口
史跡北斗遺跡展示館 展示繩文時代的遺跡和出土文物
有湧泉
史跡展望台 木道入口
北斗遺跡 豎穴式住居遺址群
復元住居

前往這裡的方法

請參照p.142

遊覽順序的小提示

在起點釧路市濕原展望台，除了可以拿到散步地圖和相關資料，還能寄放行李，將一切打點好後就出發吧。想要悠閒地繞行一圈的話，建議以逆時針方向前進。如果想要趕快前往衛星展望台，以順時針方向前進比較快。

01 參觀40分

釧路市濕原展望台

資料展覽室以照片圖板、立體透視模型介紹濕原的動植物、地形、地質以及遺跡等。3樓是玻璃窗瞭望室，屋頂則有瞭望陽台。也附設商店和餐廳。

- ☎ 0154-56-2424
- 8:30～18:00（11～4月為9:00～17:00，入館至閉館前30分為止）
- 休 過年期間
- ¥ 480日圓

大推薦！

02 參觀20分

丹頂廣場

たんちょうひろば

可了解濕原的寬闊及深長。也有機會看到在濕原中休息的丹頂鶴。

隨興遊逛

溫根內觀光步道

おんねないゆうほどう

走在寬闊好走的木頭步道上，近距離觀察低層濕地和高層濕地的植物。有內圈、中圈、外圈3條路線，可根據時間和行程進行選擇。

01 參觀30分

溫根內遊客中心

能近距離觀察濕原生態的特別區域中的資訊站，也有花卉和螢火蟲的介紹。建築物旁的瞭望露臺也可作為休息的據點。

☎0154-65-2323
🕘9:00～17:00（11～3月～16:00）／㊡週二、過年期間／¥免費／Ⓟ有

02 參觀1小時30分

大推薦！

溫根內觀光步道

以溫根內遊客中心為起點，在低層濕地和高層濕地之間設有寬1.5公尺的木頭步道。有500公尺的內圈、約2公里的中圈、約3公里的外圈這幾種環狀路線可選，外圈路線可到達高層濕地。可以感受到在高地的瞭望台無法感受的植物生態變化。

03 參觀30分

鶴居軌道遺跡探險步道

つるいきどうあとたんしょうほどう

於1929～1968年間使用的鶴居線鐵路遺跡。沿著低層濕地旁設置的步道，沿路平坦好走。穿過日本榿木林後展開的濕原景色、腳邊的花草、雜木林中的草叢群落等，有許多值得一看的景色。

隨興遊逛

塘路湖·可太羅濕原

とうろこ·こったろしつげん

以塘路湖為中心的大小五個湖泊。由SARUBO展望台可以欣賞湖沼群的景色。西邊的可太羅濕原，可說是唯一保留了釧路濕原原始風景的區域。

SARURUN展望台

能夠俯瞰SARURUN沼，位於海拔約80公尺處的瞭望景點。可以同時眺望廣闊的湖沼群和濕原。作為絕佳的拍攝景點也很出名，能夠捕捉在濕原奔馳的列車畫面。

05 參觀30分 大推薦！

可太羅濕原展望台

坐擁被譽為釧路川原始風景的低層濕地，能夠眺望被指定為特別保護地區的可太羅濕原。位於道道KUCHORO原野塘路線中，從停車場旁登上木頭階梯和陡坡後即可抵達的高台上。可以看見草園中有許多池塘的特殊景象，蝦夷鹿和丹頂鶴也棲息在這裡。

遊覽順序的小提示

由車站經過塘路湖畔，再從SARUBO展望台到SARURUN展望台，步行約1小時15分。相同路線騎自行車的話，到SARUBO入口停車場約15分，再走到兩個瞭望台約25分。

前往兩個瞭望台，由停車場登上曲折的階梯後，分為左右兩條路，往右走會經過SARUBO展望台並往返一圈。需注意的是右手邊通往SARURUN展望台的道路禁止通行。

從車站騎自行車前往可太羅濕原展望台，單程需時約50分。此外，前往可太羅濕原的道道KUCHORO原野塘路線是未鋪柏油的砂石路且路肩脆弱，行走時需特別留意。

03 參觀20分

大推薦！

SARUBO展望台

位於海拔100公尺小山稜線上的展望台。從塔的最頂端往南方眺望是湖沼群和塘路街區，往東方可以眺望塘路湖。前往展望台的道路上有陡坡和不好走的地方，需要多留意。

SHIRARUTORO湖

位於與塘路湖相隔一座SARUBO丘的北側，周長9.8公里的湖沼。也可以在此進行水鳥、天鵝等的賞鳥活動。

02 參觀30分

塘路湖生態博物館中心ARUCOTTO

📞 015-487-3003
🕒 10:00～17:00（11～3月～16:00）
休 週三、過年期間
¥ 免費　P 有

位於塘路湖南岸的遊客中心。以精緻的立體模型和高畫質影像，介紹釧路濕原的構造和景點。在戶外露臺可以觀察塘路湖的自然風景和野鳥。也設有能使用電腦搜尋各種資訊的休息區。

01 參觀20分

塘路湖

周長17.9公里、面積6.37平方公里的釧路濕原最大的海跡湖。遠東哲羅魚和西太公魚棲息於此，冬季可以釣西太公魚、夏季能享受划獨木舟的樂趣。湖畔也有露營場。

隨興遊逛

細岡展望台

ほそおかてんぼうだい

由釧路濕原站步行即可到達的瞭望台。從被稱為「大觀望」的第2展望台，可看見在濕原中蜿蜒的釧路川，以及雌阿寒岳、雄阿寒岳的壯闊景觀。

第1展望台

最能感受到濕原及蜿蜒的釧路川景觀之壯闊的瞭望台。藝術廣場上有涼亭，前方的階梯下有露臺式的瞭望廣場，能以不同角度觀賞濕原。花點時間仔細地享受濕原風景吧。

第2展望台

可眺望左手邊的岩保木水門、正面的釧路川、地平線盡頭的雌阿寒岳、雄阿寒岳，是釧路濕原中最受歡迎的瞭望台。

03 參觀20分

細岡遊客休息區

位於前往細岡展望台的觀光步道入口處。館內展示著棲息在濕原的動植物照片、濕原的生態及形成過程等眾多資料。商店也有販售濕原相關商品及伴手禮。此外，1樓咖啡區的咖啡為300日圓。2樓露臺是可以將濕原盡收眼底的瞭望台。

☎0154-40-4455
⏰9:00～18:00（4～5月～17:00，10～11月～16:00，12～3月為10:00～16:00）
休 過年期間 ¥ 免費

☎0154-36-5431（RERA）
⏰8:00～21:00

釧路川獨木舟之旅

乘著獨木舟順著濕原中的釧路川而下的行程。路線有以細岡獨木舟港為起點及終點、由10公里遠的塘路湖順流而下的行程，以及到岩保木水門為止的數種路線。2人以上即可參加，18000日圓（2人）～。行程及裝備務必事先預約。

在緩慢前進的觀光列車中充分感受自然風景

搭乘慢車號 漫遊濕原

連結釧路和網走的JR釧網本線，是釧路濕原上唯一的鐵道路線。春天至秋天之間有「釧路濕原慢車號」的觀光小火車運行，可以盡情享受徐徐駛過各個景點的列車窗外的濕園風景。

↑停在釧路濕原站的「釧路濕原慢車號」

開放感十足的瞭望車輛

由釧路站發車的列車，在東釧路站前方穿過市區，進入原野。車窗左手邊是整片的濕原。過了遠矢站後，左手邊就是岩保木水門，被蘆葦和薹草覆蓋的平原上有日本榿木原生林分布其中。

經過細岡展望台所在的釧路濕原站後，左手邊可以近距離看到蜿蜒的釧路川，對岸則是水曲柳和楊柳的樹林。這裡到細岡站之間是陡峭的上坡，因此列車的速度會更加緩慢。由於是S型彎路，可以從車窗看見最前面的火車頭。

↑舒爽的清風吹過沒有玻璃窗的車廂

停在塘路站的釧路濕原慢車號

過了細岡站後，右手邊是一直延伸至達古武沼的低層濕原，左手邊則可以俯瞰蜿蜒的釧路川。從這裡到塘路站之間經常可以看到野生動物，樹林中有時也可看見蝦夷鹿的蹤影，建議專心於窗外風景。

慢車號的終點站是塘路站，不過釧路濕原的範圍仍繼續延伸。想要更深入這片地區的話，可以考慮搭乘釧網線的普通列車遊覽。過了塘路站後，左右的窗外都可以看到濕原。右手邊的池塘群中經常可以看見蒼鷺和丹頂鶴。此外，茅沼站的西側是丹頂鶴的築巢地，很容易看見野生的丹頂鶴，千萬不要錯過。

↑運氣好能看見蝦夷鹿

↑在鐵路旁休息的丹頂鶴（茅沼站）

TEKU TEKU COLUMN

利用慢車號的重點

由釧路站出發時，濕原在行進方向的左手邊，因此最好確保座位在左側。在購買時可以要求對號座。慢車號基本上由1節自由座車廂與3節對號座瞭望車廂構成。如果想要確保自由座的左側座位，建議在發車的30分～1小時前去排隊。

行駛日為黃金週、6月上旬～10月上旬，上述期間幾乎每天都有1～2班來回。費用部分，釧路站～釧路濕原站440日圓、釧路站～塘路站640日圓。對號座再加530日圓。<洽詢>JR北海道電話服務中心♪011-222-7111

阿寒・摩周・屈斜路

遊覽環繞在深邃原生林中的三座鈷藍色美麗湖泊

這個區域有許多代表北海道東部的美麗湖泊。天然紀念物毬藻所棲息的阿寒湖、籠罩在薄霧面紗中神祕的摩周湖、以及北海道第二大的屈斜路湖。每座湖地周邊都是廣大的森林，隨季節呈現出不同的風貌。

前往阿寒・摩周・屈斜路的方法

從釧路站可以搭乘經釧路機場開往阿寒湖溫泉、總共有3班的路線巴士，需時2小時、2750日圓。除此之外，還有2班從釧路機場發車的阿寒Airport Liner在行駛，需時1小時15分、2190日圓。

若要前往摩周湖、川湯溫泉，可以從JR釧網線摩周站搭乘阿寒巴士。站前到摩周湖第1展望台需時25分、570日圓，1天1班。

前往川湯溫泉，可以搭美留和線37分、570日圓。JR川湯溫泉站搭計程車約10分、1800日圓左右。前往屈斜路湖，從阿寒巴士摩周營業所到和琴半島35分、920日圓。1天2班，冬季為僅平日行駛。

此外，夏季及冬季限定的弟子屈環保護照（弟子屈えこパスポート）的巴士，會開往摩周湖、川湯溫泉、屈斜路湖方向。當阿寒巴士停駛時，不妨多加利用。2日券1500日圓。

周遊觀光則以阿寒巴士營運的定期觀光巴士「PIRIKA號～摩周湖・屈斜路湖・阿寒湖一日周遊行程」較為方便（p.237）。

區域的魅力度

自然景觀
★★★★
溫泉
★★★★
美食
★★★

特色各異的三座湖泊
了解愛奴民族的文化
享受湖畔的溫泉

被蓊鬱森林環繞的阿寒湖

觀光詢問處

阿寒觀光協會社區營造推廣機構
☎0154-67-3200
弟子屈町觀光商工課
☎015-482-2191

JR摩周站觀光服務處
☎015-482-2642

國家公園旅遊弟子屈
☎015-483-2101

摩周湖觀光協會
☎015-482-2200
川湯溫泉觀光服務處
☎015-483-2670

交通詢問處

路線巴士
阿寒巴士
☎0154-37-2221
☎015-486-7716(摩周)
計程車
摩周包租計程車
☎015-482-3939

觀賞

阿寒湖遊覽（阿寒觀光汽艇）
あかんこゆうらん（あかんかんこうきせん）

地圖p.158-B
阿寒湖巴士中心步行10分

在天然紀念物毬藻所棲息的阿寒湖上進行遊覽，需時1小時25分。途中船會停靠於浮在湖中的忠類島。島上有藉由阿寒湖的水中即時影像和電腦特效，介紹毬藻生態的毬藻展示觀察中心「湖之精靈」（TORASAMPE），參觀需時約15分。

- 0154-67-2511（阿寒觀光汽船）
- 釧路市阿寒町阿寒湖溫泉1-5-20
- 遊覽船為6:00～17:00之間每1～2小時1班（4月為不定期，9/26～10/20最後出航為16:00，10/21～11月最後出航為15:00）
- 休 12月～4月中旬停航
- ¥ 乘船費2000日圓，快艇為需洽詢
- P 附近有收費停車場

阿寒湖愛奴聚落
あかんこあいぬこたん

地圖p.158-B
阿寒湖巴士中心步行15分

約200名愛奴人生活的聚落（KOTAN）。沿路有許多工藝品店。在聚落盡頭的「阿寒湖愛奴劇院IKORO」，可以欣賞到愛奴的傳統舞蹈。

阿寒湖愛奴劇場IKORO
0154-67-2727　釧路市阿寒町阿寒湖溫泉4-7-84　表演內容及開演時間視時期而異
¥ 古老舞蹈、送靈（IOMANTE）火祭各1200日圓，失落眾神（LOST KAMUY）2200日圓　P 50輛

硫黃山（ATOSANUPURI）
いおうざん

地圖p.158-A
JR川湯溫泉站搭巴士弟子屈環保護照屈斜路巴士5分，硫黃山站下車即到，或搭計程車5分

位於屈斜路湖東方，海拔512公尺的活火山。從深褐色的地表各處，冒出含有硫磺成分的水蒸氣。

摩周湖
ましゅうこ

地圖p.159-E
JR摩周站搭巴士阿寒巴士摩周線或弟子屈環保護照摩周湖巴士25分，摩周湖第1展望台下車即到

以世界首屈一指的透明度自豪的火口湖。面向水面的湖岸非常陡峭。漂浮在湖中央的綠色島嶼被稱為「神一般的老婆婆」（KAMUISSHU），至今仍有愛奴民族傳說流傳。

屈斜路湖・美幌峠
くっしゃろこ・びほろとうげ

地圖p.159-D
前往屈斜路湖（砂湯），JR摩周站搭巴士阿寒巴士屈斜路線或弟子屈環保護照屈斜路巴士35分。前往美幌峠，JR摩周站搭計程車70分

屈斜路湖是周長57公里的火口湖。湖岸有聚落、池之湯等溫泉分布其中，在東岸的砂湯甚至只要稍微挖掘沙地便會湧出溫泉。從美幌峠的瞭望台可以眺望湖的全景。

美食

阿寒町／鄉土料理

奈辺久

なべきゅう

地圖p.158-B
♀阿寒湖巴士中心👟10分

可以品嘗阿寒湖產鮮魚料理。除了西太公魚天婦羅定食（1130日圓）之外，虹鱒生魚片定食（1400日圓）也很受歡迎。

☎0154-67-2607
📍釧路市阿寒町阿寒湖溫泉4-4-1
🕐11:00～15:00、18:00～21:00
㊡不定休
¥午餐1100日圓～／晚餐1100日圓～
Ⓟ無

阿寒町／愛奴料理

PORONNO

地圖p.158-B
♀阿寒湖巴士中心👟15分

POCCHEIMO（495日圓）是將馬鈴薯揉捏後加以燒烤的愛奴料理，軟綿綿的口感是其特徵。以MEHUN（鹽漬鮭魚血合肉）拌炒義大利麵的MEHU義大利麵（990日圓）、淋上昆布高湯的丸子（495日圓）等都不容錯過。

☎0154-67-2159
📍釧路市阿寒町阿寒湖溫泉4-7-8
🕐12:00～15:00、18:30～21:00
（冬季為建議預約）
㊡不定休
Ⓟ利用愛奴聚落共用停車場

川湯溫泉／餐廳

Orchard Glass

地圖p.158-A
JR川湯溫泉站站內

將建於1936（昭和11）年的JR川湯溫泉站車站建築加以利用的餐廳。招牌是7成顧客都會點的燉牛肉（1800日圓／附沙拉和白飯）。燉煮了一整天的牛肉非常柔軟，和具有層次的醬汁完美結合。

☎015-483-3787
📍弟子屈町川湯駅前1-1-18
🕐10:00～17:00
（16:30L.O.）
㊡週二、也有不定休
Ⓟ20輛

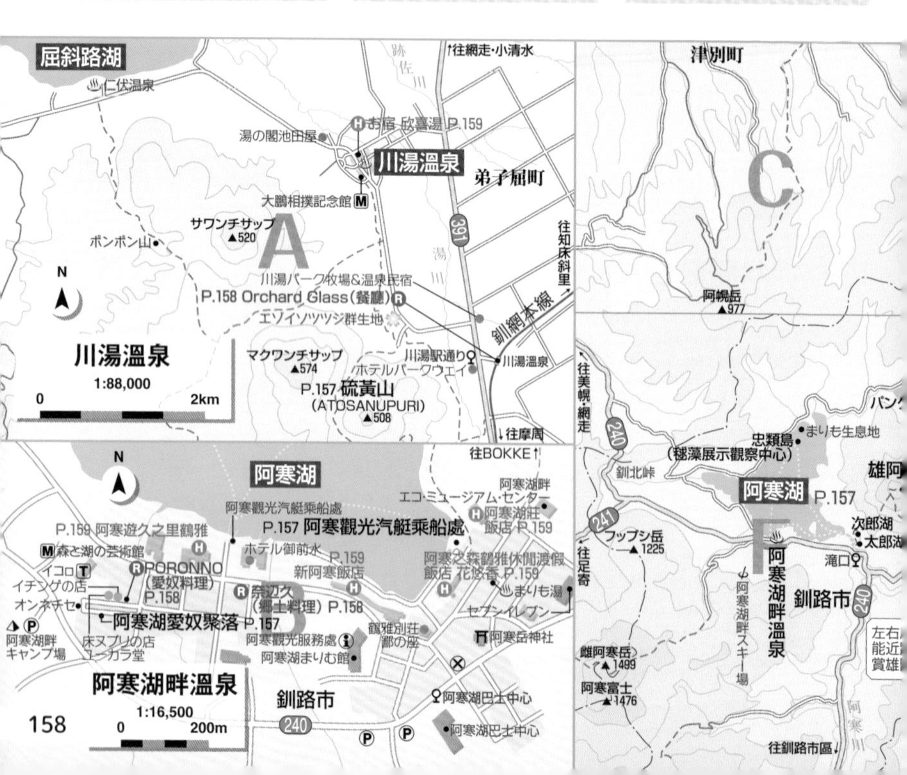

住宿指南

阿寒之森鶴雅休閒渡假飯店 花悠香	✆0154-67-2500／地圖:p.158-B／17000日圓～(1泊2食) ●結合日式、西式料理的自助式晚餐廣受好評。共95間客房。
阿寒遊久之里鶴雅	✆0154-67-4000／地圖:p.158-B／2900日圓～(1泊2食) ●露天浴池和洞窟浴池等泡湯設施完備。也可以不住宿泡湯。共225間客房。
新阿寒飯店	✆0154-67-2121·3232／地圖:p.158-B／9405日圓～(1泊2食) ●眺望湖泊的大浴場和露天浴池完備。夏季還有溫泉游泳池。共370間客房。
阿寒湖莊飯店	✆0154-67-2231／地圖:p.158-B／8030日圓～(1泊2食) ●露天浴池是100%源泉掛流。從客房能將阿寒湖盡收眼底。共78間客房。
Pure Field風曜日	✆015-482-7111／地圖：p.159-E／Ⓢ12850日圓～Ⓣ12350日圓～（1泊2食） ●騎馬等戶外活動相當豐富。共14間客房。
お宿 欣喜湯	✆015-483-2211／地圖:p.158-A／9500日圓～(1泊2食) ●以寬敞無比、溫度有別的雙層樓大浴場自豪。共41間客房。

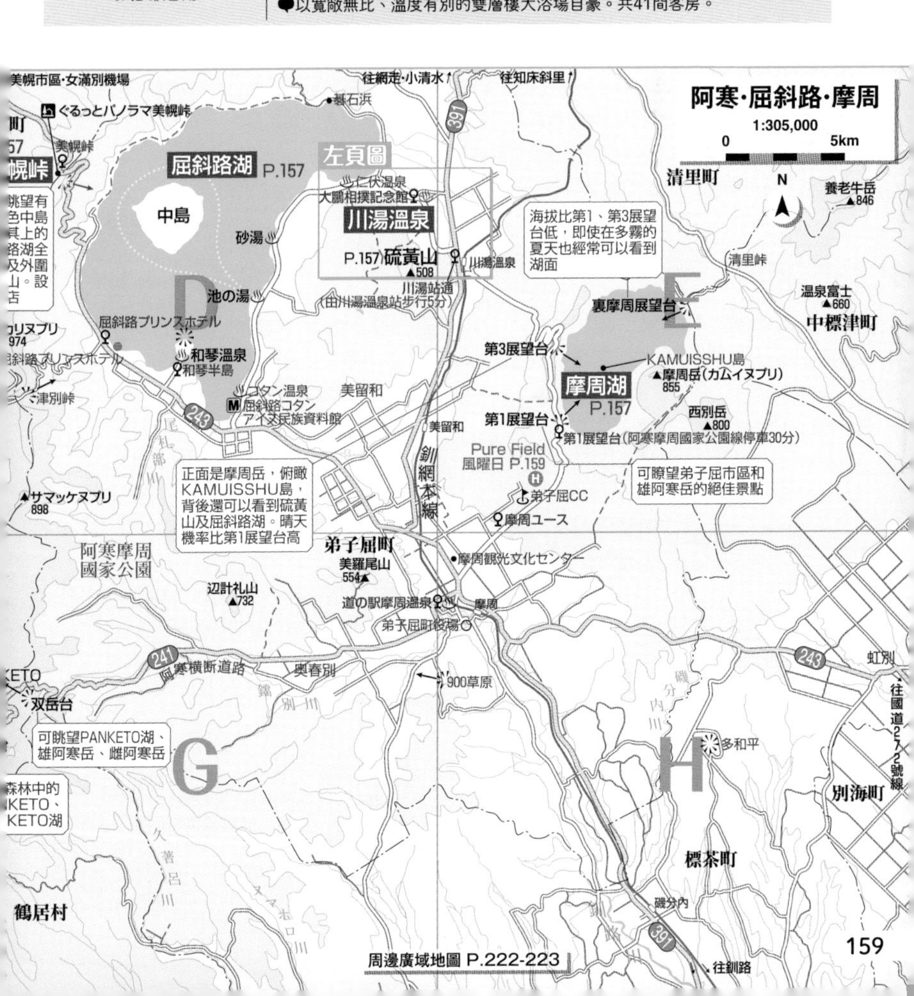

根室·納沙布岬

區域的魅力度

眺望
★★★
美食
★★★

眼前的北方領土
特產短足擬石蟹
名產豬排炒飯

觀光詢問處

根室市觀光協會
☎0153-24-3104
根室市商工觀光課
☎0153-23-6111
知床根室觀光聯盟
☎0153-77-9644
天鵝44根室公路休息站
☎0153-25-3055

預約·詢問處

JR根室站
☎0153-24-3208
根室交通巴士
(根室站前總站)
☎0153-24-2201

親身感受眼前的北方領土

根室半島是突出於太平洋和鄂霍次克海的細長半島。站在前端的納沙布岬上，可近距離看見浮在藍色海洋上的北方領土。欣賞完壯麗的景色後，可品嘗煮至鮮紅色的當地特產短足擬石蟹（又稱花咲蟹），以及根室的著名料理「豬排炒飯」(エスカロップ)。

前往根室的方法

從JR釧路站（p.136）前往根室站，搭JR根室本線2小時10～43分（2860日圓）。1天來回6班左右。或是從釧路站前前往根室站總站，搭高速巴士「特急根室號」2小時43分～3小時13分（單程2290日圓）。

納沙布岬

のさっぷみさき

地圖p.161
♀根室站前總站搭往納沙布的🚌根室交通巴士44分，♀納沙布岬下車即到

位於從根室市區往東20多公里的地方，以日本本土最東端的海岬而聞名。前端有於1872（明治7）年點燈啟用、北海道最古老的納沙布岬燈塔，隔著根室海峽可以看見齒舞群島中的貝殼島和水晶島等北方領土。

附近有為了北方領土歸還運動而興建的「北方館」，透過影片和古地圖、古文書等，簡單扼要地介紹北方領土問題的歷史。從2樓的瞭望室可以看見北方領土。

北方館
✆0153-28-3277
📍根室市納沙布岬36-6
🕘9:00～17:00(11月1日～2月底～16:30)
休 無休（11～4月為週一，逢假日則開館）
¥ 免費
P 70輛(望鄉之岬公園)

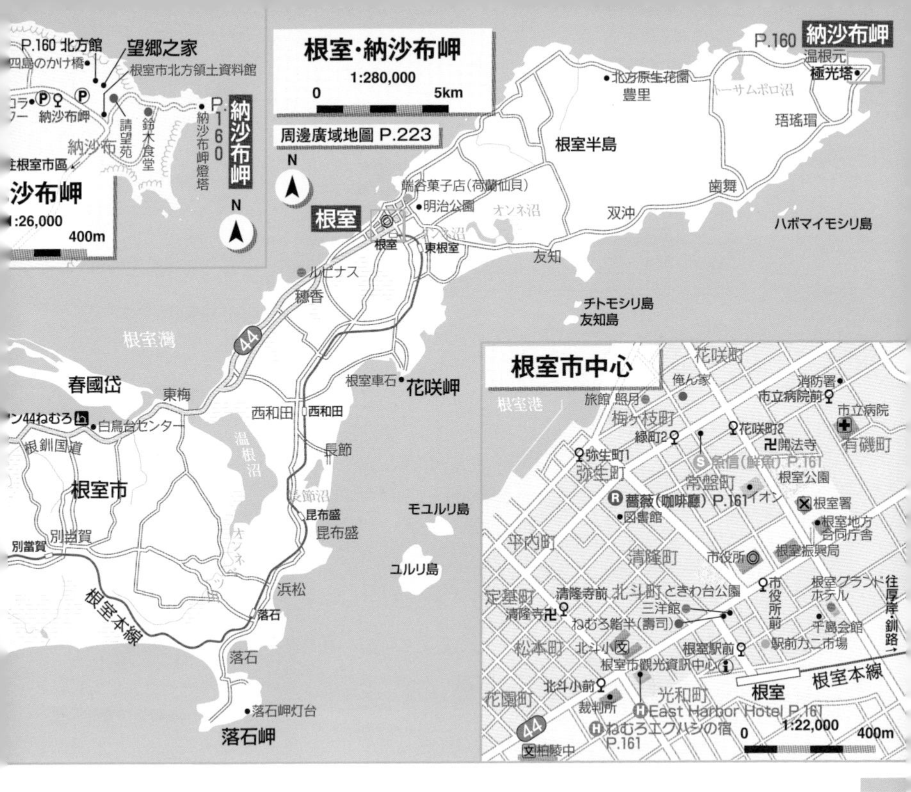

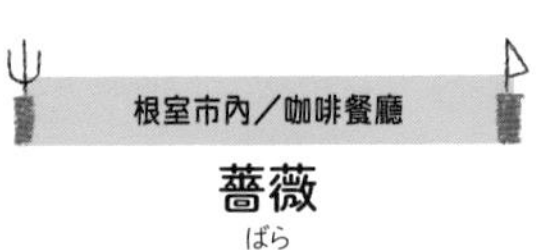

根室市內／咖啡餐廳

薔薇

ばら

地圖p.161
JR根室站👟10分

說到根室特有的著名料理，那就是豬排炒飯。這道料理是在盛有炸豬排的飯上淋法式多蜜醬汁，也就是西式的豬排丼。開業超過45年的本店，豬排炒飯（950日圓）相當受到歡迎。自製法式多蜜醬汁的層次豐富，和炸得香脆的豬排完美結合。

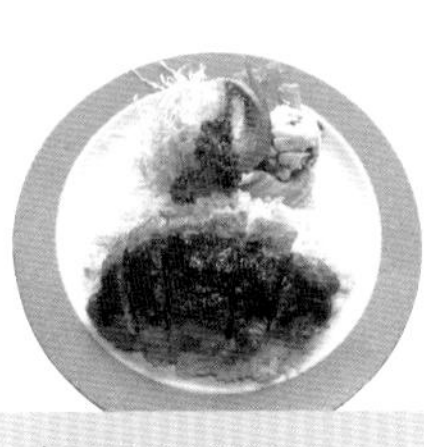

- 0153-24-4746
- 根室市弥生町2-9
- 10:00～15:00、16:30～20:00
- 休 週一
- ¥ 豬排炒飯950日圓
- P 12輛

根室市內／鮮魚

魚信

うおしん

地圖p.161
JR根室站👟8分

就連本地的壽司店都是從這裡進貨，新鮮的螃蟹、鮭魚、北海蝦、北寄貝等相當豐富，以短足擬石蟹為主的螃蟹新鮮度一流。

- 0153-23-3817
- 根室市緑町3-27
- 8:00左右～17:00左右 休 週日
- ¥ 短足擬石蟹3000日圓～
- P 30輛

住宿指南

ねむろエクハシの宿	0153-24-4498／地圖:p.161／11000日圓～(1泊2食) 提供賓至如歸的貼心服務，相當受家庭、團體歡迎。共9間客房。
East Harbor Hotel	0153-24-1515／地圖:p.161／Ⓢ6820日圓～Ⓣ12540日圓～ 位於國道44號沿線，景觀絕佳的商務飯店。共67間客房。

知床

區域的魅力度

體驗大自然
★★★★★
邊走邊吃
★★★
溫泉
★★★★

滿是世界遺產的大自然
翻山越嶺的知床橫斷道路
未經開發的祕境溫泉

在原始林中映照著知床山脈的五座湖泊 拜訪最邊緣的祕境

知床在愛奴語中意味著「大地的盡頭」。遍布知床山脈和山麓的原始林、斷崖絕壁綿延不絕的海岸線等，充滿了未經開發的大自然景觀，不愧是最邊緣的祕境。也有許多像是棕熊、蝦夷鹿等野生動物棲息在此。從知床峠還可以眺望國後島。

前往知床的方法・遊覽順序的小提示

請參照右頁圖。位於知床半島近海處的斜里（若以JR為例，對應的是知床斜里站）是通往知床的入口，前往羅臼可以從釧路站搭阿寒巴士3小時40分。平日5班，週六日、假日2班，4940日圓。宇登呂可作為觀光的據點，住宿設施也集中在此。觀光的內容和交通等會隨著季節、或隨著每一年有很大的變化，務必隨時確認最新資訊。

●到得了的地方、到不了的地方

由陸地無法前往知床半島的最前端，但可以搭船由海上欣賞（參照p.170），知床岬是無法登陸的。從宇登呂的方向，春天到秋天之間可前往知床五湖。要前往更遠的神之水（KAMUIWAKKA）溫泉瀑布的話，夏天時可由附近的知床自然中心或宇登呂溫泉總站搭乘接駁巴士。從羅臼的方向一整年都可以通往相泊溫泉。

觀光詢問處

知床宇登呂觀光服務處（宇登呂・大地盡頭公路休息站內）
☎0152-24-2639
知床斜里町觀光協會
☎0152-22-2125
知床羅臼觀光服務處
☎0153-87-3330

預約・詢問處

JR知床斜里站
☎0152-23-2634
高速巴士Eagle Liner、知床Airport Liner
斜里巴士總站
☎0152-23-0766
宇登呂溫泉巴士總站
☎0152-24-2054
網走巴士
☎0152-43-4101
北海道中央巴士預約中心
☎0570-200-600
路線巴士・定期觀光巴士
斜里巴士
☎0152-23-3145(總公司)
阿寒巴士(釧路)
☎0153-37-2221

從觀光船上遠眺美景

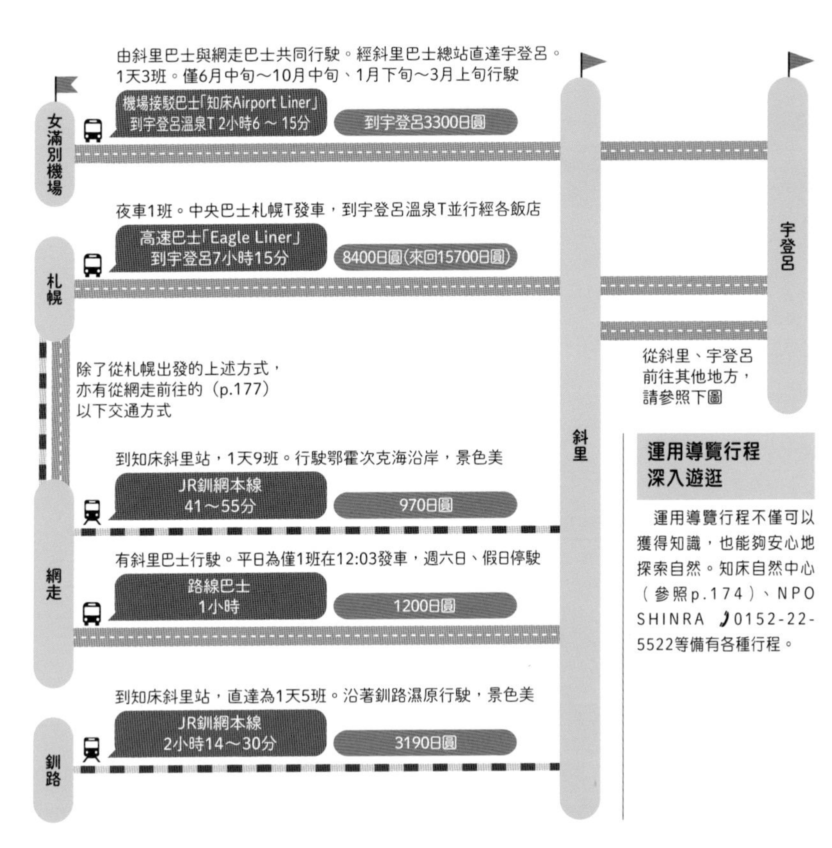

運用導覽行程深入遊逛

運用導覽行程不僅可以獲得知識，也能夠安心地探索自然。知床自然中心（參照p.174）、NPO SHINRA ♪0152-22-5522等備有各種行程。

各個季節的巴士運行模式

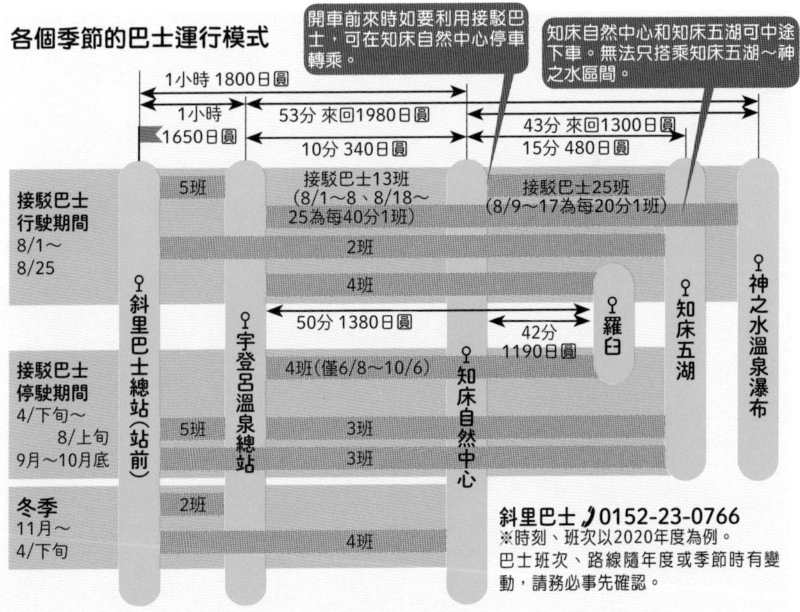

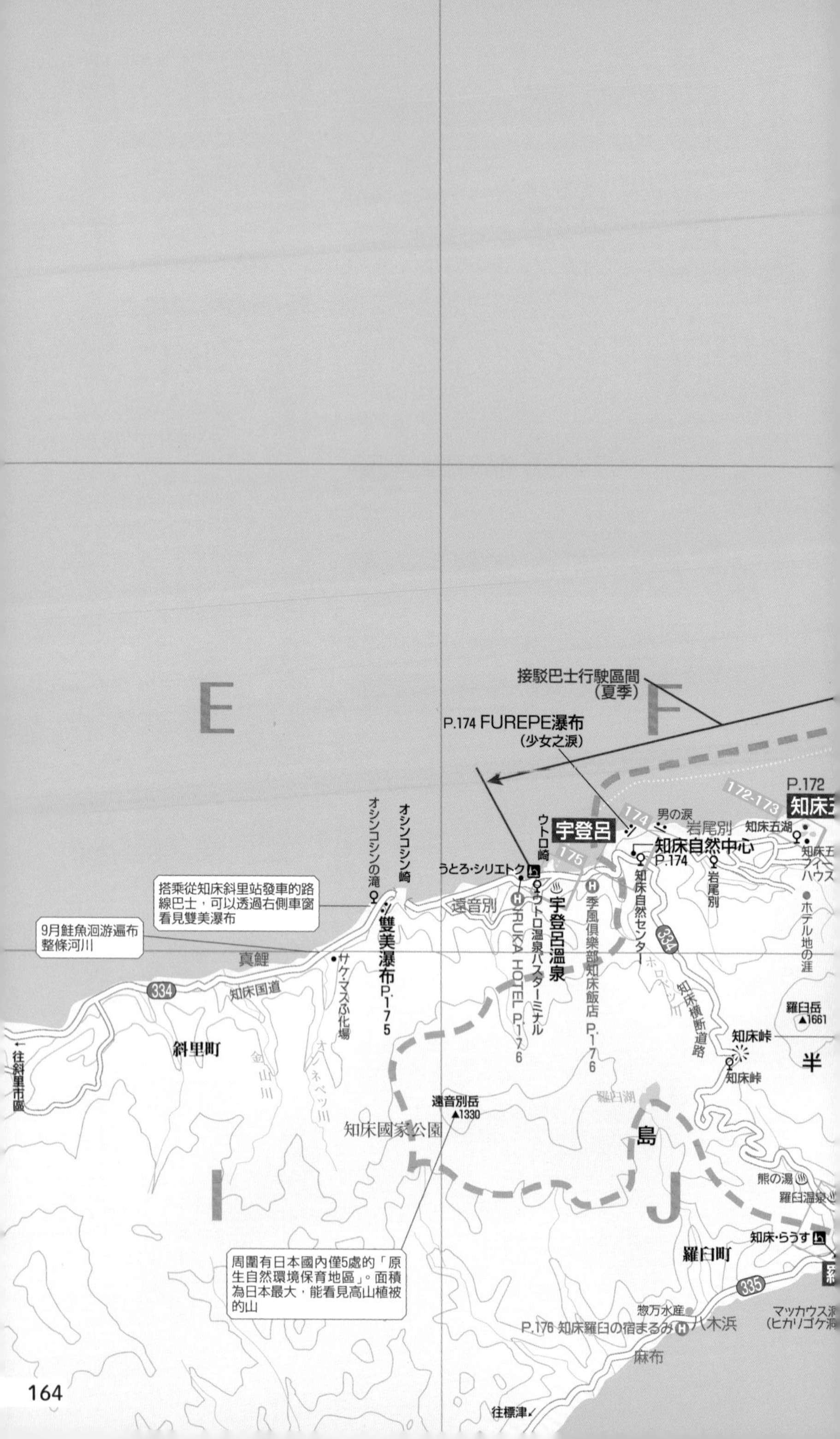

接駁巴士行駛區間
(夏季)
P.174 FUREPE瀑布
(少女之涙)
P.172
知床五
172-173
174
175
男の涙
岩尾別
知床五湖
宇登呂
ウトロ崎
知床自然中心
P.174
うとろ・シリエトク
オシンコシン崎
オシンコシンの滝
搭乘從知床斜里站發車的路線巴士，可以透過右側車窗看見雙美瀑布
9月鮭魚洄游遍布整條河川
遠音別
宇登呂溫泉
ウトロ温泉バスターミナル
HARUKA HOTEL P.176
季風俱樂部知床飯店 P.176
知床自然センター
岩尾別
雙美瀑布 P.175
サケ・マスふ化場
真鯉
334
知床国道
斜里町
往斜里市區
金山川
オンネベツ川
ホロベツ川
知床横断道路
ホテル地の涯
羅臼岳
▲1661
知床峠
知床峠
半
島
遠音別岳
▲1330
知床國家公園
羅臼湖
熊の湯
羅臼温泉
知床・らうす
羅臼町
周圍有日本國內僅5處的「原生自然環境保育地區」。面積為日本最大，能看見高山植被的山
335
惣万水産
P.176 知床羅臼の宿まるみ
八木浜
マッカウス洞
(ヒカリゴケ洞
麻布
往標津
E
F
I
J

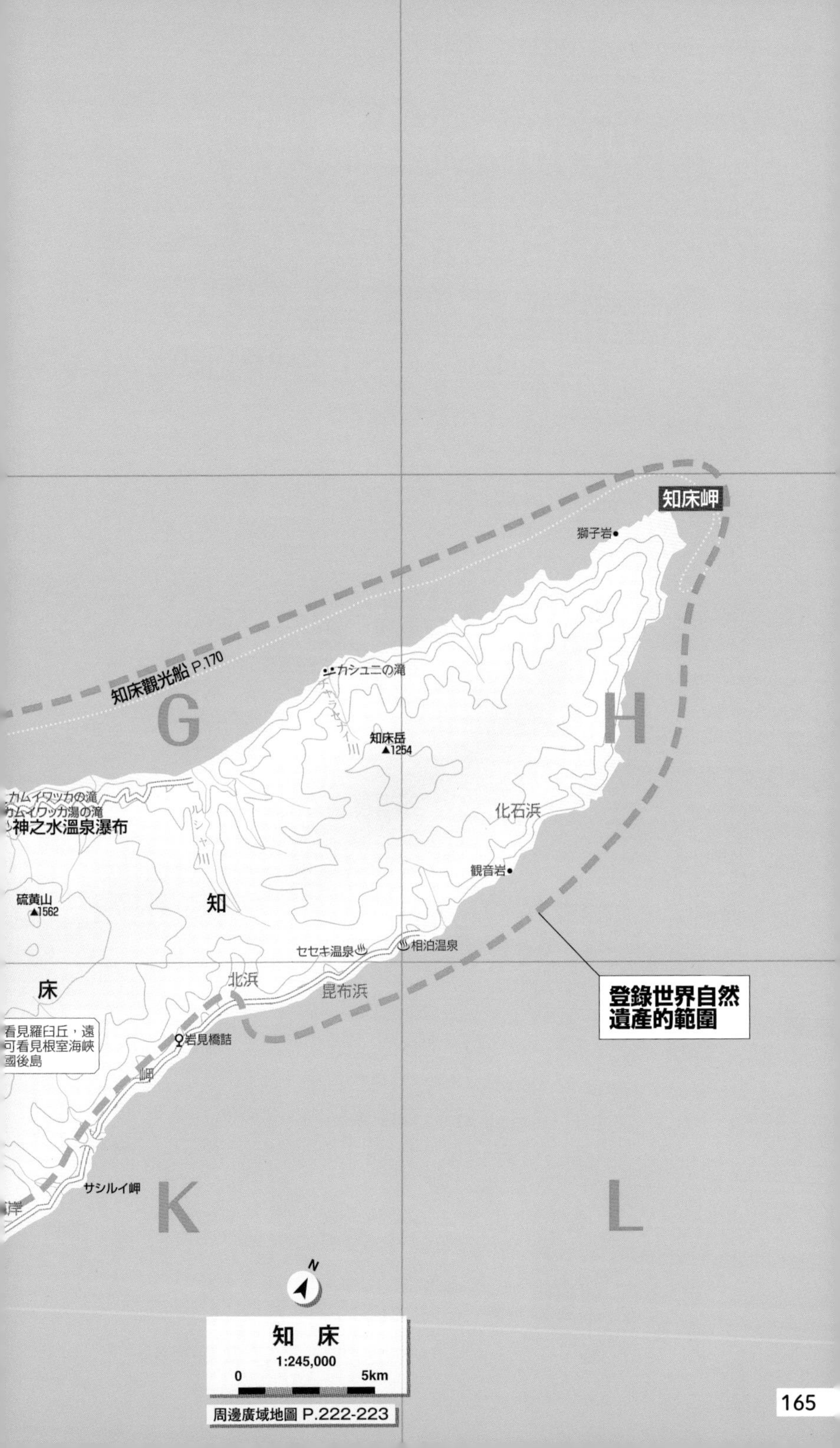
知床岬
獅子岩
知床觀光船 P.170
カシュニの滝
G
H
知床岳
1254
カムイワッカの滝
カムイワッカ湯の滝
神之水溫泉瀑布
ルシャ川
化石浜
觀音岩
硫黄山
1562
知
セセキ温泉
相泊温泉
床
北浜
昆布浜
登錄世界自然遺產的範圍
看見羅臼丘，遠可看見根室海峽國後島
岩見橋詰
サシルイ岬
K
L
N
知　床
1:245,000
0
5km
周邊廣域地圖 P.222-223

沉醉於邊緣祕境
保存的自然之美

知床
知床五湖的二湖

被原始林覆蓋的台地上有5座小湖。沿著散步道繞行，各湖泊中滿是清澈的湖水，時而映照出知床山脈。這裡是絕不能錯過的地方。

以人類和大自然共存為目標的世界遺產

認識知床

能強烈感受大自然的知床。為了確實了解其特徵，在此介紹踏入既嚴峻又脆弱的大自然時需要知道的規則和注意事項，以及知床的真面目。

知床特有的大自然 就是海洋和陸地相互影響

知床半島在2005年被UNESCO（聯合國教科文組織）選入世界遺產，這代表知床周邊特殊的生態以及生物的多樣性得到認同。從海岸到山頂的陸地上有各種植物，提供動物們豐富的糧食。海洋上的流冰則帶來豐富的養分，造就了海中生物和鳥類的生態系。觀察迴游在河川以及海洋的鮭魚（卵和幼魚成為魚類和鳥類的食物，成魚成為棕熊的食物，死掉的魚則成為土壤的養分來源）即可發現，陸地和海洋的生態系之間是相互影響的。這也是被選為世界遺產的原因。

知床相關年表

1914年	開始在岩尾別植樹
1964年	被指定為國家公園
1971年	加藤登紀子「知床旅情」大受歡迎
1977年	知床100平方公尺運動（～1997）
1980年	知床橫斷道路完工
1987年	林野局採伐國有林地，引發抗議
1988年	知床自然中心完工
2005年	登錄於世界自然遺產

知床規則～自然與觀光的共存

雖然說想要去欣賞、接觸知床是很自然的，但人類一旦進入便會對生態系造成影響。為了將影響降至最低，在知床有所謂「知床規則」的自主性規範。不亂丟垃圾、不亂採花草、不踏入散步道以外的地方、不接觸也不餵食動物等，總而言之以不干預自然環境為原則。

觀光業者也配合當地的宣導，雖然被選入世界遺產後觀光客增加了，但反而更遵守規則。遵守知床規則，才是真正了解知床。為了讓所有觀光客都能了解知床，相關人士努力不懈地付諸行動。

服裝

●帽子
防曬必備。

●長袖長褲
表面光滑的化學纖維，硬蜱等昆蟲較不易附著。

●後背包
所有行李整理起來揹在背後。手拿行李的話行走時不易保持平衡，也比較容易累。

●驅熊鈴鐺、隨身收音機
為了讓棕熊知道附近有人類的鈴鐺。通常棕熊在聽到聲響後便會自動遠離。

危險生物

●硬蜱
會咬入皮膚深處，需到醫院才能去除。

●毒藤（蔦漆）
只要接觸到便會起疹子。有些人甚至光跨過就會起疹子。

●北狐
身上可能寄生著會對人體產生危害的包生絛蟲。

規則

●嚴禁接近
不僅有自身危險，更可能讓棕熊習慣人類，進而產生莫大危害。請儘速遠離現場。

●禁止餵食
以為接近人類便能得到食物，這種想法對動物來說是很危險的。此外，食髓知味的動物也可能對附近的民宅造成危害。

●不踏入步道以外的地方
人類的踐踏會破壞植被，散步道也會因此崩壞。如果步道上很擁擠，可以輕聲借過。

嚴峻的環境、與人之間的關連

知床半島因其地形和嚴峻的自然環境，沒有能繞行半島一周的道路。橫斷半島的唯一國道在1980年開通，但每逢冬季還是會封閉。尤其半島前端（宇登呂以東）的環境特別嚴峻，雖因國家政策進行了開發，農家們卻因搖擺不定的政策陸續出走，最後在1973年時全數撤離。可說是國家政策造成這樣的結果，而非自然環境太過嚴峻。現在依然殘留在知床的草原和人走出來的小路，便是開拓時所留下的。

開拓者的農業活動結束後，對土地展開觀光開發的「知床100平方公尺運動」（1977年啟動。現在發展為「100平方公尺運動森林・相信」）。當半島前端部分——知床岬周圍的自然景觀，開始因為搭乘漁船上岸的觀光客而毀壞時，便推動了禁止觀光漁船登陸的協議（1984年）。

對知床的各種意見

其實還有許多難以解決的問題，例如棄置的牧草地成為糧食來源而大量增加的鹿，吃掉了樹皮導致樹木枯萎；基於保育而停止對棕熊的狩獵，反而造成棕熊數量增加，並且開始出現在人類周邊；被選為世界遺產時，為了保護當時瀕臨絕種的北海獅，而限制捕撈作為其糧食的黃線狹鱈，卻也間接剝奪了當地人的生活糧食；為了不要妨礙鮭魚溯溪而上，而評估是否要拆除保護小屋及道路不受土石流侵襲的水壩……。

為了保護一部分的自然，反而破壞了其他自然，或對當地的生活造成嚴重影響，對於目前的知床，大家有著各種不同的意見。試著去了解、並且去思考這些事情，便是理解知床的第一步。

從船上親身體會知床的雄偉和豐富的大自然

搭乘遊艇
接近雄偉的斷崖

✆前往半島前端唯一的方法是搭船。不過搭乘遊艇有時還能目擊到棕熊，可說是知床觀光的首選。除了本書介紹的哥吉拉岩觀光之外，還有Cruiser觀光船DOLPHIN（✆0152-22-5018）、知床世界遺產Cruise Fox（✆050-31-888-222）、知床遊覽船（✆0152-24-3777）、道東觀光開發（✆0152-22-5018）這4間公司在營運，航線、內容大致相同。

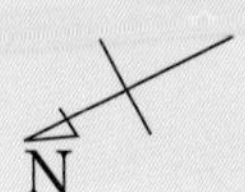

此鳥瞰圖是由西北往東南方向看去

知床岬

最前端因強風而沒有任何樹木。山丘上可以看見燈塔。禁止登陸

文吉灣／突發狀況時漁船的避難港。可以看見小屋

眼鏡岩／倒梯形的奇特岩石，上面有洞穴

KASHUNI瀑布

CHARASENAI川穿越洞窟落入海中的瀑布

觀音岩／外觀的確很像是一尊佛像

鮪岩／形狀相當幽默的岩石

RUSHA川

棕熊經常出沒的地點。距離小屋很近，看起來像是與人類共存

硫黃瀑布

硫黃河以極大的落差落下。岩石因硫礦成分而呈現紅棕色。河川上有知床大橋

可以從海上盡情眺望
發出驚人巨響的瀑布！

有很高機率能目擊到棕熊而備受歡迎的遊艇行程。從開放的甲板欣賞斷崖和瀑布，更能體會近在眼前的壯麗，圍繞著知床山脈的雲朵形狀也不時在變化。這也是只有搭乘海上小型遊艇才能體會到的知床風貌。

有從宇登呂港出發，在神之水瀑布附近折返的硫黃山航線（需時1小時10分，1天4班）、在知床半島前端折返的知床岬航線（需時3小時15分，1天2班）。

0152-24-3060（丸HA寶來水產 哥吉拉岩觀光）
斜里町ウトロ東51
¥ 硫黃山航線=3500日圓（4月25日～10月航行），RUSYA航線=6000日圓（黃金週、6～10月航行），知床岬航線=8800日圓（黃金週、6～10月上旬航行）
休 無休（天候不佳時除外） 地圖:p.175-A P60輛

可搭乘接駁巴士前往「神之水溫泉瀑布」（p.163）的下游。保留著以前採集硫磺時的柵欄。

神之水瀑布

10 知床五湖的水，都是這樣從崖壁滲出的

11 **黑洞**／並排的洞穴形成不可思議的景象

12 **FUREPE瀑布**／相較於散步道，這裡比較能清楚看見瀑布

※本鳥瞰圖以2倍高度誇大呈現。
航線的軌跡為示意圖，實際會因海浪或波濤而隨時改變。

知床五湖

しれとこごこ

知床山脈的融雪變成伏流水，湧出後形成知床五湖。散步道上有棕熊的爪痕、蝦夷鹿的蹤影，有時甚至禁止進入，這個區域可以體會野生動物就在身邊的感覺。延伸至一湖的高架木橋（往返1.6公里）隨時都能免費利用。

利用地面散步道（大圈3公里，小圈1.6公里）

■5月10日～7月31日（棕熊活動時期）

必須參加由領隊帶領的行程，因此需要事前預約。預約請洽知床五湖場房屋（4月下旬～11下旬營業<視天候而異>7:30～18:00<視時期而異> ☎0152-24-3323）。網路也能進行預約（http://www.goko.go.jp/）。

導覽費用為大圈5000日圓左右，視導覽公司而異。這也包含了散步道的使用費，大人為500日圓。小圈則是當天向場房屋申請，大約3000日圓。

行程為10人一團，所需時間3小時左右。

■開園日～5月9日、8月1日～閉園日（植被保護時期）

提出申請書，並事先參加觀看影片的講座（15分左右）的話，沒有領隊也能加以利用。散步道使用費為大人250日圓。

■利用時的注意事項

遵守既定的周遊路線／不攜帶食物、不餵食野生動物／不踏入步道和木橋以外的地方／不攜帶寵物／旅途中遇到棕熊時絕不大聲喊叫，遵從導遊的指示，在目光緊盯的狀態下緩慢後退離開現場。

05 參觀10分

一湖

一湖是最後出現的湖。從位於高架木橋起點的瞭望台，可以欣賞到湖對岸以羅臼岳為主峰的知床山脈絕色美景。

06 參觀10分

鄂霍次克展望台

為了驅趕棕熊等動物而在高架木道途中設置的瞭望台。可以眺望知床山脈，另一側鄂霍次克海的景色也是一絕。

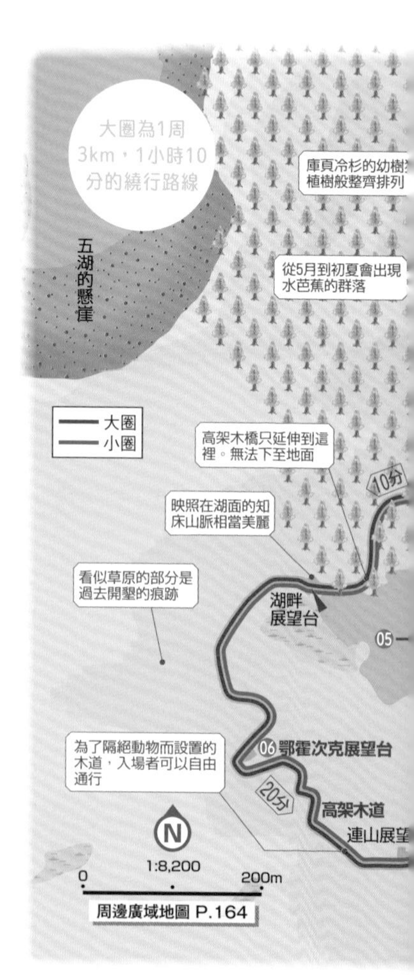

大推薦！

04 參觀10分

03 參觀10分

二湖

五湖中最大的湖。知床山脈的壯麗姿態近在眼前，映照在水面上的山景也非常美麗。停駐片刻仔細欣賞吧。

三湖

從5月到初夏期間會出現水芭蕉群落。沿著散步道前進，可以一路欣賞湖面。有時也會看見棕熊的爪痕。

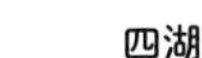

02 參觀10分

四湖

到了四湖就能看見知床山脈。正面是硫黃山。在五湖之中是最寧靜且神祕的。

01 參觀10分

五湖

在離散步道稍遠的岔路盡頭。5月時偶能看見產卵的蝦夷赤蛙。

知床五湖公園服務中心

設有商店，也有提供輕食的休閒設施。苔桃霜淇淋300日圓是這裏的名產。出發前後可順路到這裡逛逛。

☎ 0152-24-2299
🕐 8:00～17:00
休 4月下旬～11月下旬營業(營業期間無休)

隨興遊逛

FUREPE瀑布

ふれぺのたき

由知床自然中心步行可直接到達，約40分的短程路線。由瞭望台向海面望去，可以發現知床半島被斷崖所圍繞，也會驚訝其海鳥數量之多。此外，知床山脈和鄂霍次克海的景色也相當美麗。在森林裡或草原還會經常遇見蝦夷鹿。

前往這裡的方法
請參照p 163

02 參觀10分

瞭望台

雖然說是觀賞落入海中的FUREPE瀑布，但從這個瞭望台只能欣賞到上半部。不過也因此感受到知床斷崖規模之大。

01 參觀40分

知床自然中心

提供知床的各種資訊。可作為遊覽知床的據點。

☎0152-24-2114／🕗8:00～17:30(冬季為9:00～16:00)／休過年期間／P 120輛

周邊廣域地圖 P.164

觀賞

雙美瀑布
おしんこしんのたき

地圖p.164-E
♀ウトロ温泉巴士總站🚗10分

位於由斜里進入國道334號，抵達宇登呂前的地方。其規模是知床半島內最大的，如同岩盤滑落般落下的兩條瀑布相當壯觀。Ⓟ35輛

美食&購物

宇登呂／輕食咖啡廳

Bon's Home
ボンズホーム

地圖p.175-A
♀ウトロ温泉巴士總站👟1分

可以嘗到使用經過低溫熟成、甜度增加的北海道產五月皇后「栗子馬鈴薯」所製作的料理。焗烤栗子馬鈴薯（800日圓）、烤起司（900日圓）、布丁（480日圓）等相當受歡迎。也有販售馬鈴薯。

☎0152-24-2271
📍斜里町ウトロ東217
🕒11:30〜18:00左右（夏季為11:00〜19:00左右），可能提早打烊
㊡不定休
¥咖啡480日圓　Ⓟ附近有

宇登呂／海鮮料理

ユートピア知床
ゆーとぴあしれとこ

地圖p.175-A
♀ウトロ温泉巴士總站👟3分

在公路休息站「宇登呂・大地盡頭」內的餐廳。推薦使用鄂霍次克海各港口捕獲的新鮮海產所製的餐點。除了每日海鮮丼（2400日圓）之外，使用知床產鮭魚的羅臼產鹽水海膽丼（2800日圓）也很受歡迎。

☎0152-24-2306
📍斜里町ウトロ西186-8
🕒8:30〜18:30（11〜4月為9:00〜17:00）㊡過年期間
¥午餐1200日圓〜　Ⓟ100輛

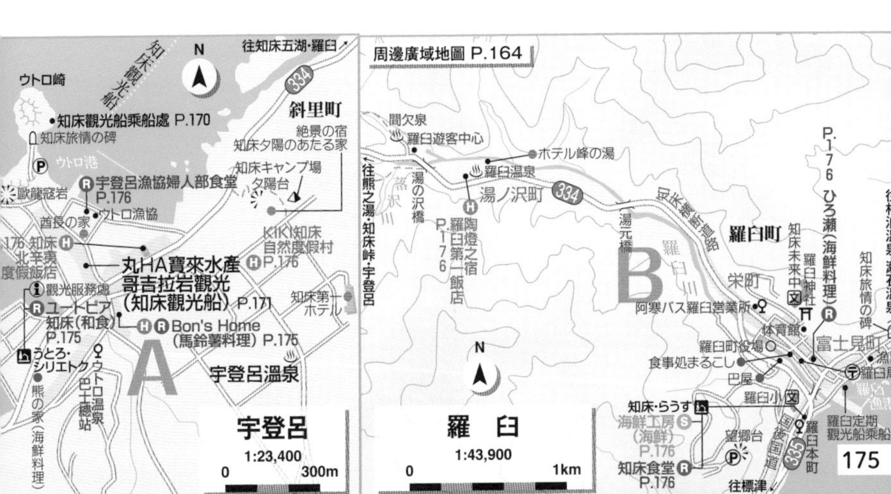

宇登呂／定食

宇登呂漁協婦人部食堂

うとろぎょきょうふじんしょくどう

地圖p.175-A
♀宇登呂溫泉BT 步行5分

由漁協直營的店鋪。只有在觀光季節營業，但是能夠以經濟實惠的價格嘗到新鮮海膽及海鮮，而備受當地人及旅客喜愛的食堂。推薦海膽丼（時價）、鮭魚卵丼2000日圓等。

- 01522-4-3191
- 斜里町ウトロ東117
- 8:30～14:30L.O.
- 休 無休、11月～4月中旬休業
- ¥ 遠東多線魚定食1500日圓
- P 有

羅臼町／海鮮料理

知床食堂

しれとこしょくどう

地圖p.175-B
♀羅臼本町 步行1分

位於「知床、羅臼」公路休息站的海鮮料理店。能夠透過窗戶一邊眺望國後島及羅臼的海景，一邊品嘗當天捕撈的新鮮海產。推薦菜色為知床前濱定食2000日圓。

- 0153-87-4460
- 羅臼町本町361-1「知床、羅臼」公路休息站深層館內
- 8:00～19:00 (18:30L.O.)、11月上旬～4月下旬～17:00 (16:30L.O.)
- 休 無休
- P 25輛

羅臼町／海鮮料理

ひろ瀬

ひろせ

地圖p.175-B
♀羅臼營業所 步行5分

可以嘗到由羅臼港打撈上岸的新鮮海鮮。在白飯上放7種新鮮當季生魚片的前濱丼（2300日圓）分量十足。

- 0153-87-3388
- 羅臼町富士見町57
- 10:00～21:00 (冬季11:00～)
- 休 不定休(冬季週日)　P 6輛

羅臼町／伴手禮

海鮮工房

かいせんこうぼう

地圖p.175-B
♀羅臼本町 步行1分

「知床、羅臼」公路休息站旁的羅臼漁業工會直營店。販售許多新鮮的海鮮和加工品。羅臼昆布和羅臼產海膽、鮭魚等知床海域特有的風味相當受歡迎。也很推薦自製的加工品，充分發揮羅臼昆布美味的羅臼昆布醬油（500ml 670日圓），以及在麵和湯中使用羅臼昆布的羅臼拉麵5包入（1188日圓）等最適合作為伴手禮。

- 0120-530-370
- 羅臼町本町361
- 9:00～18:00
- 休 11～4月的週日、過年期間
- P 25輛

住宿指南

知床北辛夷度假飯店	0152-24-3222(預約)／地圖:p.176-A／17892日圓～(1泊2食) 面對宇登呂港，坐擁地利之便。附露天浴池的客房及頂樓大浴場等溫泉設施完備。
KIKI知床自然度假村	0152-24-2104／地圖:p.175-A／13500日圓～(1泊2食) 建於高地的飯店。溫泉大浴場附三溫暖、按摩池。共176間客房。
季風俱樂部知床飯店	0152-24-3541／地圖:p.164-F／15400日圓～(1泊2食) 以貼心服務受到好評的小型飯店。共14間客房。
IRUKA HOTEL	0152-24-2888／地圖:p.164-F／Ⓢ6800日圓～(純住宿) 能盡情品嘗向當地漁夫採購的海鮮。共13間客房。
陶燈之宿 羅臼第一飯店	0153-87-2259／地圖:p.175-B／12800日圓～(1泊2食) 位於原始林環繞的山中，天然溫泉露天浴池很受歡迎。共47間客房。
知床羅臼の宿 まるみ	0153-88-1313／地圖:p.164-J／12000日圓～(1泊2食) 從客房能眺望近在眼前的國後島。也有經營觀光船。共47間客房。

網走

區域的魅力度

城市漫遊
★★★
美食
★★★
自然景觀
★★★★

電影《網走番外地》的舞台
嚴寒地帶特有的流冰觀光（冬季）
高山植物盛開的原生花園（初夏）

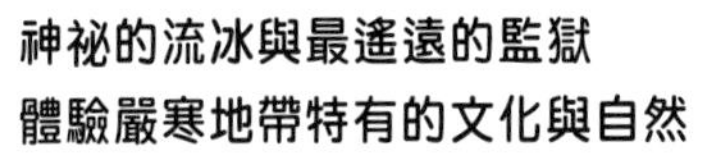

神祕的流冰與最遙遠的監獄
體驗嚴寒地帶特有的文化與自然

網走面對著湛藍的鄂霍次克海。冬季時，從遙遠西伯利亞的黑龍江漂來的流冰布滿整個海面，充滿神祕的氛圍。博物館網走監獄和網走湖畔湧出的溫泉也不容錯過。

前往網走的方法

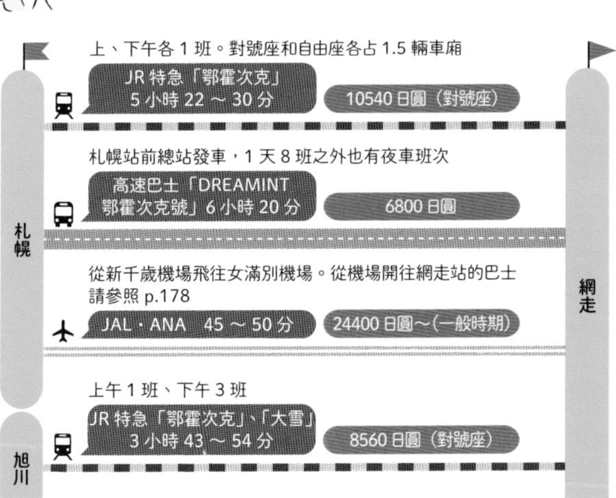

觀光詢問處

網走市觀光協會
☎0152-44-5849

預約・詢問處

JR網走站
☎0152-43-2362
（綠色窗口）

高速巴士
DREAMINT鄂霍次克號
北海道中央巴士
（預約中心）
☎0570-200-600
網走巴士
☎0152-43-2606
（網走巴士總站）

定期觀光巴士
網走巴士
☎0152-43-4101

超值票券

搭乘JR往返札幌～網走時，使用R票（對號座，17500日圓～，6天內有效）較為方便。

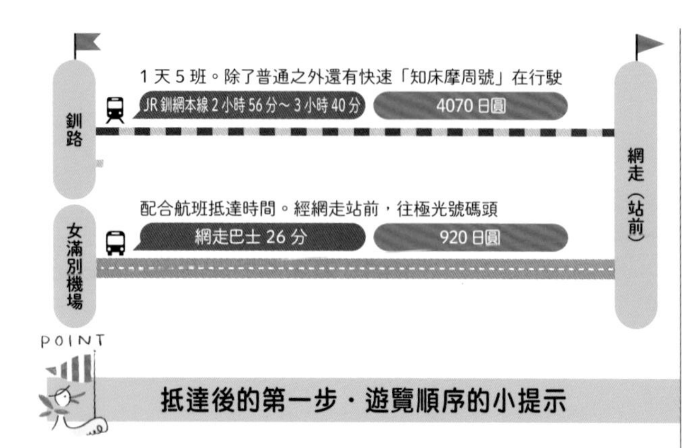

POINT

抵達後的第一步・遊覽順序的小提示

可以前往網走站旁的觀光服務處取得觀光資訊。從車站步行15分可至南3條～南6條的鬧區。附近也有網走巴士總站，開往天都山、能取湖、佐呂間、小清水原生花園方向的巴士都由此發車。

想前往主要景點，搭乘繞行博物館網走監獄、鄂霍次克流冰館、北方民族博物館等的「觀光設施周遊巴士」較為方便（下方地圖的路線）。8:50～16:05左右之間有5～6班行駛（2～3月為9～18班），1月20日～3月還會行經破冰船碼頭，7月31日～10月12日還會行經花都花園「Hana Tento」。觀光服務處、網走巴士總站等處都有販售車票。一日護照為800日圓。也能搭乘女滿別機場線的網走自由護照為2日券2000日圓、3日券3000日圓。

網走市站觀光服務

有鄂霍次克流冰館和北方民族博物館的入場折價券。也可以預約流冰觀光碎冰船「極光號」的乘船券。12:00～15:00，週六日、假日為9:00～17:00，不定休。可能視季節變動。

前往紋別的交通方式

從札幌搭高速巴士「流冰紋別號（預約制。北海道中央巴士 ☎0570-200-600）」。夏季路線（4～11月）經由旭川5小時20分，直達車4小時20分。冬季路線（12～3月）經由旭川5小時40分，直達車4小時40分，5000日圓。此外，由網走還有冬季限定的「東北海道快速巴士網走→紋別→網走4號」在行駛，行經海洋交流館（GARINKO號Station）（需洽詢 ☎0152-45-5665）。

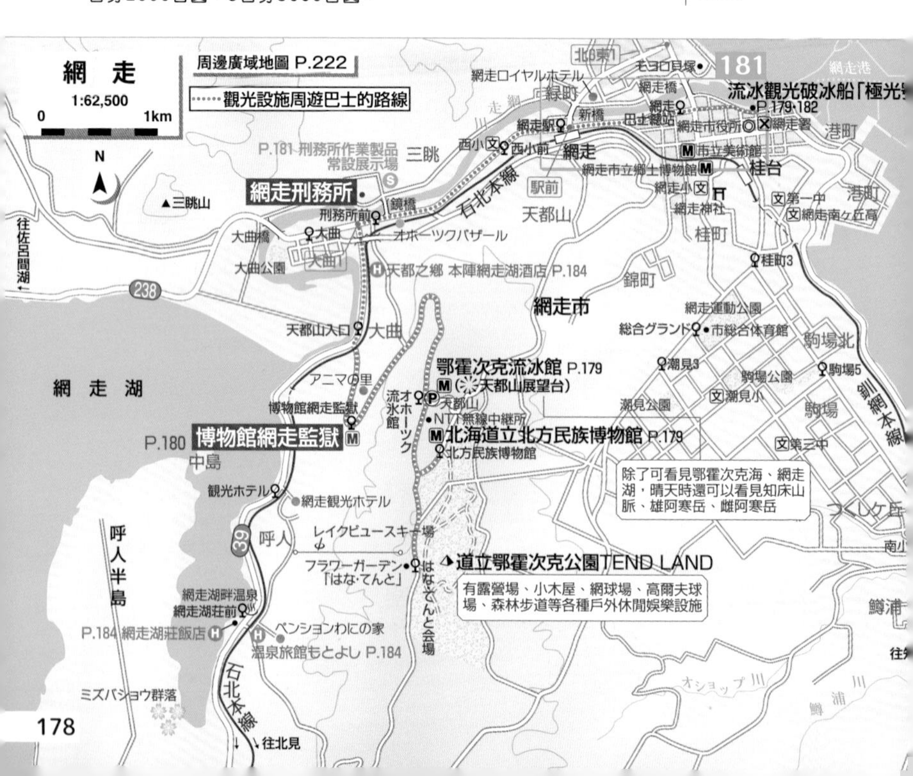

觀賞

鄂霍次克流冰館
おほーつくりゅうひょうかん

地圖p.178
JR網走站搭🚌觀光設施周遊巴士12分，♀オホーツク流氷館下車即到

可在零下15度的流冰體驗室觸摸真正的流冰，這裡也有飼養裸海蝶（俗稱海天使）和太平洋真圓鰭魚（俗稱氣球魚）等。高畫質劇院重現了流冰底下的夢幻世界。瞭望台可以看到鄂霍次克海和知床。

📞0152-43-5951 📍網走市天都山244-3
🕘8:30～18:00(11～4月為9:00～16:30、12月29日～1月5日為10:00～15:00)，最後入館為30分前 休 無休 ¥770日圓（瞭望台為免費）
P 150輛

北海道立北方民族博物館
ほっかいどうりつほっぽうみんぞくはくぶつかん

地圖p.178
JR網走站搭乘🚌觀光設施周遊巴士15分，♀北方民族博物館下車即到

以北海道為主的世界各地北方民族文化為主題的博物館。館內展示由美國、加拿大、俄羅斯、中國、北歐、日本收集而來的衣服和狩獵工具等生活用品，介紹寒冷地區的生活方式。

📞0152-45-3888 📍網走市字潮見309-1
🕘9:30～16:30(7～9月為9:00～17:00)
休 週一（逢假日則翌平日休）、過年期間，7～9、2月為無休，可能臨時休館
¥550日圓 P 100輛

流冰觀光破冰船「極光號」
りゅうひょうかんこうさいひょうせん「おーろら」

地圖p.178、181-B
JR網走站搭🚌觀光設施周遊巴士8分，♀道の駅 流氷砕氷船のりば下車即到※也參照p.182

在黑龍江口所產生的流冰，1月下旬開始出現在鄂霍次克海沿岸。搭乘破冰船，在布滿流冰的海面上破冰而行。所需時間約1小時。

📞0152-43-6000(流冰街道公路休息站)
📍網走市南3条東4-5-1
🕘1月20日～4月3日航行。1月為9:00起4班，2月為9:30起5班，3月為4班，4月為11:30、13:30共2班 休 航行期間無休
¥乘船費3500日圓
P 106輛(流冰街道公路休息站)

TEKU TEKU COLUMN

再走遠一些
前往小清水原生花園

在鄂霍次克海和濤沸湖之間約8公里、275公頃的細長沙丘上，開滿了五顏六色的花朵。賞花的最佳季節在6～8月，有濱梨玫瑰（6月中～7月下旬）和蝦夷透百合（6月下～7月下旬）、蝦夷黃萱（6月下～7月下旬）、武者龍膽花（7月）等約40種花卉，描繪出天然的花田。

◎JR網走站搭往小清水的🚌網走巴士32分，♀原生花園前下車即到。或搭JR釧網本線約20分，原生花園站（5～10月開設）下車即到。📞0152-63-4187(資訊中心Hana) 📍小清水町字浜小清水 P 60輛
地圖p.222-B

博物館網走監獄
はくぶつかんあばしりかんごく

地圖 p.178
JR網走站搭乘🚌觀光設施周遊巴士7分，♀博物館網走監獄下車即到

將明治時期所建的25棟歷史性建築、過去被稱為網走監獄的網走刑務所加以保存並公開展示的戶外博物館。館內的監獄歷史館還有座劇院，專門介紹肩負北海道初期開拓任務的囚犯們不為人知的史實。2016年時，廳舍等8棟建築被指定為國家重要文化財。

☎0152-45-2411　📍網走市呼人1-1
🕘9:00～17:00（8月1～16日為9:00～18:00，入館至閉館前1小時為止）
休 無休　¥ 1100日圓　P 400輛

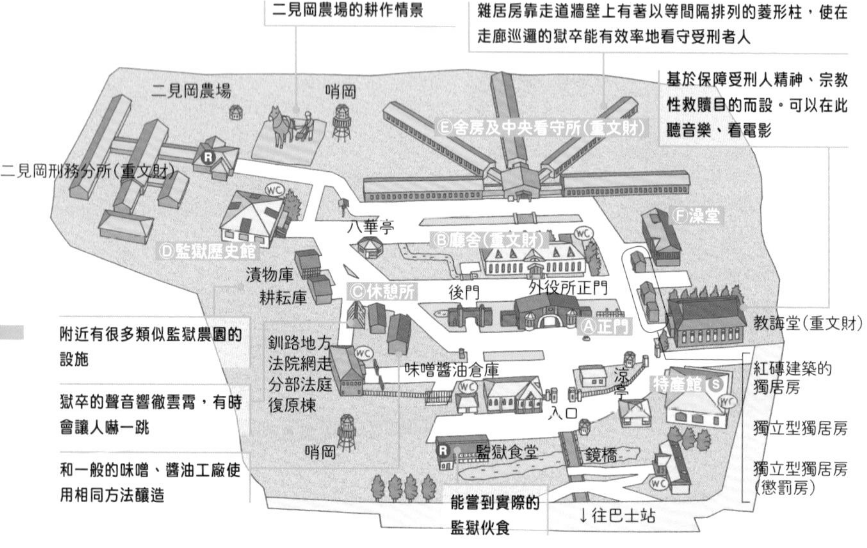

Ⓐ正門 ～番外地入口～

通稱「紅磚門」。依照當時網走刑務所的原尺寸復元。建材所用的磚瓦比普通的紅磚小20～30%是其特徵。

Ⓑ廳舍（重要文化財）～了解服刑的嚴苛～

1912（明治45）年至1987（昭和62）年間，主要為刑務所管理部門所用的建築。內部除了最高負責人使用的典獄長室之外，還有附設咖啡廳的博物館商店。

Ⓒ休憩所 ～辛苦開墾工作的休憩所～

受刑人在偏遠地區工作時使用的休憩所，別名「移動監獄」。受刑人以一根長木頭作為枕頭，早上獄卒會敲擊木頭前端將受刑人叫醒。

Ⓓ監獄歷史館

有「體驗劇場」，可親身感受120年前北海道中央道路（北見國道）開發工程的施工情景與時代背景。

Ⓔ舍房及中央看守所（重要文化財）～日本國內規模最大的木造監獄～

1912（明治45）年至1984（昭和59）年間使用的監獄。五棟建築以中央看守所為中心呈放射狀延伸，獨居房和雜居房總共有226間，最多可以收容700人。

Ⓕ澡堂 ～受刑人的放鬆時光

以人偶重現雜居澡堂的入浴情景。脫衣服、泡澡、洗身體、泡澡、穿衣服各3分鐘，以15分鐘有效率地洗澡。以前的使用次數為6～9月每月5天，其他月分只有1天。

美食&購物

網走市區／壽司

寿し安

すしやす

地圖 p.181-B
JR網走站👟15分

可以嘗到牡丹蝦、鮭魚卵、海膽、螃蟹卵等10種握壽司的鄂霍次克新鮮壽司3300日圓。還有三色丼、蟹黃等美食。

0152-43-4121
網走市南5条西2-8
11:00～14:00、17:00～21:00
休 不定休
¥ 午餐1000日圓～ 晚餐3500日圓～
P 9輛

網走市區／餐廳

Grand Glacier

グラングラシェ

地圖 p.181-B
JR網走站👟12分。或是由網走巴士總站👟3分

位於網走中央飯店內的餐廳。熱門餐點附白色醬汁的鄂霍次克流冰咖哩（2200日圓）僅在晚餐時段供應。午餐可以享用多種日式、西式、中式料理。

0152-44-5151
網走市南2条西3-7 網走中央飯店內
7:00～10:00、11:30～14:00、17:00～21:00（20:30L.O.） 休 無休
¥ 午餐1000日圓～ 晚餐1500日圓～
P 60輛
（※編註：2023年時已停業閉店，後續經營計畫不明）

網走市區／在地啤酒

YAKINIKU網走啤酒館

やきにくあばしりびーるかん

地圖 p.181-A
JR網走站👟7分

可以品嘗講究大麥和小麥等原料所釀出的優質網走在地啤酒。網走頂級啤酒一杯638日圓，此外優質的網走和牛燒肉等與啤酒搭配的料理也很豐富，特別是網走和牛上等牛小排1782日圓非常推薦。

0152-41-0008
網走市南2条西4-1-2
17:00～22:00（週五～23:00，週六日、假日前日為16:00～23:00，L.O.為各30分前） 休 無休
¥ 晚餐4000日圓～ P 20輛

 網走市內／伴手禮 

刑務所作業製品常設展示場

けいむしょさぎょうせいひんじょうせつてんじじょう

地圖 p.178
JR網走站👟20分，或刑務所前👟5分

網走刑務所正面附近的販賣所。可以買到全日本的刑務所受刑人為了學習一技之長而製作的日用品和家具。在刑務所內的窯所燒出的三眺燒茶杯、咖啡杯、玻璃酒杯等散發的手工溫暖感為其魅力。

0152-67-4360
網走市字三眺
10:00～15:45（週六日為9:00～，12～1月為10:30～15:00）
休 12～1月的週六日、假日、天候不佳時
P 附近有

紋別・網走 在冬季的鄂霍次克體驗神祕的大自然

去看看
流冰吧！

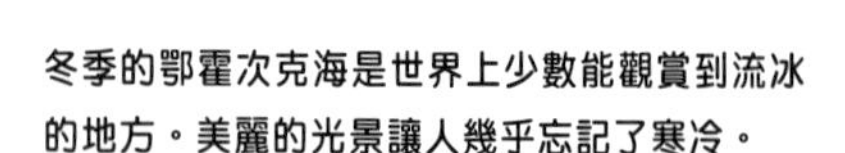

冬季的鄂霍次克海是世界上少數能觀賞到流冰的地方。美麗的光景讓人幾乎忘記了寒冷。

紋別・GARINKO號III
IMERU・GARINKO號II

喀啦喀啦地擊碎流冰，
強而有力的前進姿態相當震撼！

由紋別港海洋交流館出發的觀光破冰船。和一般的船不同，以裝在船頭的2隻特殊旋轉鑽頭，一邊破冰一邊浩大前進。

流冰觀光所需時間約1小時。船中備有暖氣，由船內也可以欣賞到流冰。如果想要更近距離欣賞破冰的模樣，推薦從駕駛艙旁的甲板欣賞，場面更是震撼。穿戴好防寒衣物，好好享受樂趣吧。

船的特點：

- 船身是2層樓，備有冷暖氣
- 所有座位都是自由座
- 1樓有商店和電視螢幕
- 撞到流冰時會前後左右搖晃
- 流冰觀光的所需時間約1小時

總噸數／150噸
全長／35公尺
寬／7公尺
乘載人數／195 人
最高速度／10.4節
（時速約20公里）

←氣勢十足的船頭

↓擊碎前方流冰的鑽頭

☎ 0158-24-8000
（鄂霍次克GARINKO TOWER株式會社）
📍紋別市海洋公園1番地／地圖p.221-L
🕐1月10日～3月31日航行／有6:00、7:30（臨時航班）、9:00、10:30、12:00、13:30、15:00、16:15出發的航班。6:00航班為2月的週六日、假日航行，16:00航班為僅2月航行。採完全預約制，以電話報名。旺季時可能會因為觀光客湧入而人多擁擠，務必事先洽詢
¥ 乘船費:GARINKO號III3500日圓，GARINKO號II 3000日圓(無流冰時會折500日圓)
休 營業期間(天候不佳時除外)無休　P 400輛

※前往紋別的交通方式請參照p.178

網走・極光號、極光號2

一邊壓碎流冰一邊前進
刺激度滿分的流冰之旅

從網走港極光號碼頭（「流冰街道網走」公路休息站）起航的大型觀光破冰船。和南極觀測船相同，以船頭壓上流冰、用船身重量壓碎流冰來前進。碎冰速度為大約3節，最大可壓碎80公分厚的冰，撞到流冰時會感受到一股由下往上的衝擊。當流冰特別厚的時候，會先

↓近距離欣賞冰海

後退再往前加速，一鼓作氣地撞擊流冰。這個景象和震動都相當令人震撼。撞碎的流冰有時也會從1樓甲板經過，因此乘客多半聚集在方便欣賞流冰的1樓甲板。

船的特點：

•船身是2層樓，2樓客艙上有瞭望甲板。備有暖氣及洗手間。

•除了部分特別座（400日圓），幾乎都是自由座

•2樓有商店與咖啡廳

•晴天時可眺望知床半島、羅臼岳

☎ 0152-43-6000（道東觀光開發極光號碼頭）
📍 網走市南3条東4-5-1流冰街道網走公路休息站內 地圖p.181-B
🕒 1月20日～4月上旬航行／1月：9:00、11:00、13:00、15:00。2月：9:30、11:00、12:30、14:00、15:30。3月：9:30、11:30、13:00、15:30。4月：11:30、13:30。日落航程為2/12～3/7的週五～日16:30。需預約，出航15分前要完成乘船手續。無流冰時會進行到能取岬的海上遊覽。所需時間大約1小時
¥ 乘船費3500日圓（無流冰時為2700日圓）
休 營業期間（天候不佳時除外）無休
P 106輛

※前往網走的交通方式請參照p.177

TEKU TEKU COLUMN

出發欣賞流冰之前

1～3月的嚴冬時期，海面上的溫度經常在零下20度以下，除了衣服，圍巾、手套、耳罩、帽子等防寒衣物都要準備周全。尤其腳底容易感到寒冷，一定要穿厚襪子。

另外，使用望遠鏡會比較容易找到海豹等動物。數位相機的電池電力會因低溫環境而降低效能，使用時間也會因此縮短，所以沒有使用的時候記得將相機收進包包裡。

流冰有著「即使前一天看得到，也可能在當天完全消失」一說，狀況會隨著時間不斷變化，因此最好先做好不是絕對能看到流冰的心理準備。

流冰物語號是火爐列車

流冰物語號是在鄂霍次克海有流冰靠岸的2月，行駛於網走站～知床斜里站區間的臨時列車。瞭望車廂有大窗戶和長椅，可以看見車窗外壯觀的流冰景象。

此外，1號車以外的所有車廂都有設置燒煤炭的大肚火爐，也可以購買車內販售的魷魚乾放在上面烤過後享用。行駛期間為2月1日～28日期間的每天，車資為網走站到知床斜里站840日圓。會在濱小清水、北泊站停靠。

→北濱站附近特別接近海岸

※p.182～183的資料以2021年1～3月為例。請務必事先確認最新的時刻表。

住宿指南

網走湖莊飯店	☎0152-48-2245(預約專用)/地圖:p.178/11000日圓~(1泊2食) 建於網走湖畔，能泡天然溫泉的露天浴池等很受歡迎。共153間客房。
天都之鄉 本陣網走湖酒店	☎0152-44-5577/地圖:p.178/8700日圓~(1泊2食) 位於天都山半山腰的和風旅館。餐點為自助式。共105間客房。
溫泉旅館もとよし	☎0152-48-2241/地圖:p.178/6350日圓~(1泊2食) 天然溫泉旅館。別館「鉄ちゃんと鉄子の宿」也廣受好評。共20間客房。
網走中央飯店	☎0152-44-5151/地圖:p.181-B/Ⓢ6580日圓~Ⓣ10000日圓~ 位於市區的中心地帶。也有和洋客房、豪華雙床房等。共96間客房。
Hotel Sun Abashiri	☎0152-43-3155/地圖:p.181-A/Ⓢ4499日圓~Ⓣ4899日圓~ JR網走站步行2分。附近有很多便利商店及餐廳。共34間客房。
佐呂間湖 鶴雅休閒渡假溫泉飯店	☎0152-54-2000/地圖:p.222-A/13500日圓~(1泊2食) 有露天岩浴池和能眺望佐呂間湖的北歐風大浴場。共75間客房。

TEKU TEKU COLUMN

再走遠些前往佐呂間湖

從網走站搭巴士40~50分左右可至的佐呂間湖（地圖p.222-A），是北海道最大的湖，也是全日本第三大。湖畔至今仍保有豐富的自然環境，一邊愜意散步一邊欣賞相當有趣。

可作為探訪據點的是位於榮浦的**WAKKA自然中心**（8:00~17:00，6~8月~18:00。10月中旬~4月下旬休。☎0152-54-3434）。同時也是休憩所的建築物內，除了以看板和影片介紹鄂霍次克海沿岸的自然景觀，也可以借到便於湖岸漫遊的自行車（1輛650日圓）。

周邊值得一看的景點是從WAKKA自然中心附近開始不斷延伸的**WAKKA原生花園**。從位於佐呂間湖和鄂霍次克海之間的龍宮街道最東側算起，是一片寬200~700公尺、全長長達20公里左右的巨大海岸草原。這一帶因混合了沙丘和濕地，形成了多樣的生態系，據說花草的種類高達300種以上。6月下旬~8月之間，蝦夷透百合、蝦夷萱草、濱梨玫瑰等多種花朵盛開，散步時值得多加欣賞。

開往佐呂間湖的巴士班次較少，請事先洽詢以下單位。

◎從JR網走站搭往常呂巴士總站的巴士（890日圓），在終點站轉乘北見市營巴士（120日圓）20分，抵達佐呂間湖入口。直達班次為早上行駛。巴士諮詢請洽網走巴士（☎0152-43-4101）、北見市交通總站（☎0152-54-3732）。

稚內
利尻
禮文

前往盡頭的城市和島嶼

稚內

區域的魅力度

城市漫遊
★★★
美食
★★★
自然景觀
★★★★

日北最北端的宗谷岬
野寒布岬的夕陽令人感動
鄂霍次克海的當季海鮮

被日本海和鄂霍次克海包圍
探訪日本最北端的城市和海岬

位於日本最北端的城市。從野寒布岬向大海望去，可以看見利尻島和禮文島，甚至是俄羅斯庫頁島的身影。位於北緯45度31分、日本最北端的宗谷岬，有許多想要親自踏上盡頭之地而前來造訪的觀光客。

前往稚內的方法

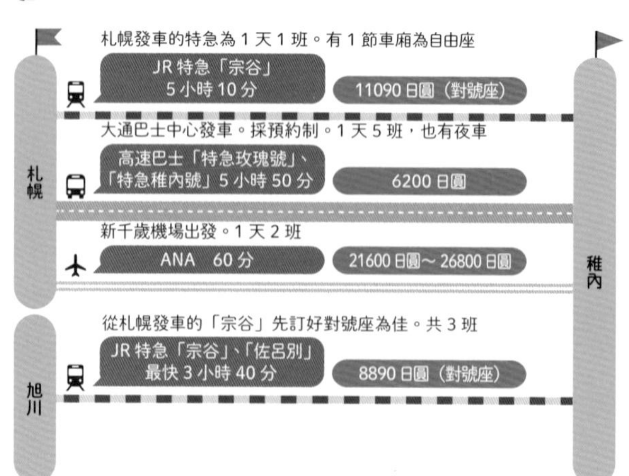

觀光詢問處

稚內觀光協會
☎0162-24-1216
稚內市觀光服務處
☎0162-22-2384

預約・詢問處

JR稚內站
☎0162-23-2583

高速巴士
特急玫瑰號
特急稚內號
北都交通
(札幌預約中心)
☎011-241-0241
宗谷巴士
(稚內站前總站)
☎0162-22-3114

飛機
ANA
☎0570-029-222

市內巴士·定期觀光巴士
宗谷巴士(營業部)
☎0162-32-5151

觀光計程車
北都包租計程車(稚內)
☎0162-33-2525

請參照左頁下圖。以札幌為起點可以搭飛機前來，不過札幌和旭川都有JR特急、高速巴士在行駛。搭乘特急對號座往返札幌、稚內之間時，R票等特價車票會比較划算。

此外，東京有1天1班（夏季為2班）從羽田直飛的航班。也有來回機票等較為優惠的票價（參照p.233）。配合航班抵達時間，有經稚內站前總站開往渡輪碼頭的接駁巴士在行駛。到站前需時30分，到渡輪碼頭需時35分，皆為700日圓。

抵達後的第一步

位於站前巴士總站的觀光服務處（10:00～18:00，12/31～1/5休）可以取得相關資訊。渡輪碼頭（☎0162-24-1216，5/1～6、5/25～9/30營業）、稚內機場（☎0162-33-2927，9:30～15:30）內也有服務處。

遊覽順序的小提示

景點多集中在從稚內站步行15分鐘以內的範圍。前往野寒布岬、宗谷岬等要搭乘巴士，但開往宗谷岬的巴士班次較少（僅4班），需要更周詳的計畫。

若要前往宗谷岬，從稚內站搭往濱頓別、音威子府方向的巴士50分。海岬附近沒有排班計程車，需先確認回程的巴士班次。開往野寒布岬的巴士班次則相當頻繁。想要從稚內溫泉回到稚內站的話，搭乘開往野寒布方向（背對巴士站牌左手邊）的巴士會比較快。

若想要不需留意巴士的時間、又能有效率地遊覽，搭乘定期觀光巴士是最安心的方式。共有2種繞行市區、野寒布岬、宗谷岬等的半天行程。此外，各家計程車行也有提供觀光計程車的服務。

可隨興前往的豪華瞭望台

位於JR稚內站、稚內渡輪碼頭附近的Surfeel Hotel Wakkanai，12樓的瞭望室免費對一般民眾開放。由稚內市中心往宗谷岬方向眺望的景色絕佳，裡面還有酒吧，可以利用等待電車和船出發的時間來這裡放鬆一下。

最北端的地方線 宗谷本線之旅

連接旭川和稚內、最盡頭的地方線，可以享受窗外充滿自然美景的良好視野。南稚內站前浮在日本海上的利尻島是絕佳觀景景點。

稚內公園

わっかないこうえん

地圖p.188-A

JR稚內站👟25分，🚗5分

位於稚內市中心的西側、可俯瞰市區的丘陵地上，是一座晴天時可以看見庫頁島身影的廣大公園。園內有建於1963（昭和38）年、追憶已不再是日本領土的庫頁島的「冰雪之門」（照片）等各種紀念碑，從瞭望室可將佐呂別原野、利尻島、禮文島一覽無遺的「開基百年紀念塔」等。步行的參觀時間約2小時。

📍 稚內市中央1
🕓 園內自由參觀
🅿 50輛

稚內港北防波堤穹頂

わっかないこうきたぼうはていどーむ

地圖p.188-B

JR稚內站👟8分

沿著稚內港全長427公尺、高13公尺的防波堤。由於此地風大浪高，需要更堅固的防波堤，於是在1931（昭和6）年花了5年的時間興建完成。半拱門型的防波堤，加上70根古羅馬建築風格的圓柱、迴廊厚重的外觀設計，光是遠觀就讓人印象深刻。這座建築名列北海道遺產。

稚內市開運1丁目
P 附近有

POINT
鴨隊長導覽／從車站通往穹頂的海岸有條全長215公尺、以玫瑰為意象設計而成的磁磚步道「浪濤散步道」，可以一邊眺望稚內港一邊享受散步的樂趣。

宗谷岬
そうやみさき

地圖p.187-B
稚內站前總站搭往鬼志別總站的🚌宗谷巴士50分，宗谷岬下車即到

只要是旅行者都想造訪一次的日本最盡頭觀光景點。位於北緯45度31分22秒，以一般人能夠到達的區域來說這裡是日本的最北端。海岬前端立有「日本最北端土地碑」，除了利尻島和禮文島之外，還能看到在海對岸、距離43公里遠的庫頁島。碑的外型是以北極星一角為發想的三角錐設計，中央部分有象徵北方的文字N。這裡是最適合拍紀念照的地點。附近的間宮林藏雕像、宗谷岬音樂碑、宮澤賢治文學碑等也相當值得一看。

稚內市宗谷岬
P 72輛

宗谷丘陵、白道
そうやきゅうりょう·しろいみち

地圖p.187-B
宗谷岬👟1小時，🚗15分

白道位於宗谷丘陵（參照p.191）行人步道路線內，正如其名是以帆立貝貝殼鋪設而成、全長約3公里的雪白色道路。天氣晴朗時能夠眺望利尻富士及庫頁島。步道途中也有長椅，不妨適時坐下來稍作休息。可以盡情享受澄淨的藍天與大海、牧草地帶的鮮嫩綠意，360度美到令人屏息的景緻。

0162-23-6468(稚內市役所觀光交流課)
稚內市宗谷岬
P 200輛(利用宗谷岬公園的停車場)

野寒布岬
のしゃっぷみさき

地圖p.187-A
稚內站前巴士總站搭往野寒布或富士見、坂之下的🚌宗谷巴士10分，野寒布下車👟5分

鄂霍次克海和日本海在眼前展開，還可看見利尻富士、禮文島、庫頁島的身影。這裡的夕陽景色非常美麗。附近有野寒布寒流水族館，飼育及展示棲息在北方海洋中的100種魚類。

0162-23-6278(野寒布寒流水族館)
稚內市ノシャップ2-2-17
野寒布寒流水族館為9:00～17:00（11月、2～3月為10:00～16:00），最後入館為20分前
休 4月1～28日、12月1日～1月31日
¥ 500日圓（中、小學生100日圓，與隔壁的青少年科學館通用）
P 30輛

POINT
鴨隊長導覽／下了巴士，先尋找右手邊有著紅白條紋的稚內燈塔。找到後朝著那個方向前進，到底左轉後就到海岬了。

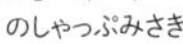

稚內溫泉 童夢
わっかないおんせん どーむ

地圖p.187-A
♀稚內站前總站搭往富士見、坂之下的🚌宗谷巴士18分，♀稚內溫泉前下車即到

以浴室面積規模為北海道之最自豪的不住宿溫泉設施。鹼性鹽泉的溫泉對神經痛等病症有很好的療效。有寢湯、瀑布水柱池、藥池、按摩池、露天浴池等8種浴池，休憩室也很完備。值得花時間好好享受一下。天氣晴朗時可以看到利尻島和禮文島。

☎0162-28-1160 📍稚內市富士見4丁目1487
🕘9:45～22:00(入館～21:30)
休 第1週一
(逢假日則翌日休，可能視月分變動)
¥ 600日圓 P 100輛

美食&購物

稚內市內／壽司

なら鮨
ならずし

地圖p.188-B
JR稚內站👟3分

以稚內近海捕獲的新鮮食材自豪。1貫150日圓～的良心價格，是間在當地相當受歡迎的壽司店。可以嘗到帶卵的牡丹蝦、肉質厚實的扇貝等共10貫握壽司的稚內鄉土新鮮壽司（松）3500日圓。此外，可以充分品嘗扇貝和鱈場蟹、北寄貝、鮭魚卵、海膽等的巨無霸新鮮散壽司3200日圓也很受歡迎。丼飯類則推薦盛有海膽、螃蟹、鮭魚卵等的濱磯丼（3000日圓）。各種食材的新鮮度都無可挑剔，值得一品。

☎0162-23-6131
📍稚內市中央2-13-3
🕘11:00～14:00、16:00～23:30
休 不定休
¥ 一般壽司1500日圓～
P 6輛

稚內市內／鄉土料理

車屋・源氏
くるまや・げんじ

地圖p.188-B
JR稚內站👟5分

可以嘗到使用日本海和鄂霍次克海產海鮮的火鍋和生魚片。章魚涮涮鍋（1人份2178日圓）是以涮涮鍋方式享用宗谷大章魚的著名料理，和以味噌、醬油、芝麻所調製的獨門醬汁可以說是絕配。5～9月還能品嘗期間限定的生海膽（1320日圓）。當季生魚片拼盤和附烤魚的本土定食（2750日圓）也很推薦。

☎0162-23-4111
📍稚內市中央2-8-22
🕘11:00～14:00、17:00～22:00
休 不定休
¥ 午餐1000日圓～晚餐3000日圓～
P 20輛

稚內市／咖啡廳

北門館
ほくもんかん

地圖p.188-B
JR稚內站👟3分

雖然是咖啡專賣店，但是三明治等輕食菜單也很豐富。

☎0162-22-0486
📍稚內市中央3-8-24
🕘9:00～19:00
休 週四
¥ 咖啡400日圓～，搭配三明治的套餐650日圓～
P 附近有

宗谷岬／食堂

食堂最北端
しょくどうさいほくたん

地圖p.187-B
♀宗谷岬即到

宗谷岬一間只賣拉麵和咖哩、看起來平凡無奇的食堂，卻一直受到許多機車騎士等旅客的愛

☎0162-76-2222
📍稚內市宗谷岬2-10
🕘8:00～18:00
(夏季為6:30～20:00左右)
休 12月左右～3月，夏季為無休
¥ 帆立貝拉麵800日圓，海蘊拉麵1200日圓
P 附近有

戴。在這裡一手拿著ONE CUP清酒（350日圓）一邊大啖拉麵，旅行的興致就會不可思議地增添幾分。

稚內市內／海鮮市場

北市場

きたいちば

地圖p.188-B
JR稚內站👟1分

販售海產與乾貨的商店。店內的螃蟹種類豐富，有水煮的鱈場蟹和松葉蟹，還可以買到水槽裡活蹦亂跳的優質毛蟹。2021年4月遷移到稚內副港市場了。

📍稚內市港1-6-28
🕓8:00～17:00
（可能變動。冬季為9:00～15:00左右）
休 無休
P 248輛

宗谷岬／伴手禮

Guest House ALMELIA

ゲストハウス・アルメリア

地圖p.187-B
♀宗谷岬👟15分

可以俯瞰宗谷岬和庫頁島，位於山丘上的風車建築是地標。館內可以買到宗谷黑牛的牛排和海產。也可以在此用餐。2樓的休憩所設有可以免費使用的望遠鏡。

☎0162-76-2636
📍稚內市宗谷岬
🕓10:00～17:00
（可能視季節變動）
休 10月下旬～4月中旬休，此外可能不定休
P 100輛

TEKU TEKU COLUMN

殘留著冰河時期地形的宗谷丘陵

宗谷岬南端的宗谷丘陵（地圖p.187-B）地形相當獨特，圓潤的山丘上隨處可見的小山谷，是由於冰河時期土壤反覆凍結和融解所形成的周冰河地形。現在的宗谷丘陵，被認為是距今約1萬年前結束的沃姆冰河時期末期的產物。

在北海道北部隨處可見這樣的景色，但因為幾次大火導致森林消失，反而使地形更加明顯，可說是宗谷丘陵的特色。

在日本國內，這種地形如此清楚分明的狀況也算是相當罕見，2004年被指定為北海道遺產。

住宿指南

Surfeel Hotel Wakkanai	☎0162-23-8111／地圖p.188-B／Ⓢ6000日圓～Ⓣ10000日圓～ 💬12層樓的水岸飯店。共143間客房。
国民宿舍 氷雪荘	☎0162-23-7116／地圖p.188-B／11000日圓～（1泊2食） 💬全客房附浴缸和洗手間。晚餐能品嘗新鮮海產。共22間客房。
Pension Tom Soya	☎0162-76-2551／地圖p.187-B／5500日圓～（純住宿） 💬可以在地爐享用鐵網燒烤料理（12600日圓，需預約）。共14間客房。

地圖 p.220-A

利尻・禮文

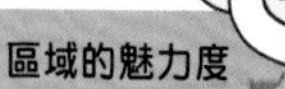

區域的魅力度

親近大自然
★★★★★
賞花名勝
★★★
美食
★★★★

與世隔絕的北方離島風情
電影《往復書簡：二十年後的作業》的外景地
特產海鮮利尻海膽

利尻島上有座山貌美麗的名山利尻富士；禮文島上充滿了色彩鮮豔的高山植物。距離稚內大約60公里、位處日本最北端的這兩座離島，不僅坐擁豐富的大自然與新鮮海產，還可以看到生活在島上的居民以親切笑臉迎人。

禮文島香深港

	1月	2月	3月	4月	5月	6月	7月
觀光重點	【利尻·禮文】鱈魚火鍋、杜父魚湯	【利尻】利尻寒歡祭（第2週六、日）【禮文】禮文子雪祭（第1週日）	【利尻·禮文】鱈魚火鍋、杜父魚湯	【利尻·禮文】水芭蕉、蝦夷延胡索開花	【利尻】東北老鸛草、黑百合開花【禮文】海膽漁獵解禁、禮文敦盛草開花	【利尻】蝦夷馬糞海膽漁獵解禁（中旬）、北見神社祭（下旬）【禮文】禮文花祭（第2週六、日）、高山植物盛開期	【利尻】採集解 【禮文】採集解 文神社祭 10日）神社祭 16日）
旅行裝備	長袖高領毛衣、厚大衣、手套、靴子（有防滑功能）、暖暖包		羊毛大衣、毛衣、長袖運動服、厚外套、運動鞋			長袖運動服、風衣、運動鞋	長袖運動 運動鞋
天候	北風強，也可能有風雪	流冰靠岸	積雪開始融化	積雪尚存	仍有偏冷的日子	容易起霧	風開始
利尻（沓形）平均最高氣溫	-2.0	-1.7	1.8	7.6	12.6	17.0	21.
利尻（沓形）平均最低氣溫	-6.8	-6.9	-3.5	1.5	5.6	10.0	14.
	15	15	13	15	8	15	10

天候=平均氣溫（20、15、10、5、0、-5度）

平均氣溫為1981～2010年間的平均值

前往利尻・禮文的方式　※2020年2月時

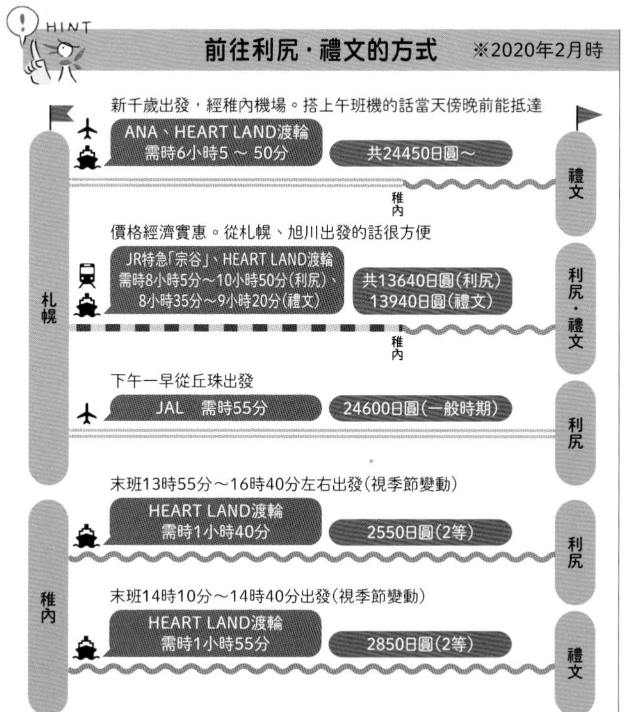

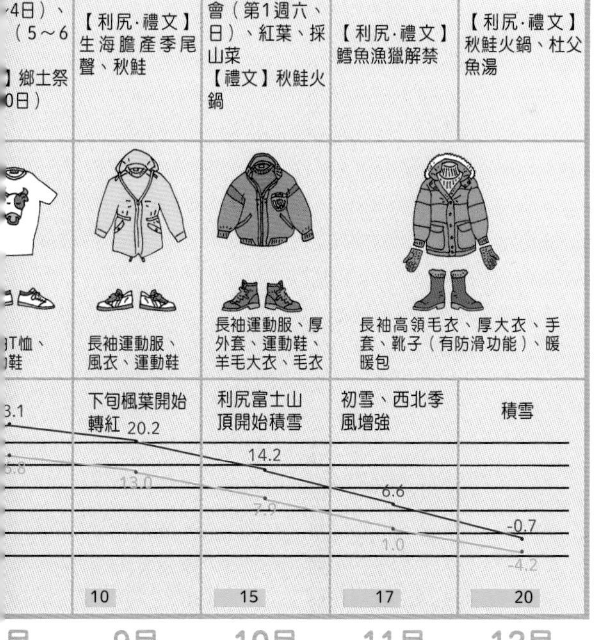

前往稚內港渡輪碼頭

有開往利尻、禮文的渡輪發抵的稚內渡輪碼頭，從稚內站步行15分可至。稚內機場的接駁巴士會經過稚內站，終點站為渡輪碼頭。

預約・詢問處

渡輪

HEART LAND渡輪
(稚內港渡輪碼頭)
☎0162-23-3780
www.heartlandferry.jp

飛機

ANA
☎0570-029-222
JAL
☎0570-025-071

如何有效率地周遊2座島

如果要個別進行觀光，利尻島至少需要2天的時間。要爬利尻富士山的話，最好前一天晚上前往當地住宿。禮文島最短也需要整整1天，高山植物盛開的時候則最好保留2天的時間好好遊覽。

若是搭乘夜間渡輪清早抵達稚內的話，也可以在1天內周遊2座島。搭乘第一班渡輪出發，再利用各島銜接渡輪的定期觀光巴士（p.200、210）即可。

沉醉在旅行的風景之中
在天然的花田漫步

從禮文島眺望
利尻山（利尻富士）

以看起來像是矗立在海上的利尻富士為中心，保留著豐富大自然景觀的利尻島。有許多島上特有的花卉、湖泊、濕原、山岳等富有變化的風景。

開滿各種花卉的
禮文島桃岩散步道
在日本本州只開在高山地帶的花草，在這裡的海岸線附近就可以看到。有許多冠有「禮文」之名的島上特有的花草，初夏時觀光客眾多，非常熱鬧。

利尻

區域的魅力度

正統的登山
★★★★★
味道絕佳的海鮮
★★★★
各種活動
★★

利尻富士的美麗姿態
昆布和海膽是島的代名詞
只有這裡才能看到的高山植物

欣賞五顏六色的高山植物
充分享受利尻富士的自然風光

以利尻山為中心，利尻島上隨處可見美麗的沼澤和森林。海膽和利尻昆布等充滿魅力的海鮮也相當豐富。這裡有許多冠上「利尻」地名的植物，以及只有在這裡盛開的花朵。

觀光詢問處

利尻町觀光協會
☎0163-84-3622
利尻町觀光服務處
(沓形FT內)
☎0163-84-2349
(6～9月)
利尻富士町觀光協會、
利尻富士町商工觀光科
☎0163-82-1114
利尻富士町觀光服務處
(鴛泊FT內)
☎0163-82-2201

POINT

抵達後的第一步

利尻島的主要門戶是鴛泊渡輪碼頭。要安排各種交通方式通常以這裡為起點。

鴛泊FT 1樓
渡輪
手扶梯(往渡輪乘船口)
宗谷巴士資訊站
← 裝載車輛待機場
機車停車場
多功能廁所
定期觀光巴士乘車處
電梯
觀光住宿服務處
出入口
乘船服務處
大頭照機
船票自動售票機
會客大廳
商店
公共電話
停車場
手扶梯
自動販賣機
路線巴士(往沓形)乘車處
正面出入口
真心租車
路線巴士(往鬼脇)乘車處
丸田商店
豐田租車
佐藤食堂

●利用定期觀光巴士
可以在碼頭內的服務處購票。

●收集觀光資訊
乘船出入口旁的觀光服務處可以獲得地圖和住宿資訊。

渡輪乘船口在2樓。

●觀光計程車乘車處
一出碼頭的右手邊就是乘車處。最好事先預約。

●路線巴士乘車處
巴士站在出碼頭的左手邊。馬路對面是往沓形、鬼脇方向的巴士站。

●定期觀光巴士乘車處
在碼頭左側的停車場內。

●抵達沓形渡輪碼頭時

如果已決定好住宿地點，大多數的飯店都有提供接送服務，可加以利用。主要觀光景點只能利用計程車和路線巴士。先前往鴛泊港渡輪碼頭再出發，可以更有效率地巡遊主要景點。

●抵達利尻機場時

搭乘巴士或計程車前往鴛泊。雖然數量不多，還是有排班車輛。從利尻機場搭計程車到鴛泊港渡輪碼頭約10分。

鴛泊港渡輪碼頭

POINT

利尻島的遊覽方法

遊覽利尻島，可依照時間和預算來訂定各種行程。有幾種前往各觀光景點的方法，交通手段可依據天候隨機應變。配合旅遊目的選擇最有效率的方式。

●搭乘觀光計程車

繞行利尻島一周和各觀光景點的行程，基本上3小時17000～20000日圓左右。因島上的計程車數量有限，若有需要最好先預約。也能根據預算和時間調整行程，可以事先洽詢。

午餐也可能由當地司機推薦好吃的餐廳。

●自行租車

廂型車等級為3小時10000～12000日圓左右，之後每小時加2000～2500日圓不等。輕型車為3小時5000～6000日圓左右（之後每超過1小時加2000日圓左右）。

島上的外圍道路不會塞車，因此加上各景點的參觀時間，3小時就很足夠。費用感覺上比北海道本土高，不過每家租車公司的收費不同，最好事先調查。

●租機車、自行車

在鴛泊FT附近可以租機車和自行車（參照p.201）。50cc速克達等級基本上為1小時1000日圓左右。繞行島上一周需時大約3小時。

●搭乘路線巴士・定期觀光巴士

路線巴士行駛在島外圍的道路。有由鴛泊FT前往鬼脇方向的A路線，和前往沓形方向的B路線共2種路線。因為1天只有1～2班行駛，所以若要用這種方式遊覽島內需要先有縝密的計畫。定期觀光巴士請參照p.200～201。

交通詢問處

定期觀光巴士

宗谷巴士利尻營業所
☎0163-84-2550

觀光計程車

富士包租計程車
☎0163-82-1181

租車

利尻租車
☎0163-82-2551
真心租車
☎0163-82-1551
丸善租車
☎0163-82-2295
旅館雪國
出租機車＆自行車
☎0163-82-1046

↑利尻島的海上門戶鴛泊港

↑外型像鯨魚的PESHI岬

↑島上的接送氣氛熱烈

↑路線巴士一日乘車券2000日圓可以無限搭乘。販售期間為4月下旬～10月

利尻多彩之路
全長25公里的自行車道皆鋪上柏油，是一條能感受海岸、森林、草原等多變景色的路線。途中可在利尻富士溫泉休息。
野塚展望台～會津藩士之墓～利尻町運動公園［約25km・3小時］
秋天時道路兩側長滿芒草，風大時會被芒草打到不好走
富士岬
ポンモシリ島
富士野園地
夕日ヶ丘展望台
往香深（禮文
205
PESHI岬
鴛泊本町
鴛泊港
P.205 旅館夕陽館
本泊漁港
本立寺
ぐりーんひる
利尻富士町役場
本泊
会津藩士の墓
慈教寺
利尻山本泊神社
P.204 利尻富士溫泉保養施設
高山植物展示園
学校山 ▲105
北海富士神社
利尻機場
カルチャーセンター&りっぷ館
P.205 旅館雪国
A
B
大磯
ポロフンベ
ポン山 ▲444
小ポン山 413▲
10分
P.203 利尻北麓露營場
有洗手間、公共電話等設備。旺季時人潮擁擠。
利尻富士町
45分
邊看海邊騎車非常舒服，但有時需騎在汽車車道，需特別留意。
三合目有日本百大名水「甘露泉水」。再往上就沒有飲水處，需在此進行補充。
往香深（禮文島）
栄浜神社
栄浜
路上有倒木及散亂的石頭，兩旁都被庫頁冷杉擋住，視野不佳。不過初夏時可以觀察蝦夷飛蓬、山酢漿草等稀有花卉。
HEART LAND號（夏季限定）
利尻廣獄神社
新湊
天望山公園
可以清楚看到沓形的街景和前方的海岸線。有洗手間和電話，但沒有飲水處。
八合目
七合目避難小屋
40分
會津藩士之墓
種富町
1小時
礼文岩
E
見返台園地展望台
六合目
富野
沓形港
利尻町役場
きつねの森
沓形
利尻町
P.205 正部川旅館
沓形岬
北見富士神社
P.200 沓形岬公園
泉町
利尻町森林公園キャンプ場
P.205 Island Inn Rishiri
P.205 Hotel Rishiri
P.204 利尻らーめん味楽
沓形登山路線
適合高級登山者的高難度路線，尤其七合目之後更是連登山專家都覺得困難。可以開車到五合目的地方，以節省時間。
［上山＝約5小時、下山＝約4小時］
神居ポン山 ▲140
大山祇神社
神居
利尻高
利尻町運動公園
界
トンナシ
大空沢
蘭泊
蘭泊神社
日本海
久連
P.200 人面岩、睡熊岩
北のいつくしま弁天宮
I
J
長浜
N
利尻島
1:82,800
0 2km

周邊廣域地圖 P.220

→往稚內

野塚岬

野塚展望台

進入以庫頁冷杉為主的針葉林，有一段上坡，騎太快會很累。

野塚

ラナルド・マクドナルド上陸記念碑

雄忠志内

雄忠志内利尻山神社

PON山‧姬沼探險路

庫頁冷杉林裡的健行路線。往山裡走的道路幾乎都是上坡，必須要有「微登山」的心理準備。另有一條約20分就可繞行姬沼一周的散步道，沿途木道整修完備，相當好走。

神恵神社

觀音岩

八大鰊泊神社

鰊泊

…路的上坡道。初夏時一過了避難小屋，…看見利尻棘豆（利尻紫雲英）、利尻黃…北地才有的高山植物。

旭浜

旭浜利尻山神社

鴛泊登山路線

最受歡迎的登山路線。話雖如此，仍需要做好各方面的萬全準備。途中有日本百大名水的「甘露泉水」，六合目有第一瞭望台，山頂附近有各種高山植物，讓人忘卻了登山的疲累。（參照P.202）

[上山＝約6小時30分、下山＝約4小時]

アフトロマナイ川

八合目

利尻山避難小屋

459 石崎山

越接近山頂，陡峭的斜坡越多。危險的地方都設置有輔助繩索

石崎

オサツナイ川

石崎神社

共同寺

大山神社

利尻山 P.202

1719

1721

30分

25分

二石

二ツ石

二石神社

禁止進入

七合目

…如九合目的「棄子關」、…接在後的「斷崖絕壁」（親…不知子不知）等，有很多連…登山專家都不能小覷的艱…路段。甚至有些山路已經…塌，需要特別留意。

豊仙沢川

石崎灯台

鬼脇登山路線

山路在七合目後已經崩塌，禁止通行。七合目前的山路也路況不佳，現已無人攀登此路線。

滝の沢川

清川

…尻島

…禮文佐呂別國家公園

…島櫻群生地

411 鬼脇ポン山

利尻島鄉土資料館 P.201

鬼脇

大沢寺

北見神社

北のしーま

金崎

針伏山 302

オタドマリポン山 164

溪蓀

沼浦キャンプ場

OTADOMARI沼 P.201

仙法志ポン山 320

メヌウショロポン山 155

三日月沼

沼浦展望台

沼浦

禅竜寺

蝦夷萱草

南浜

蝦夷萱草

白毛羊鬍子草

マムシサス

…泊神社

…政泊

利尻町立博物館 P.200

本町

野中

伏見稲荷神社

御崎

仙法志崎

仙法志御崎公園 P.200

以定期觀光巴士和自行車遊覽

利尻島 環島指南

當天來回、想在短時間內遊覽的人，
建議搭乘定期觀光巴士。較有時間的人，
不妨利用可以感受島上空氣的自行車進行遊覽。

定期觀光巴士

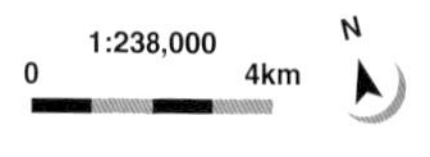

配合渡輪的抵達時間行駛

在春至秋季期間行駛的定期觀光巴士，有上午的A路線和下午的B路線。A路線也可以從沓形港FT上車，故能根據自己的行程來選擇。不需要特別預約，逢7～8月人潮較多時還會加開班次，因此不用太擔心客滿而無法搭乘的問題。

8 利尻機場

可以中途下車，故有搭機需求者適合以本站為終點。5月預計12:45、6～9月預計12:30抵達。

7 人面岩、睡熊岩

窗外景點

正如其名，岩石模樣看似人的側臉、正在睡覺的熊。

6 利尻町立博物館

參觀20分

收集並展示利尻島相關生活用具、漁具，以及動植物的標本等。也有島內唯一現存的「樺船」。5月中的路線不會經過這裡。

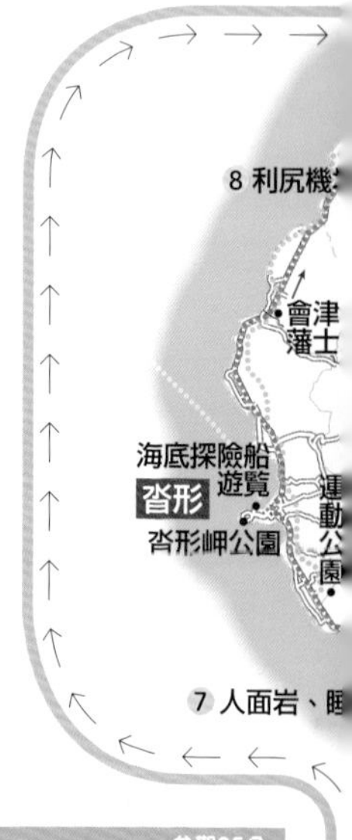

5 仙法志御崎公園

參觀25分

位於利尻島最南端海岬的公園。可以在利尻島上最清澈的海岸散步。

● 周遊利尻島的定期觀光巴士兩種路線

宗谷巴士利尻營業所 ☎0163-84-2550

路線	5月	5月
A 秀峰利尻富士遊覽路線	(5月3～6日) 9:25出發→13:00抵達	(5月20～31日) 9:25出發→13:00抵達
B 利尻景點遊覽路線	–	–

A 參觀重點 鴛泊港FT→姬沼→野塚展望台（窗外景點）→OTADOMARI沼→仙法志御崎公園→利尻町立博物館→人面岩、睡熊岩（窗外景點）→利尻機場（可以中途下車）→鴛泊港FT
（5～7月有時會前往鄉土資料館而非博物館等，可能有所變動）
●可以從沓形營業所上車，5月為8:35、6～9月為8:20出發

B 參觀重點 鴛泊港FT→野塚展望台（窗外景點）→OTADOMARI沼→仙法志御崎公園→人面岩、睡熊岩（窗外景點）→沓形岬公園→鴛泊港FT

1 姫沼 ……………… 參觀30分

將利尻山映照在清澈湖面上的美麗沼澤。設置有約15分可繞行一周的散步道。

2 野塚展望台 ……………… 窗外景點

面向海的左側可看見禮文島，右側可看見稚內方向的瞭望台。

Ⓐ 秀峰利尻富士遊覽路線

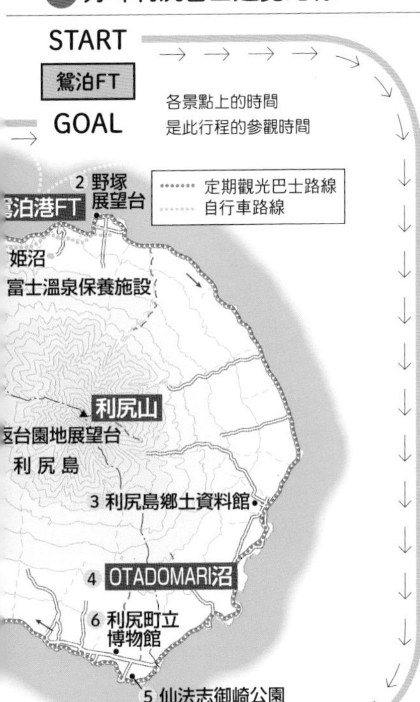

3 利尻島鄉土資料館 … 參觀20分

建於1913（大正2）年的西洋風格舊鬼脇村公所舊廳舍內，展示著利尻的歷史、鯡魚漁業的資料。僅5月3～6日、5月21日～7月前往參觀。

4 OTADOMARI沼 ……………… 參觀25分

以雄偉的利尻山為背景，周圍有赤蝦夷松原始林環繞的沼澤。附近的食堂可以享用生海膽料理。

6～9月
9:10出發→12:45抵達
Ⓐ路線：需時3小時35分/3400日圓（5～9月）
14:25出發→17:05抵達
Ⓑ路線：需時2小時40分/3200日圓

TEKU TEKU COLUMN

租輛腳踏車來運動一下吧！

由野塚展望台～鴛泊港FT～沓形～利尻町運動公園，有約25公里的自行車道利尻多彩之路。雖然有些起伏，但沿路的風景富有變化。

以鴛泊港FT為起點，往東是往返野塚展望台的路線，往西則是往返會津藩士之墓的路線，合計單程約22.6公里，往返約45.2公里，所需時間約3～4小時。只走其中一個路線的話來回約2小時左右。

※可以在鴛泊港FT前租借自行車，僅5～9月營業，以電動型為例1天2500日圓～。途中沒有商店和自動販賣機等，必須事先準備好所需用品。

辛苦的代價就是最棒的山頂景觀

挑戰 利尻登山！

以暱稱利尻富士為人熟知的利尻山海拔1721公尺。這座山亦獲選為日本百岳之一，晴天時可以從山頂眺望禮文島和佐呂別原野，甚至還看得到庫頁島。

登山前的身心準備

- 實際距離比看起來更長，規劃時要保留充分的時間。最好一大早就出發。
- 登山前需要向最近的派出所、利尻森林事務所、住宿設施提出寫上出發時間、人數、路線、預定下山時間等的登山計畫書。
- 天候變化多端，若是遇上天候不佳，也必需果斷取消。
- 即使是在夏天登山，仍最好穿著長袖長褲，也要攜帶防寒衣物、雨具、毛巾、替換衣物、手套等。要選鞋底較厚的鞋子。攜帶式馬桶可以在各住宿處或登山口買到。路途中有三處行動廁所站。
- 考慮到緊急狀況，請多帶一些食物。登山途中沒有可以喝水的地方，一定要在登山前準備。也可以準備盛裝甘露泉水的水壺。
- 絕對不要踏入登山步道以外的地方，也絕對不要單獨行動。

※上述是天候較穩定的6～8月時的身心準備。積雪或是強風的季節，要注意的地方會更多，所需要的裝備也會更多。有疑問的話請事先向公所或住宿設施進行諮詢。

1小時10分
沿路是火山灰和小石子。容易打滑，需要特別留意

45分
開滿利尻雛罌粟、利尻棘豆的花田在7月上旬是最佳賞花期

1小時
途中的第2瞭望台是到處充滿岩石的廣場。長官山就快到了

35分
森林的邊界，長滿了偃松

35分
蜿蜒崎嶇的坡道

35分
兩側是茂盛的蝦夷松、庫頁冷杉

↑登山計畫書投遞處

35分
途中必須跨越倒在地上的樹木

鴛泊港

鴛泊港～登山口約3公里。搭乘計程車10分，1000日圓

↑從山頂往沓形港方向看去

↑蝦夷松毛翠

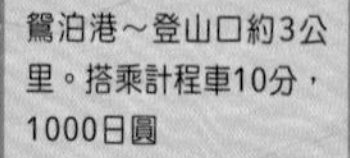

↑蝦夷水仙銀蓮花

↑利尻雛罌粟

↑蝦夷杜鵑花

↑九合目以後相當陡峭

利尻山避難小屋

緊急時可容納30人左右的避難小屋，不過是沒有任何設備的無人設施。5月左右前都還有積雪。

山頂(北峰)

山頂有間小神社。能看到開闊的大全景，不過空間狹小到站20～30人就會覺得擁擠。往南峰的登山道現今無法通行。

九合目

到山頂為止都是不好走的陡峭路段。地形不穩定的地方設有繩索，作為登山者的輔助。

八合目・長官山

可以看見山頂就在眼前。眼底是利尻東海岸一帶，晴天時可以眺望到稚內西海岸。

七合目・七曲

沿著彎曲的道路不斷往上爬。登山道是石頭階梯，算是比較好走的路段。不過下雨或起霧後會變得較為濕滑，要特別小心。

六合目・第一瞭望台

視野絕佳，可以清楚地看到禮文島。晴天時還可以看到水平線上的庫頁島。如果人不多，可以坐著休息一下。

六・五合目

↑行動廁所站

五合目

登山道兩旁是廣大的岳樺樹林。

四合目・野鳥森林

可以聽到蝦夷鶯、日本歌鴝、黑啄木鳥等野鳥的鳴叫聲，如果有望遠鏡的話，還可以觀察野鳥的姿態。

三合目・甘露泉水

日本百大名水之一的美味湧泉。這裡往上就沒有喝水的地方，因此最好準備容器，在這裡補給水分。

登山口

利尻北麓露營場

有公共電話、洗手間、小木屋等設備。旺季時有許多為了甘露泉水而來的觀光客，相當擁擠。小木屋需要事前預約。小木屋：1棟5230日圓（4人）。

✆0163-82-2394

鴛泊登山路線

來回11.4km
登山時間約6小時30分
（含休息1小時）
下山時間約4小時
（含休息15分）

登山口位於距離鴛泊市區約3公里的利尻北麓露營場。可以開車前往露營場，停車場也相當完備。各住宿設施有提供接送至露營場的服務，可多加利用。雖然說是基本的登山路線，但中途某些地方對於第一次登山的人來說還是有點辛苦。

11.4km
10小時
30分

觀賞&遊逛

利尻富士溫泉保養設施
りしりふじおんせんほようしせつ

地圖p.198-B、205
鴛泊港FT🚗5分

使用從地底1500公尺處湧出的大量溫泉的町營不住宿設施。可一邊眺望利尻富士一邊在露天浴池裡放鬆。也有按摩池、三溫暖、休息所和餐廳，不只備受當地居民喜愛，包含登山客每年有6萬人次造訪。隔壁是利用多餘溫泉的溫水游泳池「湯泳館」，旁邊還有足湯。從

6月上旬到10月中旬，可以免費使用溫度與源泉同樣為35°C的舒服足湯。

- ☎ 0163-82-2388
- 📍 利尻富士町鴛泊字栄町227-7
- 🕓 11:00～21:30(9～5月為12:00～21:00)
- 休 無休(11～4月為週一休)
- ¥ 泡湯費500日圓，出租浴巾200日圓
- P 30輛

Culture Center & Lip Hall
かるちゃーせんたーあんどりっぷかん

地圖p.205
利尻富士溫泉保養設施旁

在文化中心（Culture Center）除了繪畫作品之外，也有展示高山植物等的解說看板。Lip館（Lip Hall）1樓的展示品與利尻島歷史及文化有關，2樓則展示島內出土的陶器等物。

- ☎ 0163-82-1721
- 📍 利尻富士町鴛泊字栄町227-7
- 🕓 9:00～17:00
- ¥ 週一、11～4月
- P 有

美食&購物

鴛泊／食堂

佐藤食堂
さとうしょくどう

地圖p.205
鴛泊港FT即到

務必要品嘗看看盛滿利尻產海蘊、裙帶菜及銀杏草等的利尻海藻拉麵（1200日圓）。在海膽盛產的季節，則推薦新鮮的生海膽御膳（4500日圓）或海膽丼（4500日圓）。也有很多種定食。

- ☎ 0163-82-1314
- 📍 利尻富士町鴛泊港町
- 🕓 9:00～16:00(視季節變動)
- 休 不定休(11～3月休業)
- ¥ 海鮮利尻拉麵1350日圓
- P 無

鴛泊／拉麵

利尻らーめん味楽
りしりらーめんみらく

地圖p.198-E
沓形港FT👟10分

自從被米其林北海道版介紹以來就備受世人關注的拉麵店。每逢夏天觀光季就會大排長龍的人氣店家。2018年起還在新橫濱拉麵博物館內展店。

推薦餐點為以利尻昆布高湯為基底搭配多種動物食材湯頭，散發出誘人醬油焦香的炒醬油拉麵960日圓。昆布泥配料也廣受好評。

- ☎ 0163-84-3558
- 📍 利尻町沓形字本町67
- 🕓 11:30～14:00
- 休 週四
- ¥ 炒醬油拉麵960日圓
- P 有

鴛泊／伴手禮

丸田商店
まるたしょうてん

地圖p.205
鴛泊港FT即到

利尻島的招牌伴手禮利尻昆布（540～3000日圓）可以依預算來選擇。除此之外，「利尻昆布餅乾」（650日圓～）、加入切碎利尻昆布的「利尻昆布沙布列餅乾」（648日圓～）等產品也很受歡迎。

- ☎ 0163-82-1413
- 📍 利尻富士町鴛泊字港町
- 🕓 7:00～17:30
- 休 不定休
- P 附近有

住宿指南　※需留意冬季休業

鴛泊	旅館雪国	0163-82-1046／地圖:p.198-B／7150日圓～(1泊2食) 以賓至如歸的氛圍為其魅力的旅館。浴池的溫泉水引自利尻富士溫泉。
鴛泊	利尻海洋飯店	0163-82-1337／地圖:p.205／14300日圓～(1泊2食) PESHI岬就在附近，在周邊散步也很有趣。有提供免費租借的自行車。
鴛泊	利尻富士観光飯店	0163-82-1531／地圖：p.205／11000日圓～（1泊2食，含入場稅） 在鴛泊港FT附近。從面海的客房可以看到利尻山和美麗的朝陽。
鴛泊	ペンション ヘラさんの家	0163-82-2361／地圖:p.205／14850日圓～(1泊2食) 充滿木頭的香氣，可享受寧靜悠閒時光的民宿。
鴛泊	北國大飯店	0163-82-1362／地圖:p.205／11200日圓～(1泊2食) 溫泉和露天浴池設備完善，7層樓的紅磚色調飯店。4月下旬～11月上旬營業。
鴛泊	田中家ひなげし館	0163-89-0811／地圖:p.205／12100日圓～(1泊2食) 鄰近利尻富士溫泉和高山植物園，家庭式待客之道廣受好評。
鴛泊	Hotel Ayase	0163-82-1560／地圖:p.205／15750日圓～(1泊2食) 幾乎位於鴛泊的中央地帶，以提供新鮮海產料理為傲的飯店。
鴛泊	旅館大関	0163-82-1272／地圖:p.205／8500日圓～(1泊2食) 高地上小而美的旅館。可以品嘗使用當季食材製成的鄉土料理。
鴛泊	旅館夕陽館	0163-89-2525／地圖:p.198-B／9900日圓～(1泊2食) 從客房可以看到美麗的朝陽和夕陽。手工海苔也頗受好評。
鴛泊	Pension群林風	0163-82-1888／地圖:p.205／6600日圓～(1泊2食) 民宿建於四周有森林環繞的豐富自然環境中。餐點是以海鮮為主的和食。
鴛泊	maruzen pension RERA MOSIR	0163-82-2295／地圖:p.205／11000日圓～(1泊2食) 可以眺望利尻山的露天浴池廣受好評。也有附設自然導覽辦公室。
沓形	Hotel Rishiri	0163-84-2001／地圖:p.198-E／13200日圓～(1泊2食) 利尻、禮文唯一有源泉掛流溫泉的住宿設施。冬季休業。
沓形	正部川旅館	0163-84-2072／地圖:p.198-E／10450日圓～(1泊2食) 可以嘗到新鮮海產料理的老字號旅館。
沓形	Island Inn Rishiri	0163-84-3002／地圖:p.198-E／19000日圓～(1泊2食) 位於利尻島市中心，可以眺望利尻富士和日本海。冬季休業。

れぶん

地圖 p.220-A

禮文

區域的魅力度

海岸線的絕色美景
★★★★
一邊賞花一邊健行
★★★★★
服務貼心的住宿
★★★★

生長著300種高山植物（初夏）
值得一遊的健行路線
豐富的海鮮加工品伴手禮

觀光詢問處

禮文島觀光協會
☎0163-86-1001
禮文島觀光服務處
(香深FT內4～9月)
☎0163-86-1196

惹人憐愛的高山植物隨風搖曳
漫步在遍地開花的島嶼

位於利尻島西北方的禮文島，是個平緩丘陵不斷延伸的細長島嶼。由於本身的高緯度，島上生長著約300種的高山植物，又名「花之浮島」。5～8月是花季。

POINT

抵達後的第一步

禮文島的門戶是香深港渡輪碼頭。幾乎所有旅宿都有提供接送服務，不妨善加利用。

渡輪乘船口在2樓，搭手扶梯上去。

香深FT 1樓
渡輪
自動販賣機
電梯
吸菸區
PELICAN
宅配
手扶梯
出入口
定期觀光巴士乘車處
禮文島觀光服務處
手扶梯
TV
會客大廳
宗谷巴士資訊站(定期觀光巴士)
多功能廁所
船票自動售票機
出票櫃台
停車場
路線巴士乘車處(往船泊、元地、知床方向)
伴手禮店
禮文包租計程車

●利用定期觀光巴士
可以在碼頭內的服務處購票。

●收集觀光資訊
渡輪乘船場旁的觀光服務處可以獲得地圖和住宿資訊。也可以安排住宿。
☎0163-86-2655

●觀光計程車乘車處
一出碼頭的右手邊就是乘車處。最好事先預約。

●路線巴士乘車處
一出碼頭的左手邊就是往船泊、元地、知床方向的巴士站。

●定期觀光巴士乘車處
就在碼頭建築物的旁邊。過路線巴士站牌後左轉。

POINT

禮文島的遊覽方法

主要的景點分為島西南部的桃岩、元地海岸周邊，以及島北部的須古頓岬周邊。也有幾條可以一邊欣賞高山植物和利尻山、一邊健行的路線，不妨配合時間、目的、體力來訂定最有效率的計畫。

●搭乘觀光計程車遊覽

以小型車為例，費用為1小時7500日圓不等。繞行各觀光景點的路線基本上和定期觀光巴士「夢之浮島禮文遊覽路線」相去不遠，3小時23100日圓～。若只遊覽元地方向大約7500日圓；若只遊覽須古頓方向大約15000日圓。不過計程車的數量不多（6輛），逢6～8月旺季時事先預約比較有保障。

●搭乘路線巴士、定期觀光巴士遊覽

路線巴士有三條路線：從香深港FT往船泊及須古頓方向、往元地方向、往知床方向。健行路線的起點和終點都在巴士站牌，但是皆為1天僅3～5班行駛，需要更縝密的計畫。

景點多半在巴士道路沿線上，只要在上車的時候告訴司機目的地，也可以在巴士站牌以外的地方下車。定期觀光巴士請參照p.210～211。

●North Liner號（接駁巴士）

從香深港FT繞行船泊、須古頓岬方向旅宿的免費接駁巴士。6～8月期間會配合渡輪的抵達時間運行。不過，僅限合作旅宿的住宿旅客搭乘，採完全預約制。預約時記得向旅宿確認。

交通詢問處

定期觀光巴士‧路線巴士
宗谷巴士禮文營業所
☎0163-86-1020

觀光計程車
禮文包租計程車
☎0163-86-1320(香深)
☎080-5548-6464

租車
小型、普通車為6小時14300日圓～(含油資)。4月25日～9月30日營業。
NIPPON租車
☎0163-89-6677

↑如果要健行的話需注意回程的時間

↑停在須古頓岬的觀光巴士

禮文

TEKU TEKU COLUMN

探訪電影《往復書簡：二十年後的作業》的外景地

因吉永小百合主演而造成話題的電影《往復書簡：二十年後的作業》（2012年上映），是以禮文島和利尻島為中心，在稚內及札幌進行拍攝。

禮文島上的須古頓岬附近和西上泊、地藏岩附近的海岸等景色都曾出現在電影中。因為是在寒冬中進行拍攝，禮文島美麗的冬季景色也呈現在銀幕中。以吉永小百合為首的外景團隊投宿的飯店是「花れぶん」。童星們則和家長一起住在「Pension U-ni-」（參照p.217）。

挑戰西海岸登山
愛與浪漫的8小時路線！

禮文島的健行路線，以最北端的須古頓岬前往GOROTA岬等地的「巡岬路線」、遊覽島嶼南部的「桃岩展望台路線」相當受歡迎。不過，也有完全不能相比、路途艱難的「8小時路線」。

由須古頓岬走4小時，再由澄海岬經西海岸南下回到香深方向的路線，沿途有岩石堆和陡坡等難關，克服這些難關抵達終點時會有更大的成就感。備好水分補給和食物、雨具等，做好完全準備再進行挑戰吧。

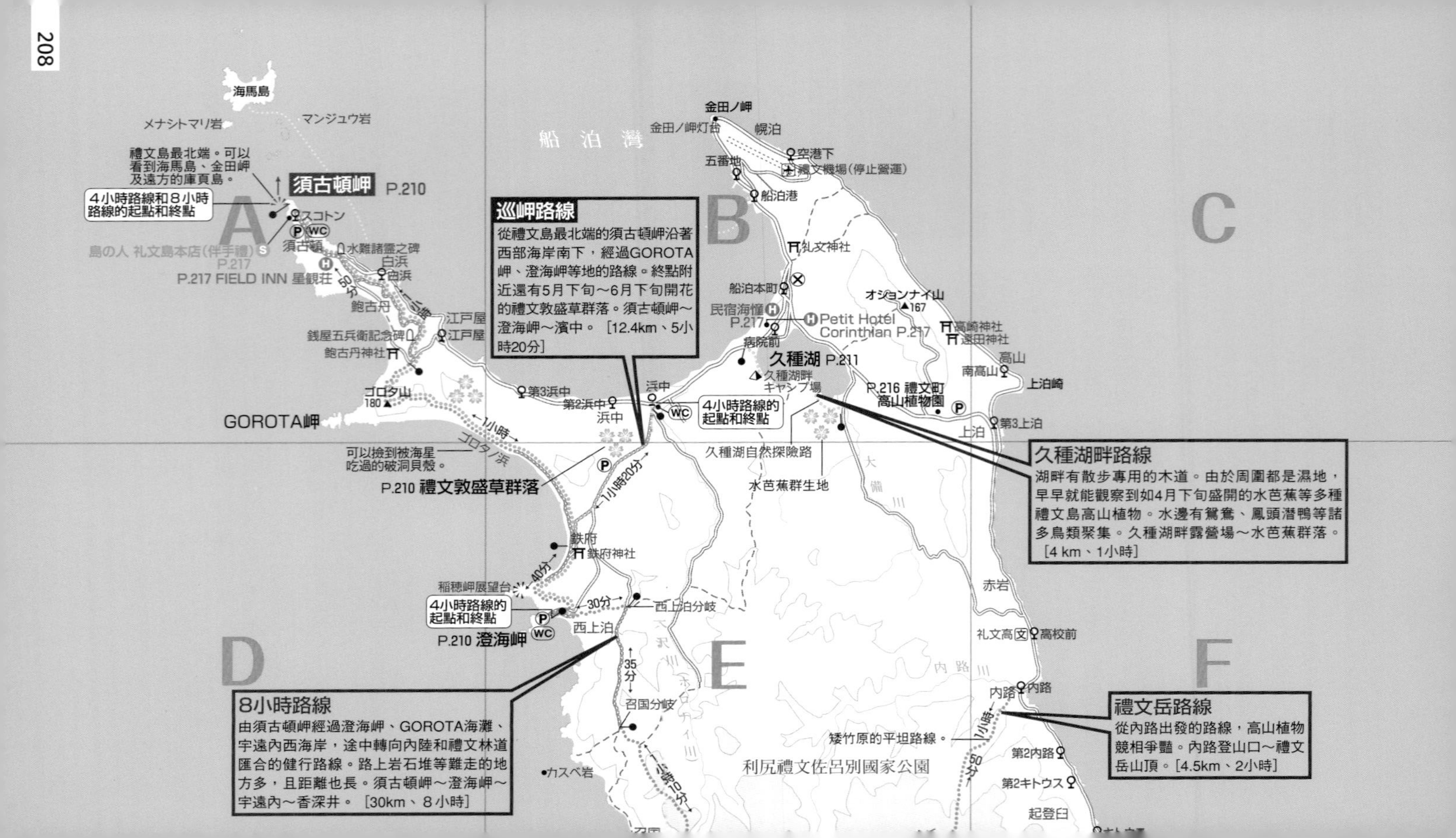
海馬島
メナシトマリ岩
マンジュウ岩
禮文島最北端。可以看到海馬島、金田岬及遠方的庫頁島。
須古頓岬 P.210
4小時路線和8小時路線的起點和終點
スコトン
須古頓
島の人 礼文島本店(伴手禮) P.217
P.217 FIELD INN 星観荘
水難諸靈之碑
白浜
50分
鮑古丹
江戸屋
銭屋五兵衛記念碑
鮑古丹神社
ゴロタ山 180
GOROTA岬
1小時
ゴロタノ浜
可以撿到被海星吃過的破洞貝殼。
P.210 禮文敦盛草群落
巡岬路線
從禮文島最北端的須古頓岬沿著西部海岸南下，經過GOROTA岬、澄海岬等地的路線。終點附近還有5月下旬～6月下旬開花的禮文敦盛草群落。須古頓岬～澄海岬～濱中。［12.4km、5小時20分］
第3浜中
第2浜中
浜中
1小時20分
鉄府
鉄府神社
40分
稲穂岬展望台
4小時路線的起點和終點
P.210 澄海岬
30分
西上泊
西上泊分岐
35分
召国分岐
カスベ岩
小時10分
8小時路線
由須古頓岬經過澄海岬、GOROTA海灘、宇遠內西海岸，途中轉向內陸和禮文林道匯合的健行路線。路上岩石堆等難走的地方多，且距離也長。須古頓岬～澄海岬～宇遠內～香深井。［30km、8小時］
船泊灣
金田ノ岬
金田ノ岬灯台
幌泊
空港下
五番地
禮文機場(停止營運)
船泊港
礼文神社
船泊本町
民宿海憧 P.217
Petit Hotel Corinthian P.217
オションナイ山 167
高崎神社
遠田神社
病院前
久種湖 P.211
久種湖畔キャンプ場
4小時路線的起點和終點
久種湖自然探險路
水芭蕉群生地
高山
南高山
上泊崎
P.216 禮文町高山植物園
第3上泊
上泊
久種湖畔路線
湖畔有散步專用的木道。由於周圍都是濕地，早早就能觀察到如4月下旬盛開的水芭蕉等多種禮文島高山植物。水邊有鴛鴦、鳳頭潛鴨等諸多鳥類聚集。久種湖畔露營場～水芭蕉群落。［4 km、1小時］
大備川
赤岩
礼文高
高校前
內路川
內路
1小時
50分
矮竹原的平坦路線。
利尻禮文佐呂別國家公園
第2內路
第2キトウス
起登臼
禮文岳路線
從內路出發的路線，高山植物競相爭豔。內路登山口～禮文岳山頂。［4.5km、2小時］

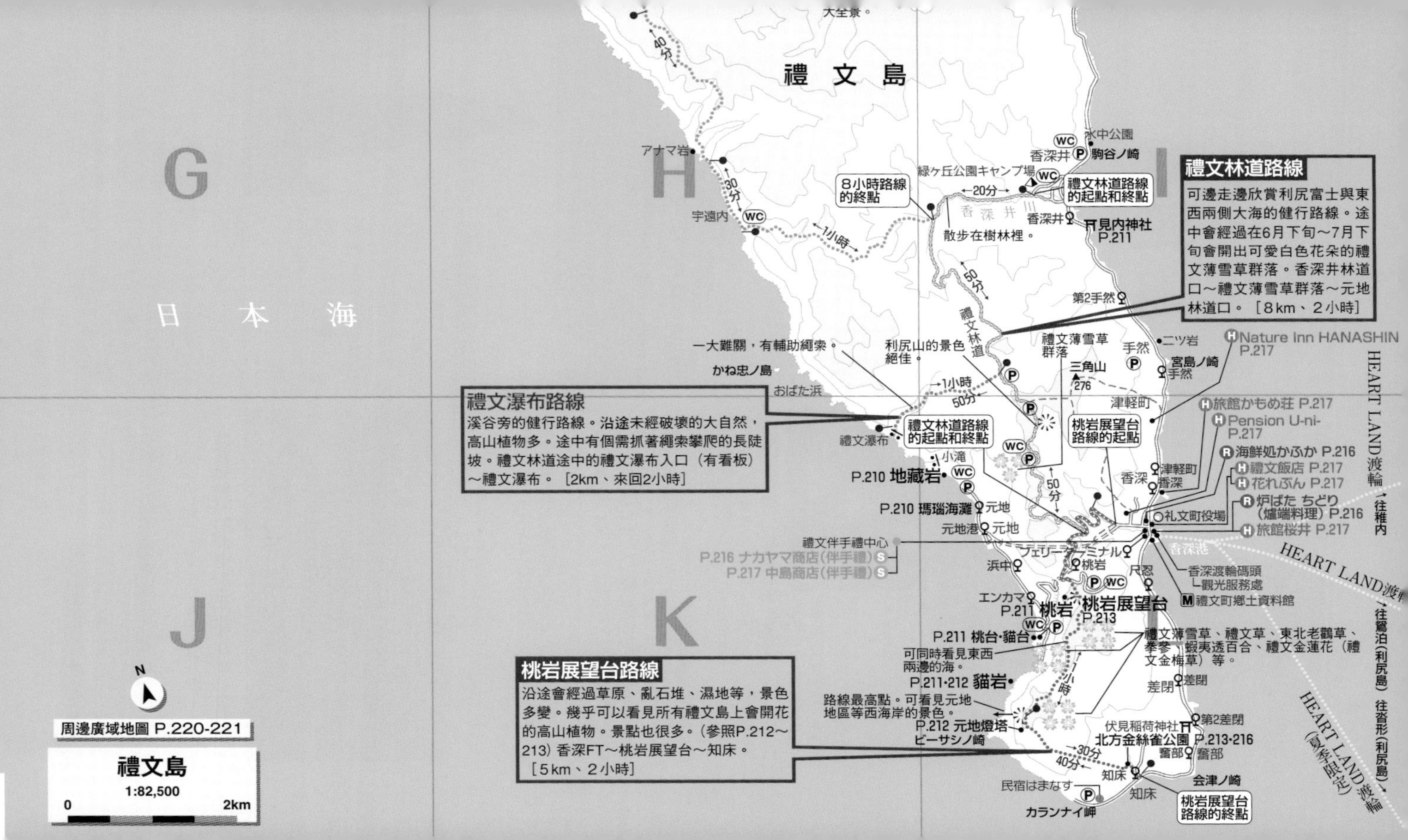

禮文島
日本海
禮文林道路線
可邊走邊欣賞利尻富士與東西兩側大海的健行路線。途中會經過在6月下旬～7月下旬會開出可愛白色花朵的禮文薄雪草群落。香深井林道口～禮文薄雪草群落～元地林道口。［8km、2小時］
禮文瀑布路線
溪谷旁的健行路線。沿途未經破壞的大自然，高山植物多。途中有個需抓著繩索攀爬的長陡坡。禮文林道途中的禮文瀑布入口（有看板）～禮文瀑布。［2km、來回2小時］
桃岩展望台路線
沿途會經過草原、亂石堆、濕地等，景色多變。幾乎可以看見所有禮文島上會開花的高山植物。景點也很多。（參照P.212～213）香深FT～桃岩展望台～知床。［5km、2小時］
8小時路線的終點
禮文林道路線的起點和終點
桃岩展望台路線的起點
桃岩展望台路線的終點
水中公園
香深井
駒谷ノ崎
緑ケ丘公園キャンプ場
香深井川
散步在樹林裡。
見内神社 P.211
アナマ岩
宇遠内
第2手然
二ツ岩
手然
宮島ノ崎
禮文薄雪草群落
三角山 276
津軽町
利尻山的景色絕佳。
一大難關，有輔助繩索。
かね忠ノ島
おばた浜
禮文林道
禮文瀑布
小滝
P.210 地藏岩
P.210 瑪瑙海灘
元地
元地港
Nature Inn HANASHIN P.217
旅館かもめ荘 P.217
Pension U-ni- P.217
海鮮処かふか P.216
禮文飯店 P.217
花れぶん P.217
炉ばた ちどり（爐端料理）P.216
旅館桜井 P.217
礼文町役場
香深
香深港
禮文伴手禮中心
P.216 ナカヤマ商店（伴手禮）
P.217 中島商店（伴手禮）
フェリーターミナル
浜中
桃岩
尺忍
香深渡輪碼頭
觀光服務處
禮文町鄉土資料館
エンカマ
P.211 桃岩
桃岩展望台 P.213
P.211 桃台・猫台
可同時看見東西兩邊的海。
禮文薄雪草、禮文草、東北老鸛草、拳參、蝦夷透百合、禮文金蓮花（禮文金梅草）等。
P.211・212 貓岩
路線最高點。可看見元地地區等西海岸的景色。
P.212 元地燈塔
ビーサシノ崎
差閉
第2差閉
伏見稲荷神社
北方金絲雀公園 P.213・216
香部
知床
会津ノ崎
民宿はまなす
カラシナイ岬
HEART LAND渡輪
往稚内
往鴛泊（利尻島）
往沓形（利尻島）
HEART LAND渡輪（夏季限定）
40分
30分
1小時
20分
50分
周邊廣域地圖 P.220-221
禮文島
1:82,500
0
2km
N

搭乘定期觀光巴士遊覽

禮文島環島指南

因路線巴士班次較少，利用定期觀光巴士比較方便。
也有專為搭路線巴士遊覽的「自由派」刊載的資訊。

5 禮文敦盛草群落

僅限6/1～20 參觀10分

開在小山的斜坡上，繞行一周約20分。

自由派 香深港FT（渡輪碼頭）搭往須古頓的巴士49分，浜中下車 15分。從巴士站牌朝著山的方向，沿著車道行走（告知司機的話也可在群落前下車）。散步道5月中旬～6月中旬的9:00～17:00開放

6 須古頓岬

參觀20分

由斷崖形成的海岬，位於禮文島最北端，一整年都吹著強風。曾被視為「日本最北端」，但由於位處宗谷岬往南4分的位置，故稱為「最北限」。天氣好的時候還可以看到庫頁島。

自由派 香深港FT搭往須古頓的巴士59分，終點站下車即到。要前往海岬前端的話由商店旁的平緩下坡2分

4 西上泊·澄海岬

參觀20分

從漁港所在的西上泊沿著斜坡走5分左右，就可以看到藍色的海，以及西海岸獨有的奇特岩石所構築出的壯麗景觀。8～9月之際，周邊可以看到沙參（釣鐘人參）、南方苦艾等植物。

自由派 香深港FT搭往須古頓的巴士49分，浜中下車2小時

瑪瑙海灘、地藏岩

會有瑪瑙原石被沖上岸的海灘。北方矗立著50公尺高的地藏岩。

自由派 香深港FT搭往元地的巴士10分，終點站下車5分可至地藏岩

● 可配合行程選擇的定期觀光巴士兩種路線

宗谷巴士禮文營業所 0163-86-1020

	5月（5/3～5/6）	5月（5/20～5/31）
A 夢之浮島禮文遊覽路線 觀賞重點、路線在本頁介紹	8:40出發→12:35抵達	8:40出發→12:35抵達
	A 行程在禮文敦盛草開花期間會延長15分。6～9月期間過	
B 禮文景點遊覽路線	－	－
觀賞重點 香深港FT→西上泊、澄海岬→江戶屋山道散步→須古頓岬→香深港FT		

3 久種湖　窗外景點

日本最北端周長約6公里的湖。沿著湖畔有約4公里的散步道。周圍是濕地地帶，4月下旬～5月可以看到成群的水芭蕉。此外，也有許多像是蒼鷺、野鴨等候鳥飛來，還能享受賞鳥的樂趣。

自由派 香深港FT搭往醫院前或須古頓的🚌巴士46分，♀病院前下車即到。散步道的入口在過了久種湖畔露營場10分的地方（告知司機的話也可在露營場前下車）

2 日蝕觀測紀念碑　窗外景點

1948（昭和23）年5月9日上午10時22分，此地有觀測到日環蝕。

自由派 香深港FT搭往醫院前或須古頓的🚌巴士15分，♀キトウス下車👟10分（告知司機的話也可在碑前下車）

1 見內神社　窗外景點

供奉愛奴婦人的神社。在當地被視為安胎的神祇信奉著。神社的入口之所以面向大海，相傳是因為不想讓神體被人們看到。

自由派 香深港FT搭往醫院前或須古頓的🚌巴士11分，♀香深井下車👟5分（告知司機的話也可在神社前下車）

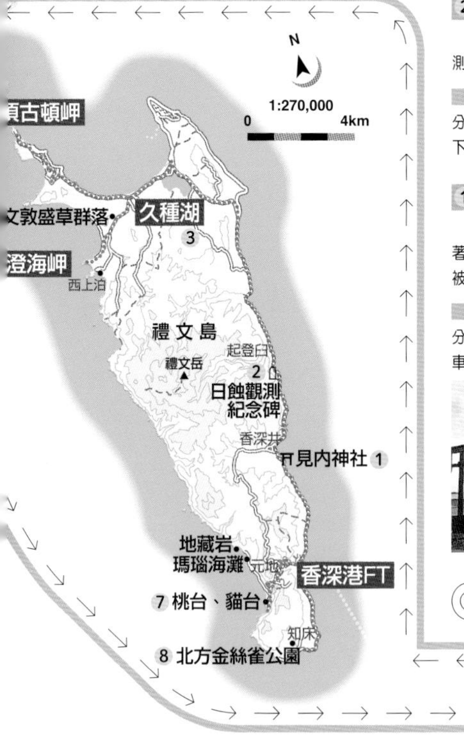

Ⓐ 夢之浮島禮文遊覽路線

START
香深FT
GOAL

各景點上的時間
是此行程的參觀時間

7 桃台、貓台　參觀20分

這裡可以同時看到以「桃子」來說相當巨大、高250公尺的桃岩（下方照片），以及像是貓拱著背的貓岩（p.212）。

自由派 香深港FT搭往元地的🚌巴士8分，♀元地港下車👟5分

8 北方金絲雀公園　參觀25分

吉永小百合主演電影《往復書簡：二十年後的作業》的外景地，將小學完整保存下來的追憶公園。正面所見的利尻富士十分雄偉（參照p.216）。

自由派 香深港FT搭往知床的🚌巴士8分，♀終點站下車👟20分

※**自由派** 的路線巴士也請洽宗谷巴士禮文營業所。

6月	7、8月	9月	10月
8:35出發→12:35抵達	8:35出發→12:35抵達	8:35出發→12:35抵達	–
桃台、貓台之後，會路經香深港FT前往北方金絲雀公園。		Ⓐ路線：需時3小時/3400日圓	
14:05出發→16:30抵達	14:05出發→16:40抵達	14:05出發→16:30抵達	–
		Ⓑ路線：需時2小時35分/3200日圓	

隨興遊逛

桃岩展望台

ももいわてんぼうだい

位於島嶼西南部的桃岩展望台路線，6～9月沿路上開滿了五顏六色的高山植物。如果想要親身感受禮文島的話，一定要走上一回。

↑桃岩登山口

禮文林道路線

新桃岩隧道

桃岩登山口

START

10分

桃岩隧道

連續陡峭坡道需慢行

●洗手間

桃台、貓台●

桃岩

250m

01 桃岩展望台

路寬狹窄，相當於山脊的道路

可看見東西兩邊的海

50分

桃岩展望台路線

02 參觀 5 分

貓岩

像是拱著背的貓凝望著大海的著名岩石。從散步道遠遠地看有點小，但形狀還是能一眼就認出來。

貓岩 02

03 參觀 20 分

元地燈塔

位於突出高地上的小燈塔，眼底的大海景色美不勝收。周圍一到夏季花草盛開，像是鋪上一層綠色的地毯，走起來相當舒服。

島上獨有的禮文草、禮文薄雪草盛開著

禮文金蓮花群落

↑桃岩散步道

元地燈塔 03

大推薦！

一邊眺望海對面的利尻富士，一邊緩慢地走下山

50分

北方金絲雀公園 04

知床巴士站

洗手間

N

1:20,500

0 1km

↑看起來像浮在雲上的利尻富士

↑香深港渡輪碼頭

↑東北老鸛草

↑禮文薄雪草

↑拳參

↑蝦夷北萱草

遊覽順序的小提示

用自己的雙腳走在最北端的島嶼上！

禮文島上有數條健行路線，桃岩展望台路線算是當中比較輕鬆的。若是搭乘巴士，從桃岩登山口到知床巴士站約4.2公里、需時1小時50分。即使全程用走的，也不過3小時左右。

鞋子是重點。可以的話最好穿健行用的厚底鞋。皮鞋之類的NG。服裝方面，即使是夏季，為了防寒仍需要穿著長袖長褲。攜帶物品如飲料和零食（麵包或是巧克力等）別忘了準備。

桃岩展望台路線在花季高峰，也就是6月的時候會出現巴士旅行團等擁擠人潮，最好考慮一下拜訪的時期和時間。

01 參觀 20 分

桃岩展望台

形狀獨特的250公尺高桃岩近在眼前的瞭望景點。周圍是一片花田，天氣好的時候可以看到利尻富士。

04 參觀 20 分

北方金絲雀公園

將2012年上映的電影《往復書簡：二十年後的作業》拍攝時使用的小學校舍等加以保存和展示。有紀念品銷售區。海的另一頭是利尻富士的美景，讓人忍不住想拍照留念。

高山植物的寶庫

禮文島花卉圖鑑

禮文島能看見多種高山植物，是相當受歡迎的景點。
沿著健行路線，尋找這些惹人憐愛的花朵吧。

●蝦夷延胡索
✿4月～5月
桃岩展望台路線、禮文林道

○水芭蕉
✿4月下旬～5月中旬
久種湖畔

●深山耬斗菜
✿5月～6月
禮文林道路線

4月　5月　6月　7月

●禮文小櫻
✿5月下旬～6月下旬
桃岩展望台路線、禮文林道

○禮文敦盛草
✿6月
禮文敦盛草群落

●禮文花葱
✿6月～7月上旬
桃岩展望台路線、禮文林道

■這個時期可以看到的其他花卉

●臭菘✿4月～5月 久種湖畔
●頂冰花✿4月～5月 久種湖畔
●蜂斗菜✿4月～5月 禮文島全域
●紅景天✿5月～6月 桃岩展望台路線
○蝦夷水仙銀蓮花✿5月中旬～6月中旬 桃岩展望台路線、禮文林道路線
●假報春✿6月～7月上旬 禮文林道
●禮文馬先蒿✿6月～7月 禮文島全域
●東北老鸛草✿6月中旬～7月中旬 桃岩展望台路線、禮文林道路線

範例

●●○●花的顏色／名稱
✿開花時期 — 歷年的開花時間。每年會隨氣候條件有所變化，請向觀光課等洽詢當地的現狀
欣賞這些花朵的建議路線 — p.208～209的地圖上記載著各條路線

●禮文金蓮花
✿ 6月上旬～7月下旬
桃岩展望台路線

○禮文薄雪草
✿ 6月中旬～8月下旬
桃岩展望台路線、禮文林道

●禮文草
✿ 6月下旬～8月下旬
桃岩展望台路線

6月 7月 8月 9月

○蔓莖蠅子草
✿ 6月下旬～7月中旬
禮文林道路線

○蝦夷梅花草
✿ 7月～8月
桃岩展望台路線、禮文林道路線

●蝦夷龍膽
✿ 8月～9月
禮文林道路線

■這個時期可以看到的其他花卉

○稜子芹 ✿6月～7月 桃岩展望台路線
●紫花地丁 ✿6月 8小時路線
●利尻棘豆 ✿6月下旬～8月 禮文林道路線
●蝦夷萱草 ✿6月下旬～7月 桃岩展望台路線、禮文林道路線
●山鳶尾 ✿6月下旬～7月 桃岩展望台路線
●拳參 ✿6月下旬～8月 桃岩展望台路線
●蝦夷透百合 ✿6月下旬～7月中旬 桃岩展望台路線、禮文林道路線
●高山瞿麥 ✿7月～8月 禮文林道路線
●地楸 ✿7月～8月 禮文林道路線
●沙參 ✿8月～9月 禮文林道路線、桃岩展望台路線
●瞿麥 ✿8月～9月 巡岬路線
●千島龍膽 ✿8月～9月 桃岩展望台路線

※p.208～209的地圖也有花卉資訊，請一併參考。

※為了保護珍貴的高山植物，絕對不要把花草帶回家。此外也不要踏入散步道以外的地方。

觀賞&遊逛

禮文町高山植物園
れぶんちょうこうざんしょくぶつえん

地圖p.208-B
香深港FT🚗30分

展示著禮文島原生高山植物相關豐富資料的花之遊客中心。擁有能觀察高山植物的花圃、岩石庭園等。出發健行之前，先在這裡預習花草的基本
知識吧。

☎ 0163-87-2941 📍禮文町船泊
🕘9:00～16:30 休 10～4月、9月的週日
¥ 310日圓 P 10輛

北方金絲雀公園
きたのかなりあぱーく

地圖p.209-L
香深港FT搭往知床的🚌巴士8分，終點站下車👟20分

將電影《往復書簡：二十年後的作業》的外景地加以整修的公園，在2013年7月開幕。攝影搭景「麗端小學岬分校」完整保留拍攝當時的樣貌。還有體驗交流設施，可以看到雄偉的利尻富士。

☎ 0163-86-1001(禮文島觀光協會)
📍禮文町香深字知床 🕘9:00～17:00
休 11～4月 ¥ 免費 P 10輛

美食&購物

香深／爐端料理

炉ばた ちどり
ろばた ちどり

地圖p.209-L
香深港FT👟3分

遠東多線魚鏘鏘燒（900日圓）很有名。將脂肪飽滿的遠東多線魚腹部切開，加上以8種調味料調配的味噌醬和蔥花，在眼前以炭火慢慢燒烤。粉紅色的魚肉開始變成白色就可以吃了。也有附上白飯和味噌湯的定食（1400日圓）。也很推薦以去除內臟的魷魚，加上魷魚腳和味噌再用炭火燒烤的魷魚鐵砲燒（900日圓）。新鮮的海膽料理也不容錯過。

☎ 0163-86-2130
📍禮文町大字香深村字
トンナイ入舟
🕘11:00～21:30L.O.
休 不定休(7～8月為無休)
¥ 用餐1000日圓～ P 4輛

香深／食堂

海鮮処かふか
かいせんどころかふか

地圖p.209-L
香深港FT👟5分

這間食堂位於海岸通、町公所附近，因為是香深漁協的直營店，食材的新鮮度沒話說。其中又以盛滿禮文產馬糞海膽的海膽丼（4380日圓）最受歡迎，只不過這道料理是只在5月下旬至9月中旬左右供應的限定菜色。除此之外，還有新鮮無比的海鮮丼及鮭魚卵丼。

☎ 0163-86-1228
📍禮文町香深字トンナイ558-1
🕘11:00～15:00、17:00～21:00（冬季為僅晚上）
休 5～9月為週二休；10～4月為週日、假日、過年期間休
¥ 海膽丼3870日圓、壽司8貫1840日圓
P 有

香深／伴手禮

ナカヤマ商店
なかやましょうてん

地圖p.209-L
香深港FT即到

在禮文伴手禮中心內的海產店。出聲詢問的話，老闆還會

將客人的需求納入考量，推薦視品質及採集地而價格有所差異的利尻昆布。香深產天然昆布為100公克1200日圓～（可能視季節變動）。

☎0163-86-1291
📍礼文町大字香深村字ワウシ香深渡輪碼頭前
🕓8:00～17:00(10～4月有中場休息)
休 無休
P 附近有

香深／伴手禮

中島商店

なかじましょうてん

地圖p.209-L
香深港FT即到

製造並直銷禮文名產蝦夷馬糞海膽的漬物「磯錦」。60公克3000日圓左右。

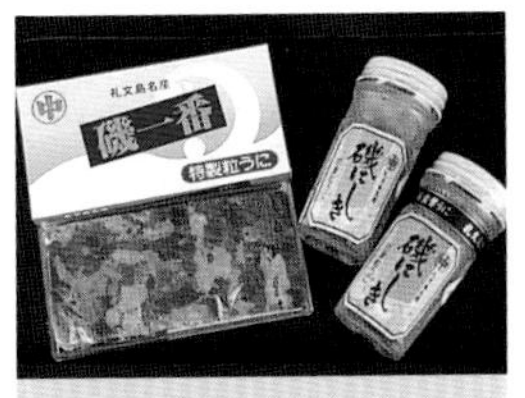

☎0163-86-2161
📍礼文町大字香深村字ワウシ香深渡輪碼頭前禮文伴手禮中心內
🕓8:00～18:00
休 無休(商店為僅4月中旬～10月中旬營業)
P 附近有

須古頓岬／伴手禮

島の人 礼文島本店

しまのひと れぶんとうほんてん

地圖p.208-A
♀スコトン岬即到

提供禮文島等北海道新鮮的當季食品品牌「島の人」的直營店，2013年重新改裝開幕。附設飲食區及露臺，加入利尻昆布的「昆布霜淇淋」（400日圓）不容錯過。此外，供應整顆蝦夷馬糞海膽的生島海膽丼（3990日圓）更是讓人讚不絕口的絕品美食。

☎0163-87-2198
📍礼文町船泊字スコトン
🕓7:00～17:00
休 11～3月
P 20輛

住宿指南

Nature Inn HANASHIN	☎0163-86-1648／地圖：p.209-L／10000日圓～（1泊2食，雙人房） 💬能享受近在眼前的利尻富士全景、昆布及海膽採集光景等的旅館。
Petit Hotel Corinthian	☎0163-87-3001／地圖:p.208-B／23200日圓～(1泊2食) 💬能夠眺望海洋、綠意的瀟灑洋樓十分顯眼。4月20日～10月20日營業。
Pension U-ni-	☎0163-86-1541／地圖:p.209-L／12650日圓～(1泊2食) 💬晚餐是以海鮮為主的西式全餐。手工甜點也廣受好評。
旅館かもめ荘	☎0163-86-1873／地圖:p.209-L／9900日圓～(1泊2食) 💬共8間客房的小旅館。老闆娘親切的服務也充滿魅力。
民宿 海憧(かいどう)	☎0163-87-2717／地圖:p.208-B／9500日圓～(1泊2食) 💬最適合作為4小時、8小時路線的據點。也有男女有別大通鋪（有年齡限制）。
禮文飯店	☎0163-86-1990／地圖:p.209-L／16500日圓～(1泊2食) 💬7層樓建築的飯店。還有附遠眺利尻島露天浴池的瞭望大浴場。
花れぶん	☎0163-86-1666／地圖:p.209-L／19800日圓～(1泊2食) 💬禮文飯店的別館，客房自不用說，餐廳、浴場也相當完備的旅館。
旅館 桜井	☎0163-86-1030／地圖:p.209-L／12100日圓～(1泊2食) 💬面海的現代和風旅館。以和室為主共27間客房。皆附浴室和洗手間。
FIELD INN 星観荘	☎0163-87-2818／地圖：p.208-A／7000日圓～（1泊2食）💬青年旅館型式的男女有別大通鋪。可以享受和老闆、旅客聊天的樂趣。11月～4月中旬休業。

經年累月孕育出無可取代的大自然

親近佐呂別原野的大自然

1974（昭和49）年，與利尻島、禮文島一同被指定為「利尻禮文佐呂別國家公園」的佐呂別原野。廣大的區域內濕地遍布，還有許多稀有的花卉植物、野生動物棲息在此。

長爪鶺鴒

從上空俯瞰佐呂別濕原的全景

照片提供：認定NPO法人サロベツ・エコ・ネットワーク

佐呂別濕原的形成

日本最大的高層濕原

日本三大濕原之一「佐呂別濕原（6700公頃）」位於佐呂別原野（2萬公頃）的中心。在佐呂別這樣的寒冷地區，植物即使枯萎也不會完全腐爛，經過長久堆積便形成了泥炭。佐呂別濕原是從距今約6千年前，泥炭以每年1毫米的速度逐年累積形成。通常在高山地帶才能見到的「高層濕原」反倒在平原發展起來，而且以面積廣闊為其特色，是日本規模最大的高層濕原。這片濕原既珍貴又容易受損，一旦

在可以眺望利尻富士的名山台展望台上，有利尻出身的作詞家時雨音羽的「天鹽川」歌碑

↑觀察植物，漫步於濕原之中

遭到破壞就無法恢復原狀，因此探訪參觀之際務必留心遵守各項規定。

超過百種花卉與野鳥的樂園

從5月上旬開始有水芭蕉，6月下旬有蝦夷萱草，8～9月有深山一枝黃花，開花季節接連不斷。此外，名列拉姆薩公約的佐呂別，在夏季有非洲石鵖等小鳥而充滿生氣，在春、秋季會有許多雁及天鵝等鳥類飛來。入冬以後，還有機會在這裡看到白尾海鵰及虎頭海鵰。

佐呂別濕原中心

感受未經雕飾的大自然

前往佐呂別濕原中心能夠感受濕原的魅力。除了透過影片及看板介紹濕原形成的過程、棲息在內的動植物，還設有能繞行濕原一圈的1公里木道，可以近距離觀賞四季花卉及野鳥。天氣晴朗時，能夠眺望在濕原遠方的日本百岳利尻山，享受將360度地平線盡收眼底的廣闊景觀。全年開館，初秋有轉紅的濕原植物（草紅葉），晚秋有染成一片金黃色的大地，到了冬季穿著雪鞋漫步於純白色的大雪原，在非花季時節亦能充分享受大自然之美。

●佐呂別濕原中心　♪0162-82-3232
5～10月為9：00～17：00（但是6～7月為8：30～17：30），無休。11～4月為10：00～16：00，週一休（逢假日則翌日休）。免費入館。

前往佐呂別濕原的方法

POINT 若是從東京前來，搭乘飛往稚內機場的直達航班較方便。搭機場接駁巴士（600日圓）到JR稚內站，再搭普通列車約40分（1130日圓）前往JR豐富站。若是從旭川前來，搭特急「宗谷」或「佐呂別」約3小時（7260日圓）前往豐富站。從豐富站搭往稚咲內第2的沿岸巴士（豐富營業所♪0162-82-2234）9分，♀サロベツ湿原センター前下車（390日圓）。上述方式的轉乘都不太方便，務必事先擬定好計畫再出發。想要悠哉地深入大自然的人，不妨在豐富站前租借自行車（豐富町觀光資訊中心♪0162-82-2100／1小時300日圓～）。由當地導遊領隊的木道導覽行程也廣受好評（需預約／收費）。

能在佐呂別濕原看到的花卉

5月　6月　7月　8月　9月

- 白毛羊鬍子草（4月下旬～6月上旬）
- 立山龍膽（5月中旬～6月中旬）
- 石楠杜鵑（5月下旬～6月下旬）
- 雲莓（6月上旬～7月上旬）
- 蝦夷萱草（6月中旬～7月上旬）
- 紅莓苔子（6月下旬～7月下旬）
- 圓葉茅膏菜（7月上旬～8月中旬）
- 毒芹（7月中旬～8月中旬）
- 梅花草（7月下旬～8月中旬）
- 紫玉簪（8月中旬～9月上旬）
- 蝦夷龍膽（8月中旬～9月下旬）
- 深山一枝黃花（8月中旬～9月下旬）

※開花時期可能由於天候等而變動。

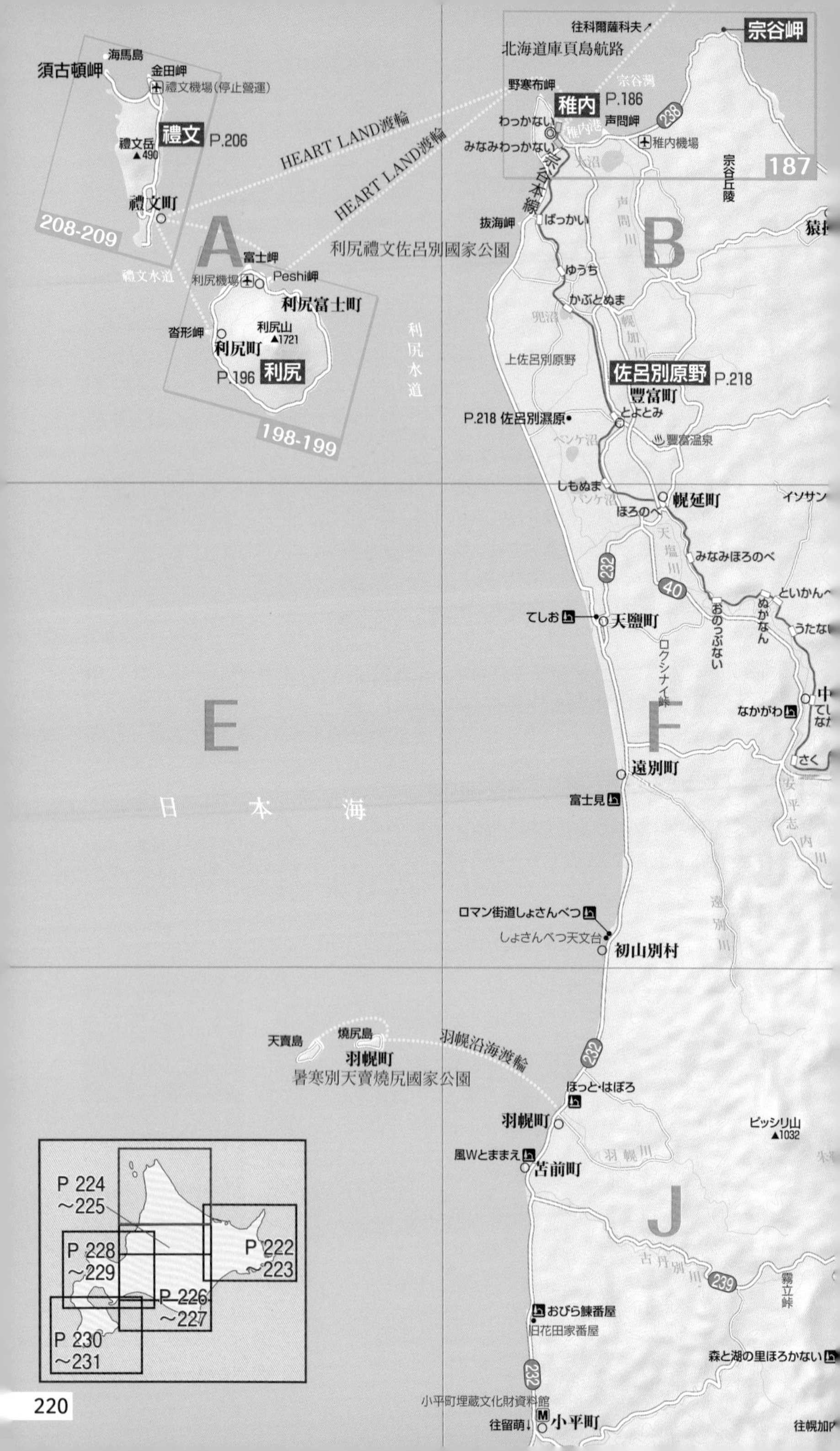
往科爾薩科夫
宗谷岬
北海道庫頁島航路
野寒布岬
稚内
P.186
宗谷灣
わっかない
稚内港
声問岬
238
みなみわっかない
稚内機場
宗谷本線
大沼
187
宗谷丘陵
須古頓岬
海馬島
金田岬
禮文機場(停止營運)
禮文
P.206
禮文岳
▲490
禮文町
208-209
HEART LAND渡輪
HEART LAND渡輪
抜海岬
ばっかい
声問川
A
B
猿払
利尻禮文佐呂別國家公園
富士岬
禮文水道
利尻機場
Peshi岬
ゆうち
かぶとぬま
利尻富士町
兜沼
幌加川
沓形岬
利尻山
▲1721
利尻水道
利尻町
上佐呂別原野
P.196
利尻
佐呂別原野
P.218
豐富町
198-199
P.218 佐呂別濕原
とよとみ
ペンケ沼
豐富溫泉
しもぬま
パンケ沼
幌延町
イソサン
ほろのべ
天塩川
みなみほろのべ
232
40
といかん
ぬかなん
てしお
天鹽町
おのっぷない
うたない
ロクシナイ峠
中
なかがわ
E
F
さく
遠別町
安平志內川
富士見
日本海
遠別川
ロマン街道しょさんべつ
しょさんべつ天文台
初山別村
天賣島
燒尻島
羽幌沿海渡輪
羽幌町
暑寒別天賣燒尻國家公園
232
ほっと・はぼろ
羽幌町
ピッシリ山
▲1032
風Wとままえ
羽幌川
苫前町
P 224
～225
P 228
～229
P 222
～223
P 226
～227
P 230
～231
J
古丹別川
239
霧立峠
おびら鰊番屋
旧花田家番屋
森と湖の里ほろかない
232
小平町埋蔵文化財資料館
往留萌↓
小平町
往幌加內

稚內·利尻·禮文
1:815,000
0
20km
N
C
鄂霍次克海
D
ベニヤ原生花園
濱頓別町
北オホーツクはまとんべつ
神威岬
目梨泊岬
275
238
中頓別町
ウスタイベ岬
ウスタイベ千畳岩
枝幸町
マリーンアイランド岡島
北見幌別川
G
H
音稲府岬
おうむ
雄武町
幌内川
日ノ出岬
上幌内越峠
幌内越峠
興部川
興部町
おこっぺ
沙留岬
238
239
流冰觀光破冰船「GARINKO號II」
P.182
紋別
オホーツク紋別
冰海展望塔鄂霍次克塔
鄂霍次克流冰科學中心GIZA
鄂霍次克紋別機場
にしおこっぺ花夢
西興部村
下川町
おんねない
びふか温泉
はつの
びふか
ちえぶん
ちほく
名寄ピヤシリスキー場
なよろ温泉
美深峠
にっしん
40
名寄市
なよろ
名寄川
ひがしふうれん
ふうれん
みずほ
たよろ
宗谷本線
学田峠
K
L
コムケ湖
往佐呂間湖·網走
札久留峠
273
士別市
しべつ
士別剣淵IC
瀧上町
香りの里たきのうえ
渚滑川
天塩川
上士別峠
岩尾内湖
藻瀬狩山
926
上紋峠
上原峠
剣淵町
けんぶち
道央自動車道
わっさむ
金八峠
往上川
まるせっぷ

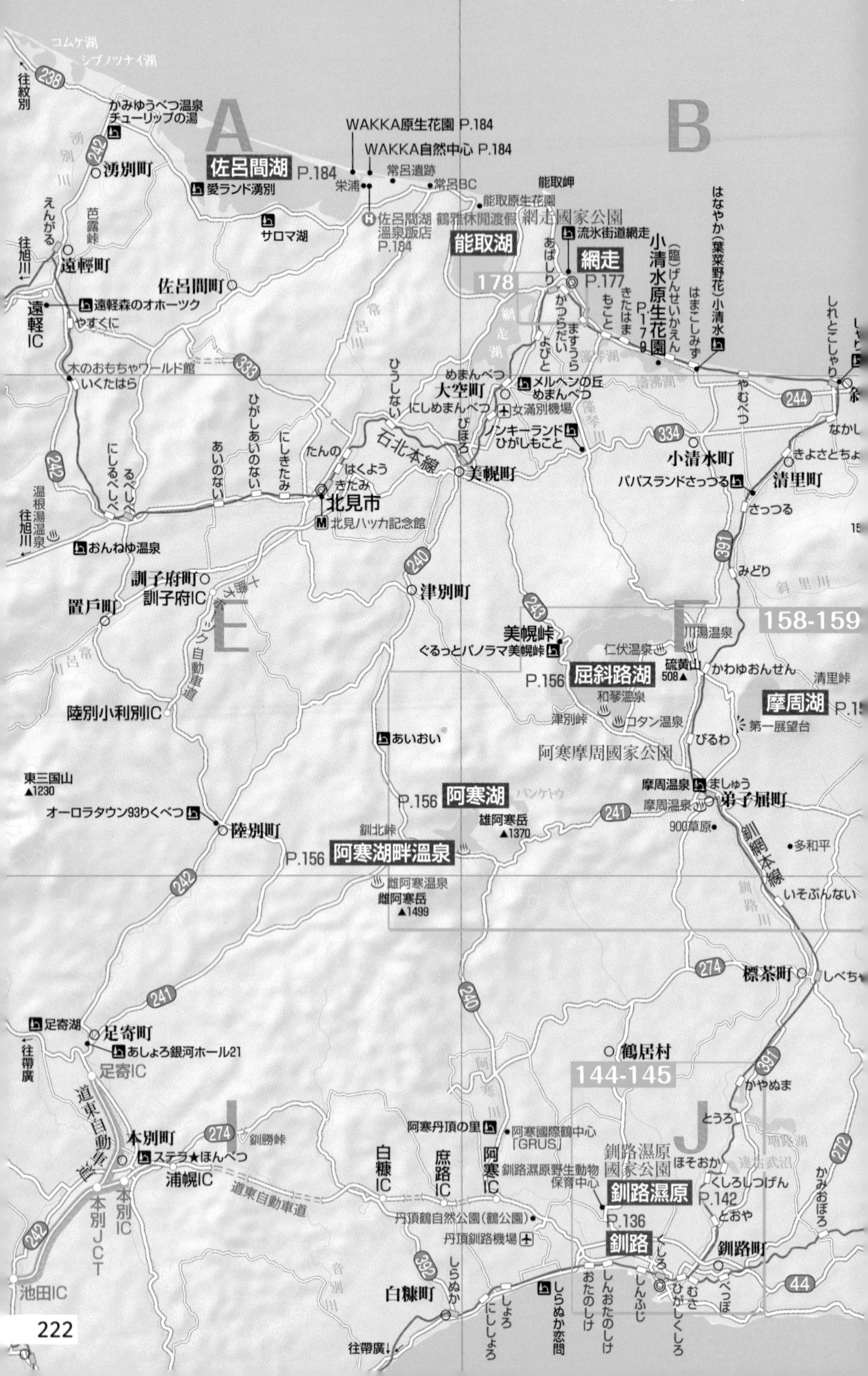

鄂霍次克海
コムケ湖
シブノツナイ湖
往紋別
A
B
E
F
I
J
かみゆうべつ温泉
チューリップの湯
湧別町
佐呂間湖
P.184
WAKKA原生花園 P.184
WAKKA自然中心 P.184
常呂遺跡
栄浦
常呂BC
能取岬
能取原生花園
愛ランド湧別
サロマ湖
佐呂間湖
溫泉飯店
P.184
鶴雅休閒渡假
網走國家公園
流氷街道網走
能取湖
網走
178
P.177
えんがる
遠輕町
往旭川
遠軽IC
遠軽森のオホーツク
やすくに
佐呂間町
小清水原生花園
P.179
はなやか（葉菜野花）小清水
はまこしみず
（臨）げんせいかえん
きたはま
もこと
あばしり
かつらだい
ますうら
よびと
しれとこしゃり
木のおもちゃワールド館
いくたはら
ひがしあいのない
あいのない
にしきたみ
ひうしない
めまんべつ
大空町
にしめまんべつ
メルヘンの丘
めまんべつ
女満別機場
ノンキーランド
ひがしもこと
びほろ
石北本線
たんの
はくよう
きたみ
北見市
北見ハッカ記念館
美幌町
334
小清水町
244
やむべつ
なかし
きよさとちょ
清里町
パパスランドさっつる
さっつる
にしるべしべ
るべしべ
温根湯温泉
往旭川
おんねゆ温泉
訓子府町
訓子府IC
置戸町
240
津別町
243
美幌峠
ぐるっとパノラマ美幌峠
391
みどり
斜里川
158-159
川湯温泉
仁伏温泉
硫黄山
508
かわゆおんせん
清里峠
P.156
屈斜路湖
和琴温泉
摩周湖
第一展望台
津別峠
コタン温泉
びわる
陸別小利別IC
あいおい
阿寒摩周國家公園
東三国山
1230
P.156
阿寒湖
摩周温泉
ましゅう
摩周温泉
弟子屈町
オーロラタウン93りくべつ
陸別町
雄阿寒岳
1370
241
900草原
多和平
釧北峠
P.156
阿寒湖畔溫泉
雌阿寒溫泉
雌阿寒岳
1499
釧網本線
242
いそぶんない
274
標茶町
しべちゃ
足寄湖
足寄町
あしょろ銀河ホール21
往帯廣
足寄IC
鶴居村
144-145
かやぬま
とうろ
阿寒丹頂の里
阿寒國際鶴中心
「GRUS」
釧勝峠
道東自動車道
本別町
ステラ★ほんべつ
浦幌IC
白糠IC
庶路IC
阿寒IC
釧路濕原野生動物
保育中心
釧路濕原
國家公園
ほそおか
達古武沼
272
釧路濕原
くしろしつげん
P.142
とおや
かみおぼろ
丹頂鶴自然公園（鶴公園）
P.136
丹頂釧路機場
釧路
くしろ
釧路町
本別IC
本別JCT
池田IC
392
しらぬか
白糠町
しらぬか恋問
しょろ
にししょろ
おたのしけ
しんおたのしけ
しんふじ
ひがしくしろ
むさ
べっぽ
44
往帶廣

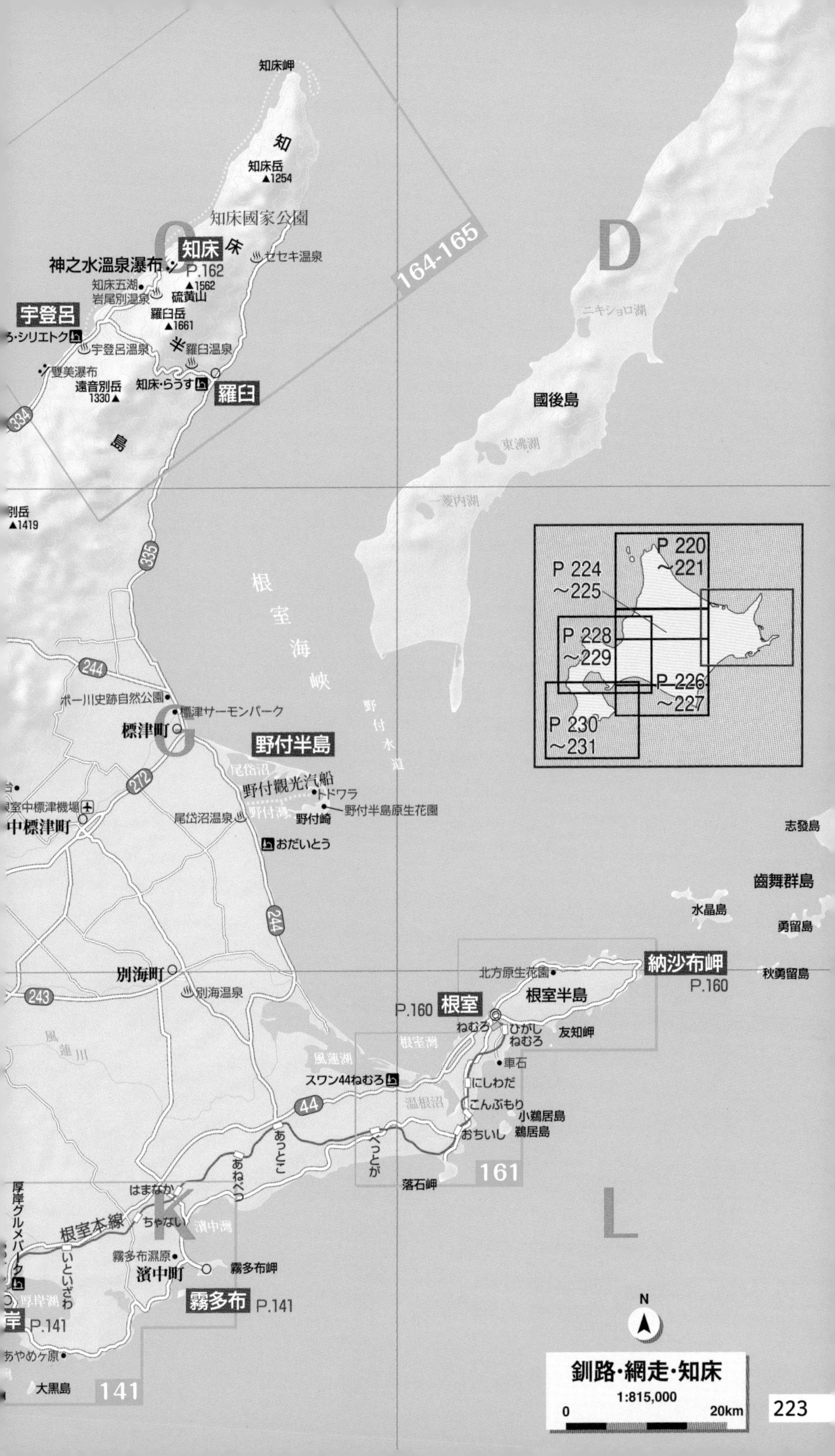

知床岬
知
知床岳
▲1254
知床國家公園
知床
床
P.162
神之水溫泉瀑布
セセキ温泉
知床五湖
▲1562
岩尾別温泉
硫黄山
宇登呂
羅臼岳
▲1661
ろ・シリエトク
宇登呂溫泉
半
羅臼温泉
雙美瀑布
遠音別岳
1330▲
知床・らうす
羅臼
334
島
164-165
D
ニキショロ湖
國後島
東沸湖
一菱内湖
P 220 ~221
P 224 ~225
P 228 ~229
P 226 ~227
P 230 ~231
335
根室海峽
野付水道
244
ポー川史跡自然公園
標津サーモンパーク
標津町
G
野付半島
尾岱沼
野付觀光汽船
トドワラ
272
野付湾
野付半島原生花園
尾岱沼温泉
野付崎
中標津機場
中標津町
おだいとう
志發島
齒舞群島
水晶島
勇留島
秋勇留島
納沙布岬
P.160
北方原生花園
根室半島
別海町
243
別海温泉
P.160
根室
ねむろ
ひがし ねむろ
友知岬
風蓮川
根室灣
風蓮湖
車石
スワン44ねむろ
にしわだ
温根沼
こんぶもり
44
小鵜居島
鵜居島
おちいし
あっとこ
べっとが
あねべつ
161
落石岬
厚岸グルメパーク
はまなか
ちゃない
K
根室本線
濱中灣
L
霧多布濕原
霧多布岬
濱中町
いといざわ
厚岸湖
霧多布
P.141
岸
P.141
あやめケ原
大黒島
141
N
釧路・網走・知床
1:815,000
0
20km

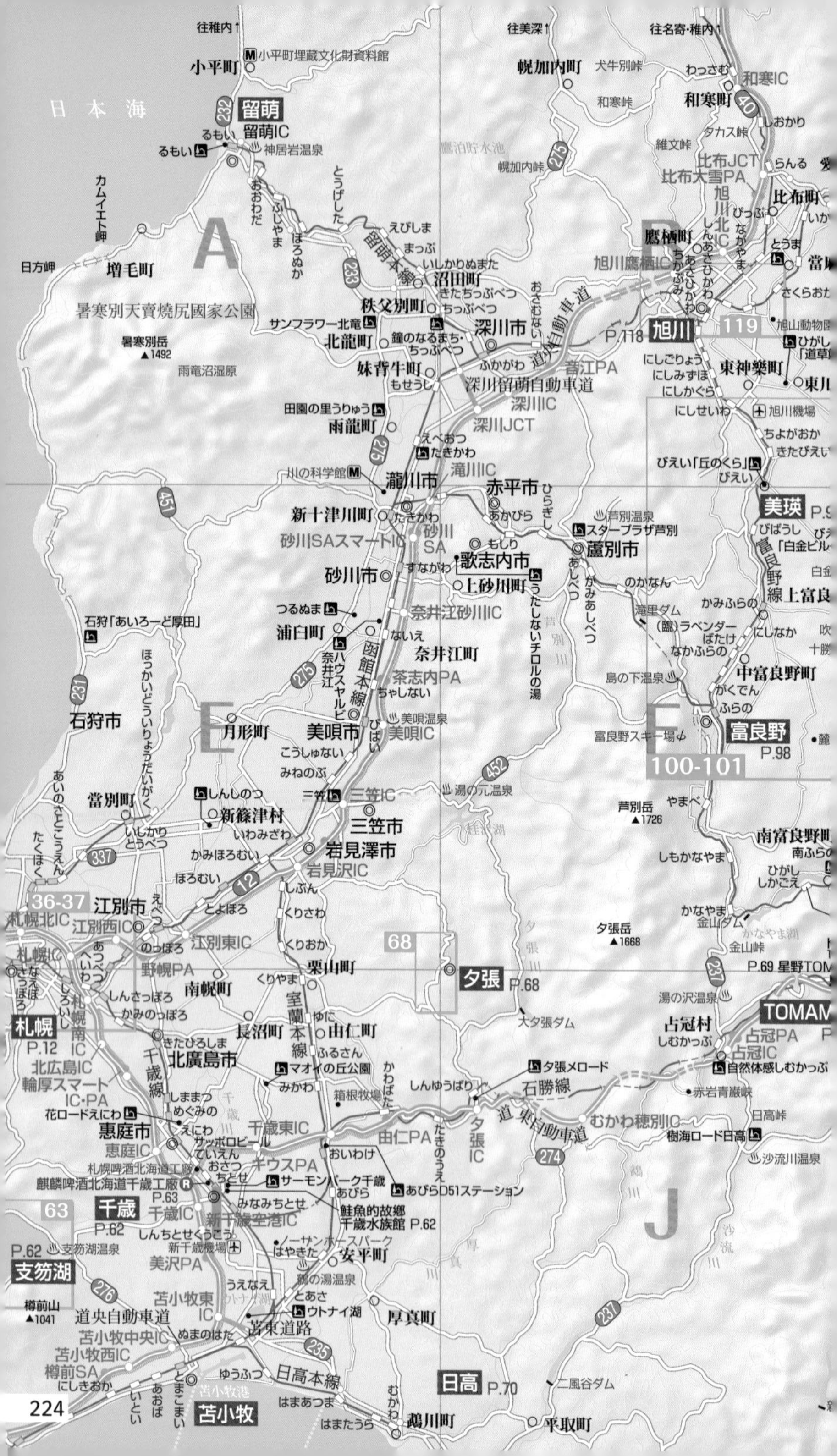

往稚内↑
往美深↑
往名寄·稚內↑
小平町埋蔵文化財資料館
小平町
幌加内町
犬牛別峠
わっさむ
和寒IC
和寒町
和寒峠
40
日本海
232
留萌
留萌IC
るもい
るもい
神居岩温泉
しおかり
タカス峠
維文峠
鷹泊貯水池
幌加内峠
275
比布JCT
比布大雪PA
らんる
比布町
カムイエト岬
とうげした
おおわだ
ふじやま
ほろぬか
えびしま
まっぷ
留萌本線
233
A
旭川北IC
びっぷ
なかやま
しんあさひかわ
とうま
鷹栖町
B
日方岬
増毛町
いしかりぬまた
沼田町
きたちっぷべつ
ちっぷべつ
秩父別町
旭川鷹栖IC
ちかぶみ
あさひかわ
暑寒別天賣燒尻國家公園
サンフラワー北竜
さくらおか
旭山動物園
おさむない
道央自動車道
旭川
119
P.118
暑寒別岳
▲1492
北龍町
鐘のなるまち·ちっぷべつ
深川市
ふかがわ
音江PA
にしごりょう
東神樂町
雨竜沼湿原
妹背牛町
もせうし
深川留萌自動車道
にしみずほ
にしかぐら
ひがし「道草」
東川
深川IC
にしせいわ
旭川機場
田園の里うりゅう
雨龍町
深川JCT
ちよがおか
えべおつ
たきかわ
きたびえい
275
川の科学館
滝川IC
びえい「丘のくら」
びえい
瀧川市
赤平市
ひらぎし
451
新十津川町
たきかわ
あかびら
芦別温泉
スタープラザ芦別
美瑛
P.9
砂川SAスマートIC
砂川SA
もしり
歌志内市
蘆別市
びばうし
「白金ビルー
砂川市
すながわ
上砂川町
うたしないチロルの湯
あしべつ
かみあしべつ
のかなん
富良野線
白金
上富良
つるぬま
奈井江砂川IC
滝里ダム
かみふらの
石狩「あいろーど厚田」
浦臼町
ないえ
(臨)ラベンダーばたけ
にしなか
奈井江町
芦別川
なかふらの
函館本線
ハウスヤルビ奈井江
茶志内PA
ちゃしない
島の下温泉
中富良野町
231
がくでん
ふらの
石狩市
ほっかいどういりょうだいがく
E
月形町
美唄市
美唄温泉
美唄IC
びばい
F
富良野
富良野スキー場
P.98
100-101
こうしゅない
みねのぶ
452
あいのさとこうえん
當別町
しんしのつ
三笠
三笠IC
湯の元温泉
芦別岳
▲1726
やまべ
新篠津村
三笠市
いわみざわ
桂沢湖
南富良野町
南ふらの
たくほく
いしかりとうべつ
かみほろむい
岩見澤市
しもかなやま
ひがししかごえ
337
岩見沢IC
ほろむい
12
しぶん
36-37
江別市
えべつ
とよほろ
くりさわ
かなやま
金山ダム
札幌北IC
江別西IC
夕張岳
▲1668
かなやま湖
のっぽろ
江別東IC
くりおか
68
夕張川
金山峠
札幌IC
あつべつ
へいわ
野幌PA
栗山町
237
P.69 星野TOM
なえぼ
さっぽろ
くりやま
夕張
P.68
しろいし
しんさっぽろ
南幌町
湯の沢温泉
札幌南IC
かみのっぽろ
ゆに
大夕張ダム
TOMAM
札幌
P.12
室蘭本線
長沼町
由仁町
占冠村
しむかっぷ
占冠PA
きたひろしま
ふるさん
占冠IC
北広島IC
北廣島市
千歳線
かわばた
夕張メロード
マオイの丘公園
自然体感しむかっぷ
輪厚スマートIC·PA
みかわ
しんゆうばり
石勝線
箱根牧場
赤岩青巌峡
しままつ
めぐみの
花ロードえにわ
恵庭市
えにわ
千歳川
道東自動車道
日高峠
サッポロビール
千歳東IC
由仁PA
夕張IC
むかわ穂別IC
恵庭IC
ていえん
たきのうえ
樹海ロード日高
274
札幌啤酒北海道工廠
おさつ
キウスPA
おいわけ
沙流川温泉
麒麟啤酒北海道千歳工廠
ちとせ
サーモンパーク千歳
あびら
あびらD51ステーション
鵡川
63
千歳
P.63
みなみちとせ
鮭魚的故鄉千歲水族館 P.62
J
千歳IC
新千歳空港IC
P.62
しんちとせくうこう
沙流川
P.62
支笏湖温泉
新千歳機場
ノーザンホースパーク
はやきた
安平町
厚真川
美沢PA
支笏湖
うえなえ
鶴の湯温泉
276
ウトナイ湖
苫小牧東IC
とあさ
樽前山
▲1041
道央自動車道
ウトナイ湖
厚真町
237
苫小牧中央IC
ぬまのはた
苫東道路
苫小牧西IC
235
樽前SA
ゆうふつ
日高本線
日高
P.70
二風谷ダム
にしきおか
とまこまい
苫小牧港
むかわ
あおば
いとい
はまあつま
苫小牧
はまたうら
鵡川町
平取町

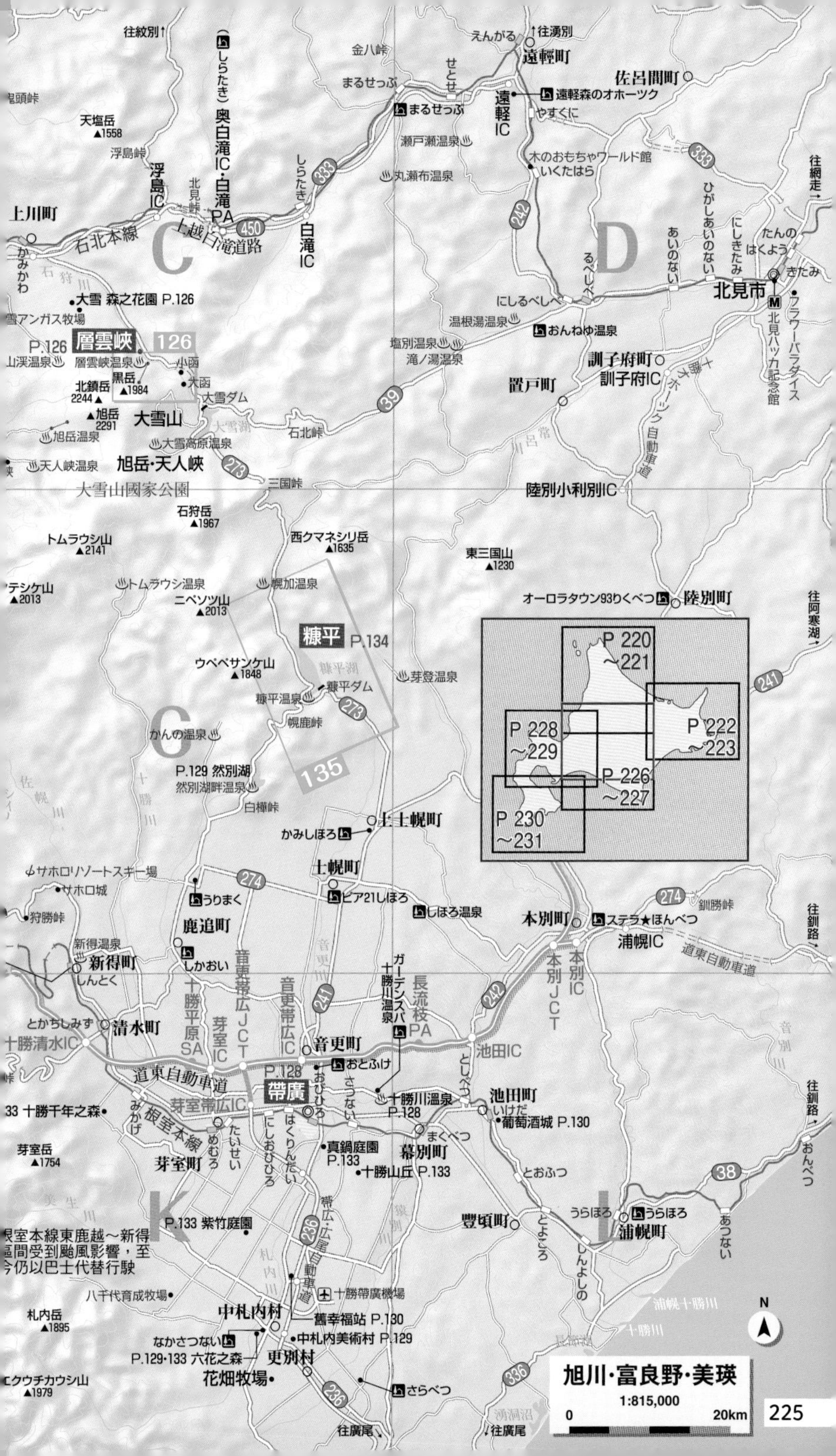
旭川·富良野·美瑛
1:815,000
0
20km
遠軽町
佐呂間町
北見市
上川町
大雪山
旭岳·天人峽
大雪山國家公園
層雲峽
糠平
帶廣
鹿追町
新得町
清水町
音更町
芽室町
幕別町
池田町
豊頃町
浦幌町
本別町
陸別町
置戸町
訓子府町
士幌町
上士幌町
中札内村
更別村
花畑牧場
道東自動車道
石北本線
根室本線
根室本線東鹿越～新得
區間受到颱風影響，至
今仍以巴士代替行駛
P 220 ～221
P 222 ～223
P 226 ～227
P 228 ～229
P 230 ～231

日高·襟裳岬·帶廣
1:815,000
0 20km
往留萌
往蘆別
茶志内PA
美唄市
美唄IC
道央自動車道
三笠市
三笠IC
岩見澤市
岩見沢SA
岩見沢IC
月形町
當別町
新篠津村
石狩市
江別市
江別西IC
江別東IC
札幌北IC
札幌IC
札幌
P.12
野幌PA
南幌町
北廣島市
北広島IC
輪厚スマートIC·PA
花ロードえにわ
惠庭市
恵庭IC
札幌啤酒北海道工場
麒麟啤酒北海道千歳工廠
千歳
P.63
千歳IC
新千歳空港IC
新千歳機場
支笏湖
P.62
支笏湖温泉
美沢PA
樽前山
▲1041
ウトナイ湖
苫小牧東IC
苫小牧中央IC
苫小牧西IC
樽前SA
苫東道路
苫小牧港
苫小牧
白老町
栗山町
由仁町
長沼町
マオイの丘公園
追分町IC
キウスPA
由仁PA
サーモンパーク千歳
鮭魚的故鄉
千歳水族館 P.62
ノーザンホースパーク
あびらD51ステーション
安平町
鶴の湯温泉
厚真町
厚真IC
日高本線
鵡川IC
むかわ町
むかわ四季の館
夕張
P.68
夕張メロード
大夕張ダム
夕張IC
道東自動車道
石勝線
むかわ穂別IC
二風谷ダム
平取町
日高富川IC
日高門別IC
日高町
日高厚賀IC
新冠温泉レ・コードの湯
ホテルヒルズ P.70
新冠種畜牧場
新冠町
サラブレッドロード新冠
賽馬的故鄉
日高服務處
新日高町
日高
日高本線鵡川～様似區間
於2021年4月廢止
富良野
P.98
富良野スキー場
芦別岳
▲1726
夕張岳
▲1668
南富良野町
金山ダム
P.69 星野TOMAMU
湯の沢温泉
占冠村
占冠PA
占冠IC
自然体感しむかっぷ
赤岩青巌峡
日高峠
樹海ロード日高
沙流川温泉
商船三井渡輪·SILVER渡輪·太平洋渡輪
新日本海渡輪
往秋田·新潟·敦賀
往八戸·仙台·大洗·名古屋
太平洋

ウペペサンケ山
糠平湖
糠平溫泉
糠平ダム
芽登溫泉
往置戸
往阿寒湖
幌鹿峠
かんの溫泉
然別湖 P.129
然別湖畔溫泉
白樺峠
足寄湖
足寄町
あしょろ銀河ホール21
足寄IC
上士幌町
かみしほろ
士幌町
ピア21しほろ
しほろ溫泉
サホロリゾートスキー場
サホロ城
うりまく
鹿追町
しかおい
狩勝峠
新得溫泉
新得町
本別町
ステラ★ほんべつ
浦幌IC
釧勝峠
往釧路
道東自動車道
本別JCT
本別IC
長流枝PA
とかちしみず
清水町
十勝清水IC
十勝平原SA
芽室IC
帯広JCT
音更帯広IC
音更町
おとふけ
池田IC
ガーデンスパ十勝川溫泉
P.128
帯廣
十勝川溫泉
P.128
池田町
いけだ
葡萄酒城 P.130
十勝千年之森
芽室町
根室本線
P.133
真鍋庭園
ピート資料館
十勝山丘 P.133
まくべつ
幕別町
芽室帯広IC
とおふつ
芽室岳
豊頃町
うらほろ
浦幌町
根室本線
おんべつ
あつない
霧止峠
P.133 紫竹庭園
八千代育成牧場
十勝帯廣機場
札内岳
中札内村
舊幸福站 P.130
なかさつない
中札内美術村 P.129
P.129·133 六花之森
エクウチカウシ山
花畑牧場
更別村
さらべつ
浦幌十勝川
十勝川
長節湖
湧洞沼
生花苗沼
晩成溫泉
ヤオロマップ岳
ペテガリ岳
忠類
忠類大樹IC
大樹町
コスモール大樹
日高山脈襟裳國家公園
神威岳
ピリカヌプリ
野塚トンネル
楽古岳
廣尾町
浦河優駿VILLAGE AERU
P.70
日高育成牧場
広尾岳
樣似町
さまに
エンルム岬
アポイ岳
幌満ダム
豊似湖
黄金道路
襟裳町
追分峠
百人浜
P.70 旅館望洋荘
襟裳岬「風之館」 P.70
襟裳岬 P.70
P 220～221
P 224～225
P 222～223
P 228～229
P 230～231

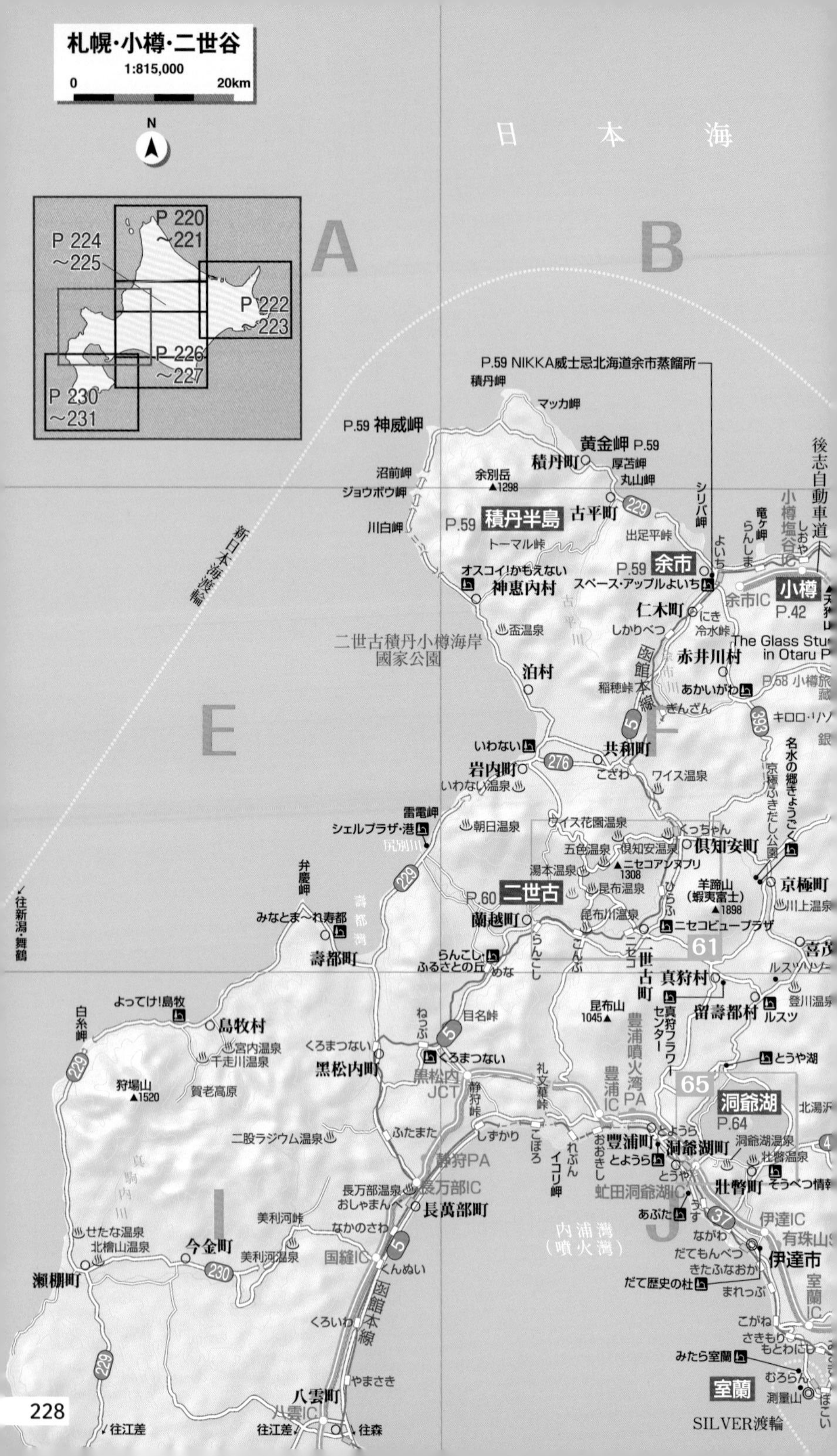
札幌·小樽·二世谷
1:815,000
0
20km
N
日本海
A
B
E
F
I
J
P 220 ～221
P 224 ～225
P 222 ～223
P 226 ～227
P 230 ～231
P.59 NIKKA威士忌北海道余市蒸餾所
積丹岬
マッカ岬
P.59 神威岬
黄金岬 P.59
積丹町
厚苫岬
丸山岬
沼前岬
余別岳
▲1298
ジョウボウ岬
古平町
積丹半島
P.59
川白岬
トーマル峠
出足平峠
シリパ岬
後志自動車道
小樽塩谷IC
余市
P.59
小樽
P.42
余市IC
オスコイ!かもえない
神恵内村
スペース·アップルよいち
仁木町
しかりべつ
冷水峠
The Glass Stu
in Otaru P
赤井川村
二世古積丹小樽海岸
國家公園
泊村
函館本線
稲穂峠
あかいがわ
P.58 小樽旅
キロロ·リゾ
いわない
共和町
岩内町
いわない温泉
こざわ
ワイス温泉
名水の郷きょうごく
京極ふきだし公園
雷電岬
シェルプラザ·港
朝日温泉
ワイス花園温泉
五色温泉
倶知安温泉
倶知安町
くっちゃん
湯本温泉
▲ニセコアンヌプリ
1308
羊蹄山
(蝦夷富士)
▲1898
京極町
川上温泉
弁慶岬
P.60
二世古
昆布温泉
蘭越町
昆布川温泉
ニセコビュープラザ
みなとま～れ寿都
寿都灣
らんこし·ふるさとの丘
寿都町
ニセコ
二世古町
真狩村
留寿都村
ルスツ
登川温泉
よってけ!島牧
白糸岬
島牧村
宮内温泉
千走川温泉
目名峠
昆布山
1045▲
豊浦噴火灣
真狩フラワーセンター
とうや湖
くろまつない
黒松内町
くろまつない
黒松内JCT
狩場山
▲1520
賀老高原
静狩峠
礼文華峠
豊浦IC
PA
洞爺湖
P.64
北湯沢
二股ラジウム温泉
ふたまた
しずかり
こぼろ
おおきし
豊浦町
とうようら
洞爺湖町
洞爺湖温泉
壮瞥温泉
静狩PA
イコリ岬
れぶん
虻田洞爺湖IC
そうべつ情報
長万部温泉
長万部IC
長萬部町
おしゃまんべ
壮瞥町
あぶた
伊達IC
有珠山
美利河峠
なかのさわ
内浦灣
(噴火灣)
せたな温泉
北檜山温泉
今金町
美利河温泉
国縫IC
くんぬい
ながわ
だてもんべつ
きたふなおか
伊達市
瀬棚町
だて歴史の杜
まれっぷ
室蘭IC
こがね
さきもり
もとわにし
くろいわ
みたら室蘭
むろらん
室蘭
測量山
やまさき
八雲町
八雲IC
往江差
往森
SILVER渡輪
新日本海渡輪
往新潟·舞鶴

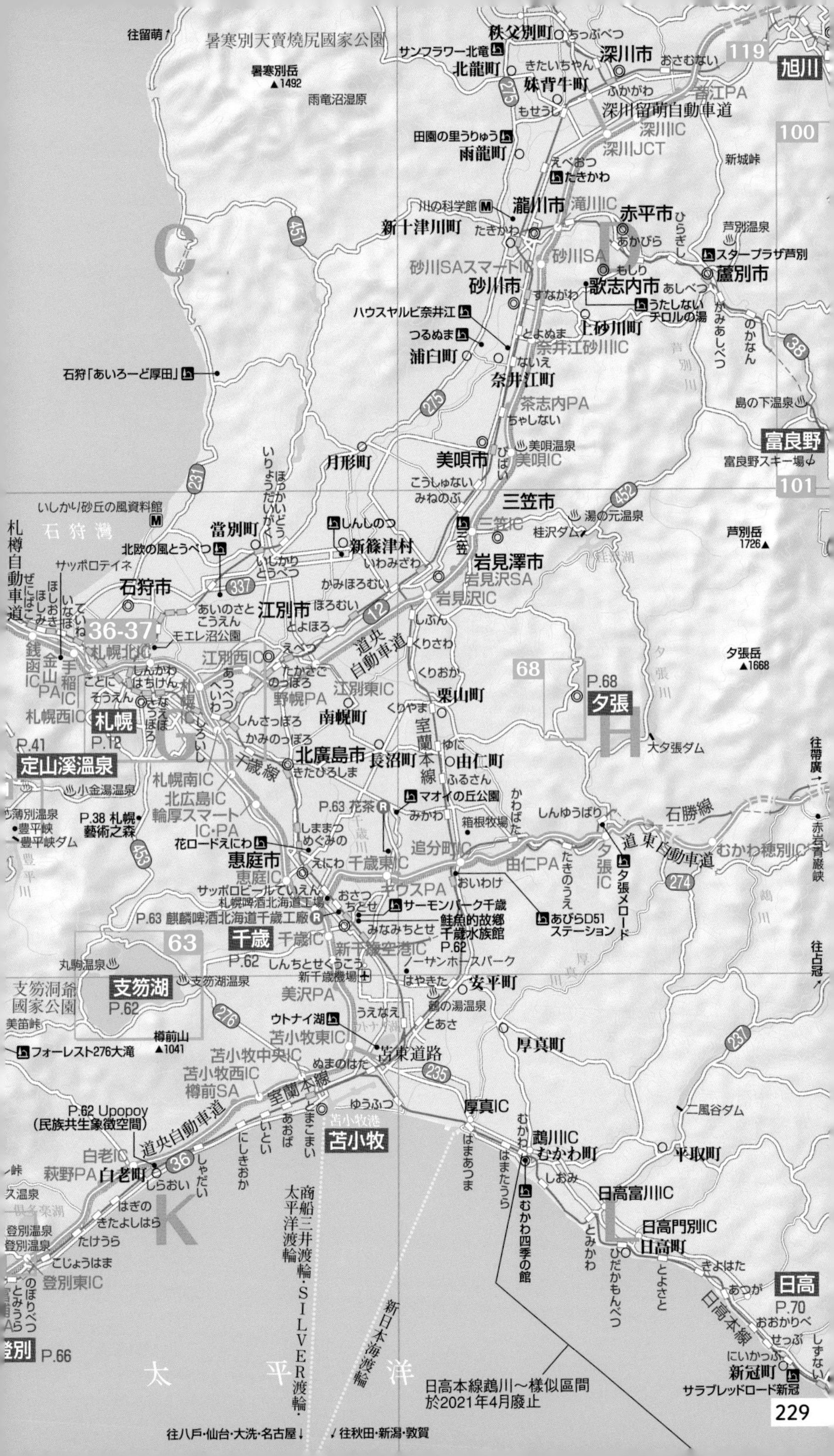
暑寒別天賣燒尻國家公園
暑寒別岳 1492
雨竜沼湿原
秩父別町
深川市
旭川
北龍町
妹背牛町
深川留萌自動車道
深川IC
深川JCT
雨龍町
瀧川市
赤平市
新十津川町
砂川SA
砂川市
歌志内市
蘆別市
上砂川町
浦臼町
奈井江町
奈井江砂川IC
茶志内PA
美唄市
美唄IC
富良野
月形町
三笠市
當別町
新篠津村
岩見澤市
岩見沢IC
石狩市
江別市
道央自動車道
札幌
夕張
栗山町
南幌町
北廣島市
長沼町
由仁町
定山溪温泉
惠庭市
千歳
千歳IC
新千歳空港IC
支笏湖
支笏洞爺國家公園
安平町
厚真町
苫小牧
白老町
鵡川IC
むかわ町
平取町
日高富川IC
日高門別IC
日高町
日高
新冠町
石狩灣
太平洋
日高本線鵡川～様似區間
於2021年4月廢止
往八戸・仙台・大洗・名古屋
往秋田・新潟・敦賀
商船三井渡輪・太平洋渡輪・SILVER渡輪
新日本海渡輪

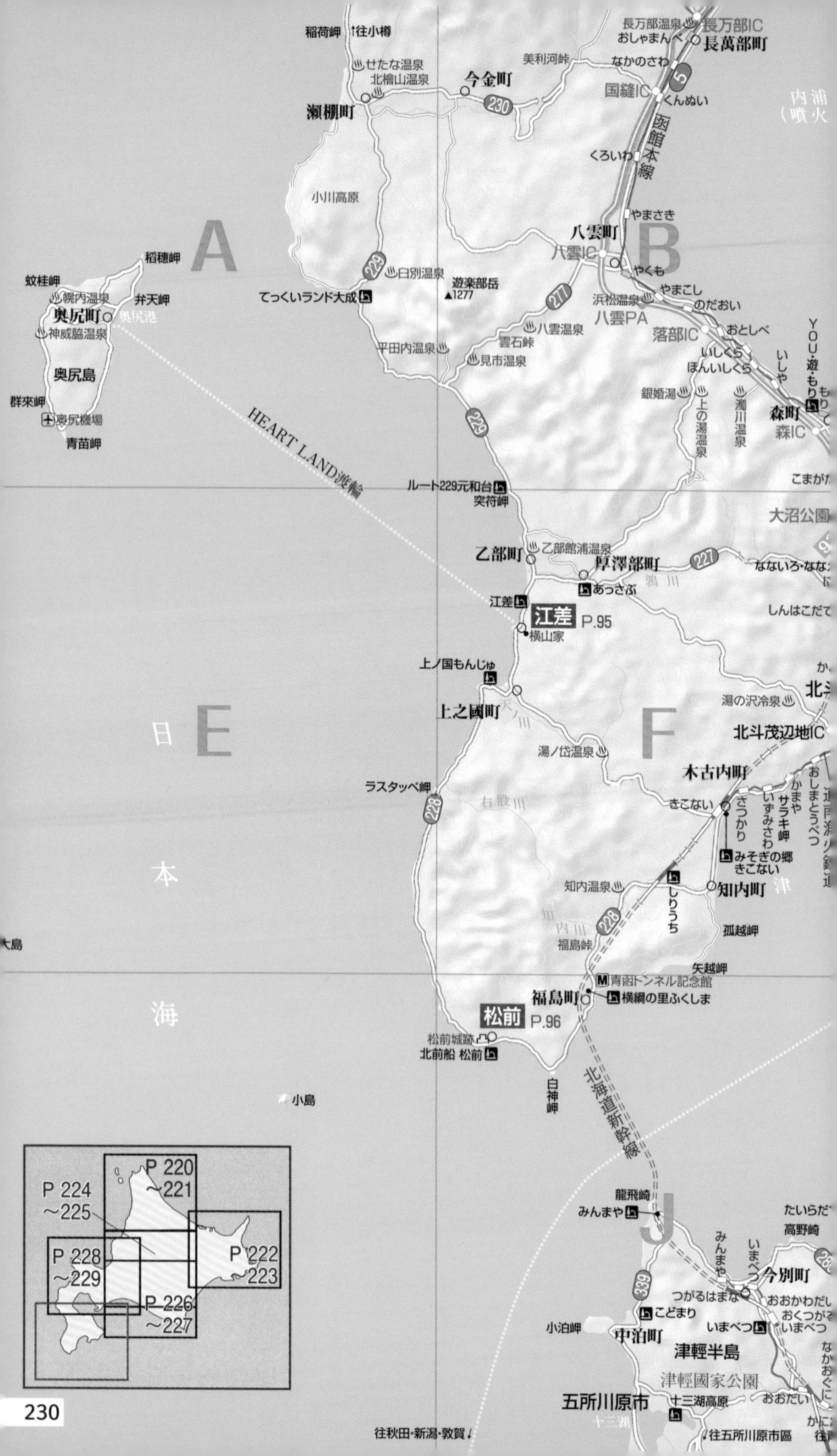

稲荷岬
往小樽
長万部温泉
長万部IC
おしゃまんべ
長萬部町
せたな温泉
北檜山温泉
美利河峠
なかのさわ
今金町
国縫IC
くんぬい
瀬棚町
函館本線
くろいわ
小川高原
やまさき
八雲町
八雲IC
やくも
稲穂岬
蚊柱岬
臼別温泉
遊楽部岳
▲1277
てっくいランド大成
浜松温泉
やまこし
のだおい
八雲PA
弁天岬
奥尻町
奥尻港
神威脇温泉
八雲温泉
雲石峠
落部IC
おとしべ
平田内温泉
見市温泉
いしくら
ほんいしくら
奥尻島
銀婚湯
上の湯温泉
濁川温泉
森町
森IC
群來岬
奥尻機場
青苗岬
HEART LAND渡輪
ルート229元和台
突符岬
乙部町
乙部館浦温泉
厚澤部町
あっさぶ
江差
江差
P.95
横山家
上ノ国もんじゅ
上之國町
湯の沢冷泉
北斗茂辺地IC
日
E
F
湯ノ岱温泉
木古内町
ラスタッペ岬
きこない
さつかり
いずみさわ
サラキ岬
かまや
おしまとうべつ
みそぎの郷 きこない
本
知内温泉
しりうち
知内町
福島峠
孤越岬
矢越岬
青函トンネル記念館
福島町
横綱の里ふくしま
海
松前
P.96
松前城跡
北前船 松前
白神岬
北海道新幹線
小島
P 220 ～221
P 224 ～225
P 222 223
P 228 ～229
P 226 ～227
龍飛崎
みんまや
たいらだて
高野崎
みんまや
いまべつ
今別町
つがるはまな
おおかわだい
おくつがる いまべつ
こどまり
小泊岬
中泊町
いまべつ
津輕半島
津輕國家公園
五所川原市
十三湖高原
おおだい
往秋田・新潟・敦賀
往五所川原市區

●P220～231的地圖經日本國土地理院長認可，使用同院發行的數值地圖50m mesh(標高)製成。
(承認番号　平12総使、第19号)
●P202～203的鳥瞰圖與P170～171的插圖使用DAN杉本氏製作的「KASHMIR3D」製成。

旅遊準備的建議

前往北海道的方法

前往北海道的交通方式以搭飛機為主。日本本州各大都市都有直達班機飛往北海道門戶新千歲機場，再以此為起點，利用鐵道前往北海道內的各個都市。前往函館、旭川、帶廣、釧路、女滿別、稚內，某些出發地亦有直達班機可搭乘。刊載的機票費用不包含廉價航空。

前往札幌	東京出發	羽田→札幌（新千歲）	1小時30～40分　22700日圓～38200日圓(視航空公司而異)　全日空0570-029-222／日本航空0570-025-071／天馬航空0570-039-283／Air Do0120-057-333　●早鳥特惠價6960日圓～
前往札幌	東京出發	 東京→札幌	北海道新幹線「隼」+特急「北斗」　最快7小時44分　27760日圓(對號座)　JR東日本050-2016-1600　●在新函館北斗站轉乘。1天8班
前往札幌	名古屋出發	中部→新千歲	1小時40～50分　22900日圓～42700日圓　全日空0570-029-222／日本航空0570-025-071／天馬航空0570-039-283／Air Do0120-057-333／捷星航空0570-550-538　●廉航、早鳥特惠價4180日圓～
前往札幌	大阪出發	關西機場→新千歲	1小時50～55分　46300日圓～54700日圓（視航空公司而異）　全日空0570-029-222／日本航空0570-025-071／樂桃航空0570-001-292／捷星航空0570-550-538　●廉航、早鳥特惠價4790日圓～。伊丹出發也有13班
前往札幌	福岡出發	福岡→新千歲	2小時10～20分　27400日圓～58400日圓（視航空公司而異）　全日空0570-029-222／日本航空0570-025-071／天馬航空0570-039-283／樂桃航空0570-001-292　●廉航、早鳥特惠價5390日圓～
前往函館	東京出發	羽田→函館	1小時20～25分　27700日圓～37600日圓(視航空公司而異)　全日空0570-029-222／日本航空0570-025-071／Air Do0120-057-333　●早鳥特惠價8290日圓～
前往函館	東京出發	東京→函館	北海道新幹線「隼」+函館Liner　最快4小時26分　23760日圓　JR東日本050-2016-1600　●在新函館北斗站轉乘往函館的「函館Liner」。「隼」為1～2小時1班
前往函館	名古屋出發	中部→函館	1小時25～30分　36700日圓～41900日圓　全日空0570-029-222／Air Do0120-057-333　●早鳥特惠價8290日圓～。1天1～2班
前往函館	大阪出發	伊丹→函館	1小時35分　42100日圓～46100日圓　全日空0570-029-222／日本航空0570-025-071　●早鳥特惠價10060日圓～。1天2～3班
前往旭川	東京出發	羽田→旭川	1小時35～45分　35600日圓～46600日圓(視航空公司而異)　全日空0570-029-222／日本航空0570-025-071／Air Do0120-057-333　●早鳥特惠價7990日圓～

目的地	出發地	路線	資訊
前往旭川	名古屋出發	中部→旭川	1小時45分　¥44000日圓～48100日圓 全日空0570-029-222 ●早鳥特惠價10140日圓～。1天1班
前往旭川	大阪出發	關西機場→新千歲→旭川	飛機＋JR快速、特急　含轉乘時間約5小時30分 ¥新千歲機場～旭川為6010日圓　※關西機場～新千歲請參照左頁。 ●沒有到旭川機場的直達班機，要從新千歲機場轉乘JR的特急、快速
前往帶廣	東京出發	羽田→帶廣	1小時30～35分　¥34600日圓～45400日圓(視航空公司而異) 全日空0570-029-222／日本航空0570-025-071／Air Do0120-057-333　●早鳥特惠價7990日圓～
前往釧路	東京出發	羽田→釧路	1小時35～40分　¥35200日圓～46100日圓(視航空公司而異) 全日空0570-029-222　日本航空0570-025-071　Air Do0120-057-333　●早鳥特惠價7790日圓～
前往釧路	大阪出發	關西機場→釧路	2小時　¥5490日圓～54300日圓 樂桃航空0570-001-292　全日空0570-029-222 ●1天1班
前往網走(女滿別)	東京出發	羽田→女滿別	1小時45分　¥37400日圓～48500日圓(視航空公司而異) 全日空0570-029-222／日本航空0570-025-071／Air Do0120-057-333　●早鳥特惠價8690日圓～
前往網走(女滿別)	名古屋出發	中部→女滿別	1小時50分　¥51800日圓～ 全日空0570-029-222 ●早鳥特惠價11240日圓～。1天1班
前往稚內	東京出發	羽田→稚內	1小時55分　¥44000日圓～50600日圓 全日空0570-029-222 ●早鳥特惠價13290日圓～。1天1班
搭船前往	首都圈出發	大洗→苫小牧	商船三井渡輪　19小時15分　¥10740日圓～（經濟房）商船三井渡輪0120-489850　●19:45從大洗發船、翌日13:30抵達苫小牧，以及1:40發船、翌日19:45抵達共2班。有停航日
搭船前往	新潟出發	新潟→小樽	新日本海渡輪　16小時15～30分　¥7200日圓（2等）新日本海渡輪03-5532-1101　●週二～日12:00發船、4:30抵達；週一～六17:00發船、9:15抵達。也可以從首都圈開車經關越道來利用

■前往北海道的其他空路

透過空路前往北海道的交通方式除了上述以外，還可以搭乘從青森、花卷、秋田、山形、仙台、福島、成田、茨城、新潟、富山、小松、松本、靜岡、神戶、廣島、岡山、沖繩的航班飛往新千歲機場。也有從羽田飛往根室中標津、鄂霍次克紋別的航班。除此之外，夏季等還有從各地起飛的臨時航班，不妨多加確認。

■要使用自由行方案還是自行預約

如果要在北海道住2～3晚的話，旅行社或航空公司推出的自由行（機加酒）方案，會比自行預約來得便宜。另一方面，逢夏季等旺季時自由行方案的價格反而會上漲，此時自行安排可能會比較便宜。

前往北海道的航班除了全日空（ANA）、日本航空（JAL）之外，依據目的地也有天馬航空（SKY）、Air Do（ADO）、廉航的捷星航空（JJP）、樂桃航空（APJ）。各家公司都有推出早鳥票，視出發日期等條件價格也會有所變動。除了各家公司的官網，也要至「skyticket」、「航空券.net」等比價網站確認後再訂購為佳。

北海道內的交通・從札幌移動

由北海道內的各都市前往觀光地時，大眾交通工具可利用電車或是巴士。善用各種JR的超值票券（請參照p.235）的話會便宜許多。有些地方JR沒有直達車，搭乘不需轉車的巴士反而比較方便。有些巴士路線也有夜行班次。

以下列舉出由札幌前往各都市時，巴士和鐵路的交通方式，可以比較並加以利用。

札幌出發

目的地	交通	區間	資訊
前往函館	鐵路	札幌→函館	JR特急「北斗」 最快3小時29分 9440日圓 JR北海道011-222-7111 ●1天來回12班。若使用乘車券來回優惠車票，搭特急單程8100日圓
前往函館	巴士	札幌→函館	高速巴士「高速函館號(預約制)」 5小時30～35分 4900日圓 北海道中央巴士0570-200-600(札幌總站) ●1天來回7班，還有1班夜車來回。時間是JR的2倍，但費用減半
前往小樽	鐵路	札幌→小樽	JR快速、各站停車 31～55分 750日圓 JR北海道011-222-7111 ●5～20分1班。從新千歲機場發車的直達快速「AIRPORT」為30分1班
前往小樽	巴士	札幌→小樽	高速巴士「高速小樽號」 1小時2～8分 680日圓 北海道中央巴士0570-200-600（札幌總站） ●5～10分1班。來回1270日圓。往小樽站有路經圓山或北大這2種路線
前往富良野	鐵路	札幌→富良野	JR特急＋富良野線 2小時41分～3小時8分 5900日圓 JR北海道011-222-7111 ●除了夏季的臨時列車之外沒有直達車，要在旭川轉乘富良野線。轉乘班次有10班
前往富良野	巴士	札幌→富良野	高速巴士「高速富良野號」 2小時55分 2500日圓 北海道中央巴士0570-200-600(札幌總站) ●1天來回7班。來回4720日圓。是無需轉乘的直達車，相當方便
前往旭川	鐵路	札幌→旭川	JR特急「神威」、「丁香」、「鄂霍次克」等 1小時25分～36分 5220日圓 JR北海道011-222-7111 ●特急為1天共來回27班。S票來回5550日圓
前往旭川	巴士	札幌→旭川	高速巴士「高速旭川號」 2小時25分 2300日圓 北海道中央巴士0570-200-600（札幌總站） ●來回4350日圓。30分1班。比JR多1小時，但便宜2920日圓
前往釧路	鐵路	札幌→釧路	JR特急「大空」 最快4小時2分 9990日圓 JR北海道011-222-7111 ●1天來回6班。若使用S乘車券來回優惠車票，搭特急單程8965日圓
前往釧路	巴士	札幌→釧路	高速巴士「星光釧路號（預約制）」 5小時10分 5880日圓 北海道中央巴士0570-200-0600 ●1天來回5班，包含1班夜車來回。來回10690日圓
前往網走	鐵路	札幌→網走	特急「鄂霍次克」 5小時22～30分 10540日圓 JR北海道011-222-7111 ●1天來回2班。R票來回17500日圓
前往網走	巴士	札幌→網走	高速巴士「DREAMINT鄂霍次克號（預約制）」 6小時20分 6800日圓 北海道中央巴士0570-200-600（札幌總站） ●1天來回9班，包含1班夜車來回。來回12800日圓

HINT

JR的超值票券

■S票（Sきっぷ）

可以搭乘來回北海道各都市間的特急列車普通車自由座的來回優惠車票。有指定札幌～岩見澤、瀧川、旭川、留萌、名寄、旭川～稚內、北見、網走等區間，需確認。

■R票（Rきっぷ）

可以搭乘來回北海道各都市間的特急列車普通車對號座的來回優惠車票。有指定札幌～遠輕、北見、音威子府、稚內、網走等區間，需確認。

■旭山動物園交通票&旭山動物園車票（旭山動物園アクセスきっぷ&旭山動物園きっぷ）

可以搭乘來回出發站到旭川間的特急列車普通車自由座，搭配旭川站到旭川動物園的來回巴士車資成套販售的車票。旭山動物園車票還包含了旭山動物園的入園費用。

<旭山動物園交通票>
¥ 札幌出發5840日圓
<旭山動物園車票>
有效期間4天
¥ 札幌出發6740日圓
※視休園日有未販售的期間

■北海道Free Pass（北海道フリーパス）

7天內可無限搭乘北海道內在來線特急自由座與JR巴士（部分除外）的車票。普通車對號座

最多可以使用6次。4/27～5/6、8/11～20、過年期間無法使用。

有效期間7天 ¥ 27430日圓

■小樽自由車票（小樽フリーきっぷ）

從出發站到小樽的來回車資，再加上可無限搭乘小樽～小樽築港區間。還包括北海道中央巴士的小樽市內線一日巴士乘車券兌換券。

有效期間1天。全年販售
¥ 札幌出發2160日圓

■一日散步車票（一日散歩きっぷ）

週六日、假日可使用的通行券。範圍涵蓋札幌、小樽、富良野、夕張、室蘭等北海道中央。除此之外，也有包含旭川、富良野、名寄等的道北一日散步車票。

有效期間1天 ¥2540日圓

TEKU TEKU COLUMN

搭配飛機的划算旅程

ANA、樂桃、Air Do的搭機旅客限定的Free Pass車票很方便。有東北海道Free Pass SP 9800日圓、北北海道Free Pass 13150日圓、北北海道Free Pass SP 9800日圓、東北海道Free Pass SP 9800日圓，4天內在「北」地區、5天內在「東」地區可無限搭乘特急列車自由座。標示「SP」的Free Pass為搭乘樂桃與Air Do，未標示的Free Pass為搭乘ANA的旅客能購買。詳情請洽☎011-222-7111。

也能愜意優雅地搭渡輪前往北海道

渡輪的魅力在於可以優閒地享受船上的航行。連結茨城縣的大洗和苫小牧，商船三井渡輪的「太陽花號」裡設有餐廳、瞭望浴場及交誼廳等，來回時可充分放鬆。暑假等旺季需要提早預約。

自行租車

想要在廣大的北海道自由自在旅行，在某些地方利用租車會更有效率。主要車站的周邊都有出租車的營業所，可以納入計畫之中。

■利用租車公司

各家公司大多會提供線上預約租車的優惠。提前預約甚至可能會便宜10～40%。不過7～8月的旺季費用會比平常高，有些公司也會依行走距離額外加價。因此參考下表，比較各家公司的收費和服務很重要。

此外在北海道，許多公司也提供特定區域內免費還車的服務。比如說由旭川機場租車，在富良野站還車的話，因屬同一區域就不需另外收費。各家公司設定的區域不同，利用時需要加以確認。

■利用鐵路和租車

如果想要安排搭乘JR、車站租車的行程，利用「鐵路&租車」比較方便。條件是搭乘JR合計201公里以上，且一開始搭乘JR 101公里以上前往租車車站。享有同一行程所有旅客的JR車資打8折、特急和急行費用打9折的優惠。舉例來說，從新千歲機場搭乘JR前往旭川，再從旭川租車巡遊富良野、美瑛，從旭川搭JR前往札幌等地的話，就符合這個條件。

適用的還車範圍，若是在從出發營業所算起50公里內的話免費（北海道為費用另計），除此之外需要收費。無法橫跨北海道與本州還車。此外，逢過年期間、黃金週、8/10～19，JR的車資、特急費用無法打折，7～8月出發時依北海道季節費用計算。

☎0800-888-4892

各家租車公司的優惠比較

公司名	豐田租車	日產租車	NIPPON租車	歐力士租車
電話	預約中心 ☎0800-7000-111	預約中心 0120-00-4123	國內預約中心 ☎0800-500-0919	預約中心 ☎0120-30-5543
URL	https://rent.toyota.co.jp	https://nissan-rentacar.com/	https://www.nipponrentacar.co.jp/	https://car.orix.co.jp/
同一區域內的還車優惠	○	○	○	○
會員制度（入會費）	豐田租車會員（入會免費）	23 BONUS CLUB（入會免費）	SUPER RED MEMBER（330日圓。線上登錄免費）	PRIME MEMBERS CLUB（入會免費）
會員折扣	10～20% 有回饋金	5～30% 有點數	5～10% 有回饋金、點數	5～15% （線上利用＋5%） 有回饋金、點數
官網預約	○	○	○	○

利用定期觀光巴士

北海道的大眾交通工具不是很方便，遊覽時可多利用定期觀光巴士。魅力在於沒有利用列車或路線巴士時的等待時間。以下整理出繞行各區域必看景點的招牌路線，和季節限定的特別路線。依據目的和預算進行選擇吧。

幾乎所有路線都採事先預約制，如果有空位的話，當日也可預約搭乘。

●資料以2020年為例。營運期間和路線、費用可能會變動。有些路線的餐飲費和搭乘費、設施使用費等需另外支付，請事前向各家公司確認。※T=總站，BT=巴士總站。

●札幌・小樽　北海道中央巴士 ☎0570-200-600（札幌 T）　☎0134-25-3333（小樽 T）

路線	觀光路線	營運期間	所需時間	費用
札幌觀光豐富多彩札幌一日行程 有附午晚餐、附晚餐、附午餐、無附餐4種方案可選	札幌站前BT(9:25)→中央批發市場場外市場(購物、自由遊逛)(45分)→白色戀人公園(70分)→薄野拉麵橫丁(午餐)(45分)→羊之丘展望台→藻岩山纜車→大倉山跳台競技場→鐘樓(僅附午餐、無附餐的旅客)→札幌站前BT(僅附午餐、無附餐的旅客)(18:05)→札幌啤酒園(晚餐)→鐘樓→札幌站前BT(19:55)	4/27～10/31（8/10～8/13除外）	8小時40分／10小時30分	附午晚餐 8900日圓 附晚餐 8100日圓 附午餐 6600日圓 無附餐 5700日圓
小樽灣故事	札幌站前BT(9:15)→小樽站前BT(10:05)→OTARU BINE→小樽運河總站→小樽君樂酒店(午餐)→WING BAY小樽→田中酒造龜甲藏→北一硝子、小樽音樂盒堂、北菓樓→天狗山纜車(11/5～20改為The Glass Studio in Otaru)→小樽站前BT(17:10／16:50)→抵達鐘樓(18:15／17:55)→抵達札幌站前BT(18:30／18:10)	4/22～7/14、8/11～10/31	8小時45分～9小時5分	5400日圓～6300日圓

●函館市內遊覽　北都交通函館分店 ☎0138-57-4000

路線	觀光路線	營運期間	所需時間	費用
函館滿足號一日(一般)行程 巡遊元町、五稜郭等市內景點	湯川各飯店(7:45～8:05)→La Vista 函館灣→函館站前BT(8:45)→五稜郭公園→特拉普派修女修道院→元町海灣地區(窗外景點)→函館早市(午餐)→摩周丸→坂本龍馬紀念館→元町教會群→La Vista 函館灣→函館站前BT(15:20)→湯川各飯店→函館機場(16:05)	10/1～3/31	5小時45分	6800日圓

●富良野・美瑛　北海道中央巴士 ☎0570-200-600（札幌）

路線	觀光路線	營運期間	所需時間	費用
富良野薰衣草故事 認識真正的富良野、美瑛	札幌站前BT(9:00)→新富良野王子大飯店(午餐)、風之花園、森林精靈露台(自由參觀)→富田農場(散步)→四季彩之丘(散步)→拼布之路→札幌工廠(可中途下車)→鐘樓(可中途下車)→札幌站前BT(19:30)	6/27～8/6	10小時30分	7300日圓

●釧路・摩周・阿寒區域　阿寒巴士 ☎0154-37-2221

路線	觀光路線	營運期間	所需時間	費用
PIRIKA號 道東三湖～摩周湖、屈斜路湖、阿寒湖～一日周遊行程	釧路站前BT(8:00)→釧路濕原北斗展望台→摩周湖第1展望台→硫黃山→屈斜路湖(砂湯)→阿寒湖溫泉(自由用餐、可中途下車)(120分)→釧路機場(16:10)→釧路站前BT(16:50)→釧路王子大飯店(16:55)	4/25～11/8	8小時55分	4600日圓

索引

國家圖書館出版品預行編目(CIP)資料

北海道／實業之日本社BlueGuide編輯部作；
人人出版編輯部翻譯．— 修訂第七版 —
新北市：人人出版股份有限公司，2023.11
面；公分．—（Follow Me人人遊日本；1）
ISBN 978-986-461-358-8（平裝）

1.CST：旅遊　2.CST：日本北海道

731.7909　　112015954

北海道

MAP—人人遊日本（01）修訂第七版
作者／實業之日本社BlueGuide編輯部
翻譯／人人出版編輯部
編輯／蔣詩綺
發行人／周元白
出版者／人人出版股份有限公司
地址／23145 新北市新店區寶橋路235巷6弄6號7樓
電話／（02）2918-3366（代表號）
傳真／（02）2914-0000
網址／http://www.jjp.com.tw
郵政劃撥帳號／16402311 人人出版股份有限公司
製版印刷／長城製版印刷股份有限公司
電話／（02）2918-3366（代表號）
香港經銷商／一代匯集
電話／（852）2783-8102
第一版第一刷／2002年11月
修訂第七版第一刷／2023年11月
定價／新台幣400元
　　　港幣133元

Blue Guide Tekuteku Aruki 01. Hokkaidô
Copyright © 2021 by Blue Guide Editorial Department
First published in Japan in 2021 by Jitsugyo no Nihon Sha, Ltd., Tokyo
Traditional Chinese translation rights arranged with Jitsugyo no Nihon Sha, Ltd.
through Japan Foreign-Rights Centre/Bardon-Chinese Media Agency

●版權所有・翻印必究●